主编 骆洪 徐志英
副主编 刘衍 罗椿咏 刘春燕 王继琴

外国语言文化与翻译研究

云南大学出版社
YUNNAN UNIVERSITY PRESS

图书在版编目（CIP）数据

外国语言文化与翻译研究 / 骆洪, 徐志英主编. -- 昆明：云南大学出版社, 2018
ISBN 978-7-5482-3574-3

Ⅰ.①外… Ⅱ.①骆… ②徐… Ⅲ.①文化语言学—研究—国外②翻译—研究 Ⅳ.① H0-05 ② H059

中国版本图书馆 CIP 数据核字 (2018) 第 269083 号

策划编辑：王翌沣
责任编辑：严永欢
封面制作：王婳一

外国语言文化与翻译研究

主　编　骆　洪　徐志英
副主编　刘　衍　罗椿咏　刘春燕　王继琴

出版发行：云南大学出版社
印　　装：廊坊市海涛印刷有限公司
开　　本：787mm×1092mm　1/16
印　　张：20.75
字　　数：373 千
版　　次：2018 年 12 月第 1 版
印　　次：2021 年 7 月第 2 次印刷
书　　号：ISBN 978-7-5482-3574-3
定　　价：66.00 元

社　　址：昆明市一二一大街 182 号（云南大学东陆校区英华园内）
邮　　编：650091
电　　话：（0871）65033244　65031071
网　　址：http://www.ynup.com
E – mail：market@ynup.com

若发现本书有印装质量问题，请与印厂联系调换，联系电话：0316-2516002。

前　言

　　教育部颁布的《外国语言文学类教学质量国家标准》（2018）明确指出："外语类专业是我国高等学校人文与社会科学学科的重要组成部分。""旨在培养具有良好的综合素质，扎实的外语基本功和专业知识与能力，掌握相关专业知识，适应我国对外交流、国家与地方经济社会发展、各类涉外行业、外语教育与学术研究需要的各外语语种专业人才和复合型外语人才。"人才培养是一流大学、一流学科建设的关键，而学术研究就是学校外国语言文学学科建设的重要保障之一。有鉴于此，云南大学外国语学院决定出版相关领域研究系列论文集，推进外语专业建设和学科发展。

　　《外国语言文化与翻译研究》是系列论文集中的一部，汇集云南大学外国语学院英语、法语、日语、南亚语（印地语）、东南亚语（越南语、泰语、缅甸语）、德语等系/室的学术力量编写而成，共收录论文29篇。《外国语言文化与翻译研究》根据外国语言文学专业人才培养目标和学科相关研究成果，设立了外语教学研究、语言研究、文化研究和翻译研究4个栏目，具有选题广泛、研究视角多样等特征。

　　第一，文集选题广泛。栏目一"外语教学研究"收录论文12篇，是文集中较有代表性的研究领域，是学院教师的主要研究方向之一，是实践外语人才培养的思考。栏目二"语言研究"收录论文9篇，是学院教师重要的研究方向。栏目三"文化研究"收录论文3篇，虽然论文数量不多，却也是一个具有广阔前景的研究方向。栏目四"翻译研究"收录论文5篇，主要涉及翻译思想、翻译过程与译本等内容，这也是学院教师的主要研究方向之一。

　　第二，本文集呈现出多样化的研究视角。栏目一"外语教学研究"中大多数论文都是相关教师运用语言学与应用语言学、跨文化交际等理论解决外语教学中的实际问题，研究方法涉及质性研究与量化研究等。栏目二"语言研究"的探讨从语音学、形态学、句法学、语义学上升到语用学、语篇分析、功能语言学、认知语言学、应用语言学、语言与文化等。栏目三"文化研究"从历史角度出发,研究印度社会与日本社会文化,内涵丰富、涉猎宽泛,点面结合,主题鲜明。栏目四"翻译研究"对翻译理论与实践各有侧重。

本文集的筹划、讨论、收稿、审稿、定稿、付梓整个过程得到学院领导的鼎力支持和学院相关教师的积极配合。文集中不乏高质量的文章与课题研究成果,这是教师们坚持不懈开展科学研究的结果。编者尊重每位教师的付出,对科研怀有敬畏之心,认真做好收稿、审稿、修改、排版、定稿等工作。

《外国语言文化与翻译研究》是学院教师对外国语言文化与翻译研究的学术探索,是进一步推进学科发展和专业建设的重要举措之一,必将起到整体提高学科科研水平,服务一流大学建设的作用。

由于作者水平有限,文集中一定还有不尽人意之处,有的地方甚至还可能会出现错误,敬请广大读者批评、指正。

编 者

2018 年 9 月

目 录

外语教学研究

"高级英语"课程教学与跨文化能力的培养
　　——以张汉熙主编教材《高级英语》为例 ………… 骆　洪（3）
对"跨文化交际"国际化课程建设的思考 ………… 王　玲（23）
浅析由于母语思维惯性造成的法语错误 ………… 刘春燕（36）
E-learning网络平台在"基础笔译"教学中的应用研究
　　………………………………………………… 杨　泪　谭　赟（42）
改进基础英语教学，为低年级英语本科生的自主学习创造良好环境
　　………………………………………………………… 何静明（50）
德语语句的特征及名词的性数格 ………………… 罗跃玲（60）
论大学英语阅读课程大纲设计中的校本方法 ………… 王文俊（73）
研究生英语教育国际借鉴 ………………………… 董丹萍（83）
论FonF理论及TBLT教学法应用于大学日语听力课的必要性
　　及其可行性 ………………………………………… 李　岸（96）
关于日语专业学生使用礼貌体和普通体的情况调查 ……… 李月婷（107）
频次效应下多稿写作对提高学生英语写作质量的影响 ……… 赵　镭（114）
法语课堂中的法国文化导入 ……………………… 聂云梅（128）

语言研究

越南喃字产生的原因探析 ………………………………………… 于在照（137）
日语"配虑"表达浅析 ……………………………………………… 饶琼珍（147）
泰语新闻的语言特点及翻译对策 ………………………………… 陈　宇（158）
中日语言中数词"一"的对照研究
　　——以惯用句中的用法为中心 …………………………… 张　蔚（174）
泰语中英语音译词的转写特点及音变规律探析 ………………… 赵　娟（184）
《华盛顿邮报》与《每日电讯报》社论态度资源对比研究……… 刘　衍（194）
从"三"和"ba"探析中越数字文化异同 ………………………… 金　敏（211）
现代汉语趋向动词"上""下"与越南语趋向动词"lên""xuống"的
　　用法对比研究 ………………………………………………… 王继琴（220）
泰语结构助词 ที่、ซึ่ง、อัน 的用法及偏误分析 ……………………… 王云锦（230）

文化研究

印度社会的历史透视
　　——种族的接触与融合 ……………………………………… 邓　兵（245）
中日关于近代发展道路选择的群体性心理差异分析 …………… 赵毅达（256）
从日本文化交流看日本社会 ……………………………… 刘　一　黎　英（261）

翻译研究

移植→变异→发展：巴斯内特翻译观的积极意义 ……………… 尹可秀（273）
法译汉教学案例初探 ……………………………………………… 欧　瑜（281）
《红楼梦》与其越语译本亲属称谓语的对比研究 ………………… 李梅芳（293）
新媒体环境下的汉、缅语翻译理论研究 ………………………… 庞俊彩（306）
花色之辩：狄金森的一首诗在翻译策略上的选用 ……………… 张彩庆（313）

外语教学研究

"高级英语"课程教学与跨文化能力的培养

——以张汉熙主编教材《高级英语》为例

骆 洪

(云南大学外国语学院)

摘 要：国内外研究者大都谈论"跨文化交际能力"，而探讨"跨文化能力"的研究成果却不多，且常将二者交替使用。然而，跨文化能力所指更加宽泛，含义更加丰富，侧重点也不同。教学中，应考虑语言能力和专业知识并重，培养学生的跨文化能力。提倡合作式教学，强调学生的积极参与。本文从课文主题、思维方式、语言与文化等方面对跨文化能力的培养展开深入探讨。

关键词：高级英语；跨文化能力；英语专业教学

一、跨文化能力

跨文化能力可谓新出现的概念，国内研究者涉及相关话题时大都使用"跨文化交际能力"，而相比之下，探讨"跨文化能力"的研究显得非常少。国内外文献中经常将二者交替使用（如 Hismanoglu, 2011；Watson et al, 2013；任裕海, 2007；高兆金, 2010；等等），所谈的内容大体相同。然而，跨文化能力所指更加宽泛，含义更加丰富，侧重点也不同。在探讨有关教学中培养跨文化能力之前，有必要对此概念进行梳理，对其定义、内涵、目的等因素进行必要的界定。

国外对跨文化能力的研究较多，而大多只在谈论跨文化交际时论及跨文化能力。贝亨德和坡茨尔特（Behrnd & Porzelt）援引弗里森汉（Friesenhahn, 2001）的观点说："跨文化能力是个人在异文化环境中为了有效地进行交流和工作而需具备的能力。"（Behrnd & Porzelt, 2012：213 – 223）此外，弗里森汉还强调跨文化能力中的"适宜性"和"功效性"原则。西斯曼诺格鲁（Hismanoglu）援引白拉姆（Byram，2000）的观点说，跨文化能力指的是"了解不同文化间的关系、以客观中立的立场去看待自我和他者、对本民族和他民族的文化或者部分文化进行评价、分析的能力"，同时指出"具备跨文化能力的人还需清楚自己的视角，充分认识到自己的思维受文化的影响，切勿想当然地认为自己的理解和视角是自然的"（Hismanoglu，2011：805-817）。白拉姆强调了客观、公正的态度和正确的文化意识。

国内学者对跨文化能力的概念进行了梳理和探讨，但不少是对国外的相关研究进行归纳整理和相应的评价。吴显英（2008）列举了国外学者对跨文化能力的不同解释，如跨文化能力是"辩证地看待文化差异的一种学习能力，是应用相关知识对不同文化下的行为正确翻译理解的能力"；是"跨文化沟通"和"跨文化适应的过程"；是体现个性与态度的行为，具有"文化移情、容忍、开放、灵活性"等特征；是"培养整合不同知识体系的能力"（吴显英，2008：190-191）。祖晓梅（2003）认为，跨文化能力是"包括知识、技能、态度和文化意识等方面的综合能力"，其核心内容是"文化的敏感性、洞察力以及对不同文化的正面态度"（祖晓梅，2003：59-65）。她还指出交际能力和跨文化能力的不同之处，认为"交际能力强调的是在特定文化语境中得体的交际行为，（而）跨文化能力强调的是对文化的深刻洞察和对不同文化的积极态度"（祖晓梅，2003：59-65）。由此可见，跨文化交际能力强调的是技能，而跨文化能力指的是一种综合素养。

国内学者在自己的研究中也提出了相应的见解。潘亚玲（2008）的实证研究表明，跨文化能力的核心在于"多角度的视野"和"积极的与人相处的态度"，它不是"最终产品"，而是一个"开放型的、不断学习的过程"，人们在跨文化情境中获得的这种"综合能力"需要不断"更新和发展"，它能使人的"个性经受磨砺"，使人"走向成熟"（潘亚玲，2008：70）。许力生（2011）赞同白拉姆关于跨文化能力"超越特定文化"的观点，指出"跨文化能力能使不同文化群体的人们在相互交往中更充分地实现各自的话语潜势，在尽可能多地保留自己文化身份的同时又最大限度地接近与理解对方"，并凸显"人格培养、人性的全面实现、改善人类与其生存环境愈加疏离的状况"等要素（许力生，2011：134）。高一虹（2002）关于培养跨文化交际能力的观点有较好的借鉴意义。换言之，跨文化能力的培养即是实现文化的"跨越"与"超越"，"跨越"即是"对具体的目的语文化的理解和有关交际能力的提高","超越"指"获得一般的、整体意义上的文化意识以及反思的、宽容的态度",除具备"跨越"这一"最直接的、表面的（跨文化交际）能力"外，还应努力具备"超越"这一"深层的、终极的（跨文化交际）能力"，前者是"器"，后者为"道"（高一虹，2002：27-30）；跨文化能力的培养即是实现"道"与"器"的结合。孙有中（2016）从构成要素的角度描述了跨文化能力的核心内涵："尊重世界文化多样性，具有跨文化同理心和批判性文化意识；掌握基本的跨文化研究理论知识和分析方法；熟悉所学语言对象国的历史与现状，理解中外文化的基本特点和异同；能对不同文化现象、文本和制品进行阐释和评价；能得体和有效地进行跨文化沟通；能帮助不同语言文化背景的人士进行有效的跨文化沟通。"（孙有中，2016）

以上这些研究均强调跨文化意识与态度，跨文化知识和跨文化沟通，客观、公正的文化批判意识，对文化的积极态度，跨文化理解等，都是跨文化能力的核心内容。然而笔者认为，跨文化能力还应包括一点，即了解、借鉴他民族、他文化看问题的理念和思维方式，以便能够"洋为中用""他为我用"。

综上所述，本文将"跨文化能力"定义为能够综合运用相关专业知识，对不同文化背景下的理念、思维方式和行为进行客观评价、分析并能随之付诸实践的能力。而培养跨文化能力，其目的在于实现有效的跨文化沟通和交流。

二、英语专业教学与跨文化能力的培养

在英语专业教学中强调跨文化能力的培养，实际上体现了英语作为人文学科的专业性特征，凸显了其"跨语（言）文（化）的专门研究"的核心目标（张冲，2003：11）。教育部颁布的《普通高等学校本科专业类教学质量国家标准》中的"外国语言文学类教学质量国家标准"把"跨文化能力"与"外语运用能力"，"文学鉴赏能力"和"思辨能力"一起纳入培养规格，作为基本的能力要求（教育部高等学校教学指导委员会，2018：92）。在英语专业的教学中，以跨文化能力为主导是一种理念，贯穿于整个教学过程中。应根据《高等学校英语专业英语教学大纲》（以下称新《大纲》，2000）的要求，立足英语类专业"国标"的培养目标，遵照英语专业的定位、特点，培养学生"具有良好的综合素质、扎实的英语语言基本功、厚实的英语语言文学知识和必要的相关专业知识"（王巍巍、仲伟合，2017：3），注重提升学生的跨文化能力，因地制宜，采用恰当的教学模式和方法。本文坚持的立场是"授人以鱼，不如授人以渔"，语言能力始终应该放在第一位。学生语言能力强，便能掌握更多的知识，体验不同的思维方式，具备更高的素养。在此基础上，同时也是在此过程中，逐步培养学生的跨文化能力。具体说来，在语言能力（知识、技能）训练的同时，导入跨文化能力的培养，强调跨文化意识（文化的敏感性、洞察力、积极的文化态度），使学生了解他文化群体中人们看问题的方法和思维方式，具备能够综合运用不同知识体系的能力，在特定的环境中表现出得体的交际行为，对文化具有深刻的领悟能力和积极的态度，从而使自身的个性发展不断提升，实现人格的升华。这是一个动态、开放的过程，伴随人的一生。

语言是文化的重要载体，学语言就是学文化，但懂外语不等于说是已经具备了跨文化能力。在"高级英语"教学中，必须强调跨文化能力的培养。"高级英语"是英语本科高年级阶段的核心课程，"是一门训练学生综合英语技能尤其是阅读理解、语法修辞与写作能力的课程"（新《大纲》，2000），但"高级英语"教学也应该围绕培养学生的"文化素养"和"跨文化交际能力（对文化差异的敏感性、宽容性和处理文化差异的灵活性，以适应日益广泛的国际交流的需要）"（新《大纲》，2000）的目标。有鉴于此，结合课文学习，在教师讲授与学生参与的积极互动中，对教材中所学的课文进行认真分析、讨论，撰写好相应的发言提纲和读书笔记，将有助于教学目标的有效完成。

三、"高级英语"课程教学与跨文化能力的培养

本文以张汉熙主编、王立礼编《高级英语》（1995年修订本和2011年第三版，以下简称《高级英语》）为例，分析不同课文所蕴含的跨文化知识，探讨以跨文化能力培养为主导的教学思路。该教材所选的课文题材广泛，主题新颖，有较强的思想性；语言有难度且各具风格，展现不同用词特色和话语策略；课文知识面广，涉及文学、语言、社会文化、政治、经济、贸易、历史、地理、科技等方面，综合性强。修订本中的一些课文没有继续入选第三版，鉴于这些课文在题材、思想、内容、语言风格等方面的特色和优点，笔者结合长期以来的教学实践，对这些课文进行分析探讨。第三版中的新增课文较有特色，两个版本的课文结合起来使得研讨的内容更加充实，更具代表性。

教学中，首先应突出英语专业的特点，在强化语言能力和专业知识训练的过程中，提高学生的专业素质，加强跨文化能力培养的理念。跨文化能力的培

养,除了注重文学、历史、政治、经济、风土人情以外,还应注意思想观念、态度倾向、思维方式、行为模式等文化因素的分析探讨,有计划、有条理地分步实施。

本文从课文主题的思想内容、思维方式、语言与文化几个方面来说明如何在"高级英语"课程教学中加强跨文化能力的培养。教学中,坚持以教师为主导、以学生为中心的合作式教学方式,强调学生的积极参与。学生的参与除了在课堂上勇于发言外,更重要的是课前积极准备和课后消化吸收。通常采用撰写发言提纲和文章小结的形式来加强学生的积极、主动参与。探讨主题思想、语言与文化时,跨文化比较十分必要。换言之,在帮助学生了解异文化中不同的内容之时,鼓励学生结合本文化中的对应方面进行思考,整合各方面的知识,开展批判性对比分析,有时需要换位思考(移情作用),激起共鸣;有时需要批评、扬弃;有时需要吸收继承。

(一)把握课文的主题思想、提高跨文化素养

《高级英语》教材的课文含有较丰富的主题,知识性、思想性较强,涉及不同的学科领域。从跨文化能力培养的层面看,不同的课文表现的主题丰富多彩,诸如"风土人情""跨文化碰撞""种族关系""人与自然""民族心理""国际政治""现代科技与生活""文学与人生"等。结合这些话题进行批判性对比分析,不仅能够加深对课文的理解,更有助于跨文化能力的培养。举例说明如下。

1. 风土人情

有关风土人情的课文如《中东集市》(*The Middle Eastern Bazaar*)。该文给读者呈现了一幅异域文化的画卷。课文以一个集市为例,窥斑见豹,向读者展现了颇具异国情调的中东集市的风貌。风格迥异、各具特色的布匹、铜器、香料市场,引人注目的榨油坊,店家与顾客的心态,穆斯林女性的服饰、骆驼商队、客栈等,把读者带入遥远的中东,领略其独具文化特色的生活风貌。

课文以西方旅行者的视角向人们展现中东集市的风土人情、生活风貌,生动形象,栩栩如生。从跨文化的视角看,这只是中东社会生活中一个小小的剪影,但不是全部,须防止以思维定式看问题,以点代面,认为这就是"中东"或"中东的日常生活"。可进一步思考西方旅行者笔下的"中东集市"与自己了解的有何异同,与中东人描写的"中东集市"有何异同,这些差异说明什

么。然后将这些问题提出,并让学生课后查资料,撰写发言提纲或文章,这样的教学方式既探讨了跨文化问题,又有助于学生写作、研究能力的提高。

2. 跨文化碰撞

《高级英语》中有关"跨文化碰撞"的课文不少,如《外婆的日用家当》《广岛——"最有活力的"城市》《三杯茶》《潜水鸟》《一个发现:作为一个美国人到底意味着什么?》《通往雨山之路》《那些离开奥米勒斯镇的人们》等。中国学生读到这些文章之后,不仅能够了解有关身份认同、文化群体、民族/种族关系、个体与群体的关系、不同的生活观等,还会结合本文化的思想观念对这些问题进行对比和分析。举例分析如下。

(1) 身份认同问题。

艾莉丝·沃克的《外婆的日用家当》(1973)和詹姆斯·鲍德温的《一个发现:作为一个美国人到底意味着什么?》涉及主流文化与亚文化群体之间的跨文化冲突问题,反映出非裔美国人对身份认同的思考。由于其特殊的历史经历(饱受奴隶制的摧残),非裔美国人虽然自1863年起获得法律意义上的解放,但由于白人种族主义的猖獗,始终难以获得公正、平等的待遇,在美国社会中不断受到排斥。进入20世纪中期,虽然在社会平等方面取得了较大的突破,争取到了更多的、应得的社会权益,但他们对待主流社会的态度仍然出现矛盾的心理,融合还是分离一直是困扰不少非裔美国人的问题。《外婆的日用家当》以民权运动时期的美国为背景,讲述生活在南部腹地的非裔美国人约翰逊一家的故事,描写了母女三人对待家族的传家宝"百衲被"的不同态度,折射出传统与现代、孤立或融入等问题。姐姐(迪依或万杰萝)带有融合的思想,强调与外界的交流,在交流中发展、提升自己。詹姆斯·鲍德温的《一个发现:作为一个美国人到底意味着什么?》同样折射出作者对身份的困惑、思考和认同观。该文出自他1961年发表的文集《没有人知道我的名字》(*Nobody Knows My Name*)。旅居欧洲之后,他才发现他是十分爱国的。文章表现了他作为美国人的强烈认同感,标题中用的是"美国人"一词,且文中多次谈及"美国人"(的身份)。鲍德温和迪依的言语和行为表现出他们以及当时大多数非裔美国人的身份认同观,首先是美国人,然后是非洲人的后裔。

《通往雨山之路》(1969)也是一篇关于种族身份的文章。作司各特·莫马戴是当代著名的美国本土作家,他将个人的生活故事与民族的历史结合在一起,展现出一幅栩栩如生的美国印第安人的画面。课文以对祖母的追思为主,描写祖母的身世、家族历史，进而介绍本土居民的宗教、习俗、舞蹈、神话传说等。通过对民俗文化的描写，传承、弘扬民族文化传统，展现其对本民族的身份认同观。当然，作为少数族裔，自然会碰到"双重意识"问题。作者生活在当今社会，接受的是白人的教育，但这并不影响他对本民族文化的认同。他以自己的方式努力维系、传承本民族文化，表现了美国本土居民对祖先克尔瓦人和切诺基人的强烈认同感。

在多元文化主义流行的时代，美国人如何思考美国社会中的身份认同问题？中国人又怎样看待这一问题？根据这一话题，可以延伸至对流散族裔的身份认同、城市外来者（如农民工）的身份认同等问题进行思考，并结合社会、文化等因素，在教学中激发学生的思维，引导他们去分析问题，尝试解决问题。

（2）民族关系与跨文化沟通。

格雷戈·莫顿森和大卫·奥利弗·里林的《三杯茶》（2006）中有较好的关于跨文化沟通的描写。课文讲述外来者（美国人）与当地文化群体（巴基斯坦科菲村村民）在工作理念、期望值方面发生的碰撞以及问题的有效解决。美国人莫顿森不远万里，自愿筹资到巴基斯坦科菲村为村民们建学校。他期望科菲村村民能像美国人那样"高效"投入工作，一鼓作气将学校建成，因此他紧逼大家拼命工作，但大家却受不了了。由于当地人的理念不同，加上为了生计还得抽出主要人手去挣钱养家糊口，学校建设进展较慢。莫顿森有些沉不住气了。科菲村村长哈吉·阿里请他喝"三杯茶"，解释其中的含义，并提醒他，"要想在巴尔蒂斯坦有所作为，就得尊重当地人的习俗"。后来，莫顿森终于认识到，"建立良好关系与工程建设同等重要"（《高级英语》第一册·第三版，2011：162－172），所以他调整了工作方式，满怀激情地干活，并赢得了大家全力以赴的支持。

不同文化对工作有不同的认识和看法，工作的方式也不一样。在跨文化情境中，如何及时进行沟通、做到相互理解是解决跨文化冲突、保证工作圆满完成的关键。学生可将（巴基斯坦）科菲人、美国人与中国人的工作观进行对比，写出心得体会，到课堂上进行交流。

玛格丽特·劳伦斯的《潜水鸟》（1970）讲述的是关于北美印第安人与白人之间的故事。课文中有一段描写，主人公"我"（白人小女孩）想到法裔混血儿皮格特，就立即展开"丰富"的联想："皮格特就是森林的女儿，是大自然的小预言家。只要我虚心讨教，她就会告诉我一些她肯定知道的奥秘——如夜鹰在哪儿筑巢,郊狼如何育雏的,或是《海华沙之歌》之中提到的任何事情。"(《高级英语》第一册·修订版,1995:210)如文中所述,"我"和"印第安人接触得不多,好像还从来没见过一个真正的印第安人","我"对印第安人的了解仅限于文学作品。这里,应注意跨文化情景中对他群体的刻板印象或文化定型(stereotype)这一问题。教学中可引导学生思考各种个案,哪些属于这种来自文学作品和大众传媒的、"以群体特征代替个体特征"或者"以个体特征代替群体特征"的刻板印象描写,并将分析写成读书笔记。

(3)个体与群体的关系。

美国小说家乌尔苏·拉·葛文女士的《那些离开奥米勒斯镇的人们》(1973)一文,以个体与群体关系中的幸福为主题,向读者提出道德思考。这是一个讽喻故事,美丽的海滨城市奥米勒斯迎来了她的夏庆节。天空晴明如镜,锣鼓喧天,载歌载舞,老人、妇女、孩子等无不喜气洋洋,兴高采烈。赛马场欢乐喧闹,马儿欢腾跳跃,相互炫耀,风中散发着香味。这里没有专制、股票交易、商业广告,没有原子弹,没有毒品。整个城市的欢乐景象一直持续着。与此同时,在奥米勒斯城某幢漂亮的公共建筑下面,肮脏的地下室里锁着一个孩子(是男是女也看不清),很瘦、很虚弱,身上长满脓疮。人们对他(她)很凶,每天只给他(她)半碗玉米粉和一点动物油维持生命。怎么会这样呢?"大家都明白他(她)必须待在那儿……所有的人都清楚一个道理:他们的幸福生活,他们城市的美景,他们之间的亲爱和睦的关系,他们的孩子的健康成长,他们的学者们的智慧,他们的工人的技艺,甚至连他们那片天地里的风调雨顺、五谷丰登的繁荣景象,这一切全都有赖于那孩子所受的苦难。"(《高级英语》第二册·第三版,2011:139-140)这就引出一个令人深思的问题,为了群体的幸福,个体必须做出牺牲。这一观念确实存在于社会现实生活之中。不同的文化群体对此会有不同的看法和尝试。由此可引出相关的跨文化思考:在以个体为取向的社会里,人们会这样认为吗?在以群体为取向的社会里,是否人们的价值观就是这样?可以引导学生对人与社会的关系问题作比较分析,结合本民族文化的价值观进行深入探讨。

(4)不同的世界观、生活观。

《广岛——"最有活力的"城市》一文表现出西方人和东方人在世界观和生活观方面的差异。文章以一个美国记者的叙述视角,向读者展现二战后他亲历广岛时的所见所闻和心理感受。课文的副标题将"最有活力的"一词加上了引号，说明作者最初并不认为该市经历了原子弹爆炸之后还会具有活力，但最后他似乎给出了肯定的答案，当地人的表情可以表明该市"最具有活力"。他起初以为该市的人必定会沉浸在痛苦之中，所以心有愧疚，对广岛市长避而不谈"敏感"话题感到意外。在医院与一遭受原子辐射的老年患者交谈后发现，日本人对灾难、痛苦、死亡的看法与他所想的大有不同。他曾以西方人的视角来预设东方，其广岛之行可谓"西方人眼中的日本"，但这种先入为主的定型视角最后被发现是错误的。另外，该文也涉及日本人对历史与现实、今世与来世等命题的不同看法。可以就这些话题，引导学生结合本民族文化的相关因素进行深入探讨和分析。

（5）和谐处理种族关系。

2008年，奥巴马参加总统竞选后，于3月18日在宾夕法尼亚州费城发表题为"为了更完美的联邦"的演讲，并就美国种族问题作深入探讨，获得较大成功。

面对美国社会的现实，奥巴马在演说中强调不同族裔之间的相互理解与团结协作："我参加总统竞选，是因为我坚信这一信念，我们只有齐心协力、共同努力，才能应对时代的挑战；这就需要明白一个道理，我们虽然有着不同的经历，但我们拥有共同的理想；我们虽然有着不同的肤色，我们虽然来自不同的地方，但我们都希望朝着共同的目标迈进。只有这样，我们的国家才会变得更加完美。"（《高级英语》第一册·第三版，2011：196）

跨文化能力首先要求人们需要相互理解、共同努力。如果人们能够充分意识到这一点并能付诸行动，理想离现实就不远了。由于历史、政治、经济、文化等原因，种族问题在美国成了一个痼疾。在一个多民族的国度里，处理好种族关系有利于政治稳定、经济发展、社会和谐、文化繁荣。在全球范围内，相互理解、协作努力将会带来世界和平和社会进步。由此引发的关于跨文化能力的思考将有助于学生专业素养的提升。

（二）学习他文化群体看问题的方法和思维方式

《高级英语》教材中不少课文都是关于西方人对环境、社会、科技、法律、经济、政治等的看法和思考，大致涉及人与自然、民族心理、法律与社会、现代科技与生活、国际政治、国际贸易、历史、经济与生活、文学与人生等内容。教学中，通过了解英美人士对这些问题的看法，借鉴他们的思维方式，并结合

本民族文化群体中相关的领域进行思考,不仅能够丰富专业知识,还有助于培养跨文化能力。举例说明如下:

1. 关于人与自然

中西文化中关于人与自然的认识有差异,但也有共同之处。是本着"征服自然"的理念,坚信"人定胜天",进而毫无节制地向大自然索取人们所需的一切,还是本着"和谐"的理念,走可持续发展之路,保持生态平衡?《沙漠中的船队》一文节选自美国前副总统戈尔的调查报告(1992)。文章向读者呈现出全球环境破坏的严重问题,并提出不同的策略,呼吁在全球范围内共同努力,一起解决环境问题。巴里·康芒纳的《生态学的四条规律》(1971)一文进一步阐明工业生产给生态环境造成的破坏,并分析了当前造成环境破坏的社会因素,指出应在"得"与"失"的问题上做出恰当的选择。可以以中西方的自然观为出发点,组织学生进一步探讨科学与发展、人与自然、社会生活与生态环境等话题,吸收不同文化的优秀传统,摒弃不良做法,共建人类的美丽家园。

2. 关于民族心理

H. L. 门肯(1880—1956)是美国著名的记者、编辑、评论家、讽刺作家。他在《嗜丑之欲》一文中,以夸张、诙谐幽默的笔调讽刺美国威斯摩兰县居民的"病态审美观"。给人的印象是:美国人尖酸刻薄地讽刺美国人,而文章还能在美国发表,反映出他们什么样的心理?换一种文化背景,如在东方,这是否可能?是文化差异吗?为什么?

英国小说家、剧作家和评论家 J. B. 普瑞斯特利(1894—1984)在其《英国人的未来》一文中,分析评述了英国人的特性和其民族性格(本能的感觉而不是理性的思维)。在课程教学中,引导学生结合自己的知识,思考作者提出的观点,并提供有说服力的材料来支撑自己的观点。以此课文的主题为切入点,比较英美人看待自己的思想倾向与中国人的有何异同。

3. 国际政治与外交策略

肯尼迪总统的就职演说(1961)有助于读者了解当时的国际局势、美国的基本政策和政治理念、美苏"冷战"、肯尼迪的政治思想等。从国际关系与外交的角度看,肯尼迪强调的"和平""合作",支持"联合国"并加强其职能以保护"新兴的弱小者"等,是其演讲赢得更多听众的策略,是成功之处,也是跨文化语境中较具代表性的文献,在外交场合还是一份能够引起共鸣的文稿。

4. 现代科技与生活

《神奇的芯片》（1978）和《互动的生活》（1993）向人们介绍计算机和网络技术取得突飞猛进的发展，改变了人们的生活，大大地解放了人力，给人们的工作、学习、生活带来了巨大的方便和收获。因此，过去的"天方夜谭"似乎回到了现实，人人都可以成为"阿拉丁"，去体验计算机技术产生的魔力。然而，网络同时也具有负面影响。贫富差距、信息安全、不良的传播内容等也是随之而来的问题。弗洛姆的文章《工人是创造者还是机器》（1955）分析了工人与工作之间的关系及其历史性演变，指出现代工业社会给人造成的影响，人似乎被"异化"了，不再具有传统意义上的个性和文化色彩。《从天窗消失》（1980）一文阐述现代科技引发的现代文化变化。作者指出，科学发展了，技术进步了，世界走向趋同，文化的个性在逐渐减弱；技术的同一性使现代人也走向趋同，其文化和个性不再像以往那样鲜明；现代文化是人的心灵的现实反映。

在异文化环境中，人们对现代科技与社会生活进行描述、评论，涉及人的价值观、信念等文化因素。而在本民族文化的社会环境中，面对科技进步给工作、生活带来的种种影响，人们又是怎样思考这些问题的？在更加宽泛的跨文化背景下，人们的看法又有什么异同？说明什么？可围绕这些话题，布置课外作业，让学生查找相关资料，提出问题，展开讨论。

5. 文学与人生

文学是关于人的学问，是对人的生命、心理和精神的艺术探索。中西方文学充满对人、对人生、对人与社会的思考。《高级英语》教材所选文学类文章出自西方名家之手，讲述的或探讨的关于人生、人与社会等问题，不仅有助于读者了解西方人的人生观、世界观、价值观，还有助于激发读者的兴趣，去思考自身，以及本民族文化背景下的各种关于生与死、成功与失败、梦想与现实等问题。

如《马克·吐温——美国的一面镜子》（1975）一文所示，青年时代的马克·吐温富有朝气，充满想象，有正义感，敢于冒险，诙谐幽默；步入晚年，历经沧桑，变得尖酸刻薄、愤懑消极。他晚期对人的一生的评价显得极端消极："他们从世界上消失了，在这个世界上他们无足轻重，无所成就；甚至他们的存在本身就是个错误，是个失败，是种愚蠢。这个世界上也没有留下丝毫能表明他们存在过的痕迹。这个世界给他们的只是一日的哀伤和永久的遗忘。"（《高级英语》第一册·第三版，2011：116-117）显然，马克·吐温的创作经历了一个从欢快、积极转向严肃、悲观的过程。小说《海上无路标》（1961）讲述的故事凸显了"逆境中的人生"这一主题。经历重大挫折、遭受生活中的打击之后，人会发生彻底的变化。身患绝症的主人公从工作狂变成一个热爱生活的人，由此产生种种情感，有关爱情、有关人生、有关社会等，态度是积极乐观的。《痛苦的年轻人》一文评述20世纪20年代美国文学史上的一个特殊群体，他们被称为"痛苦的年轻人"（菲茨杰拉德语）或"迷惘的一代"（斯泰因语）。社会转型、一战的影响使当时不少青年文学艺术家成为"反叛代表"，他们桀骜不驯，在思想上、言行上挑战传统社会，蔑视维多利亚式的道德观念，讽刺当时所谓的"美国文明"，但他们根本上是爱国的。该文作者认为，这些人从来就没有"迷失过"，他们的思考、探索最终为这个国家的文学历程增添了"最生动、最清新、最激动人心的作品"（《高级英语》第二册·第三版，2011：97）。学习这篇课文，首先应把握作者的立场和观点，之后对其看问题的方法、思维方式进行评论，并结合本民族文化的思想展开探讨。

生活经历对人生的影响乃是一个永恒的文学主题。学生在学习这些课文时，可作对比分析，思考在中国现当代文学中有哪些相似的描写，反映了关于人的什么问题，揭示了哪些普遍性因素，等等。通过思考和分析，让学生了解西方人考虑不同问题的视角，领会他们在思想内容和表现形式方面的特征，借鉴其长处。中国学生对此进行的思考和评论即是展开进行跨文化比较的过程，有助于跨文化能力的提升。

（三）把握语言与文化之间的关系，培养跨文化技能

除了主题思想外，教材课文中的语言（如词汇手段、修辞手法等）承载着大量的文化信息，而准确把握这些信息的内涵将有助于跨文化素养的训练和能力的提高。正确把握带有文化内涵的词语、习语以及修辞手法，不仅能够加深对原文的理解，还有助于培养跨文化能力。《高级英语》教材中此类例子比比皆是，但考虑到篇幅有限，本文只探讨较具代表性的问题，以及涉及词汇和修辞手法中的文化内涵、语言使用策略和社会文化现象等。

1. 词汇的文化内涵

准确把握英语专有名词的文化内涵，有助于更好地理解原文，培养跨文化素养。

(1) 专有名词中的文化内涵。

例1：Unlike the hulking *Calibans* of vacuum tubes and tangled wires from which it evolved, it is cheap, easy to mass produce, fast, infinitely versatile and convenient. (*The Age of Miracle Chips*)

Caliban（凯列班），莎士比亚《暴风雨》中普洛斯佩罗的奴隶，半人半兽的怪物。这里形容老计算机又大又丑，就像凯列班一样。

例2：*Wellsian* fantasy? Maybe. But while this matutinal scenario may still be years away, the basic technology is in existence. (*The Age of Miracle Chips*)

Wells 即 H. G. Wells（1866—1946），英国科幻小说家。例句中使用该人名的形容词形式，形容计算机技术将带给人们如同科幻小说中描写的那样的情景。

例3：They were afraid we would get one of [Senator] Proxmire's *Golden Fleece awards*. (*An Interactive Life*)

美国参院议员 Proxmire 反对政府开支浪费。如果发现政府的某个项目最为愚蠢、最为浪费、最为腐败，这个项目就会被授予"金羊毛奖"（《高级英语》第一册·修订版，1995：140）。文中指这些研发者担心他们的研究虽然会有成效，但代价也很大。

例4：I ground my teeth. I was not *Pygmalion*; I was *Frankenstein*, and my monster had me by the throat. (*Love Is a Fallacy*)

Pygmalion（皮格马利翁），希腊神话中的塞浦路斯王，雕塑家。他爱上了自己的雕像嘉拉蒂娅，便向女神阿佛洛狄忒祈求帮助。阿佛洛狄忒很受感动，将之化成真人，和皮格马利翁生活在一起。弗兰肯斯坦是英国著名小说家玛丽·雪莱第一部科幻小说《弗兰肯斯坦》中的主人公，一个年轻的医学狂人。主人公制造了一个"人"（恐怖的怪物），但他最后失去对它的控制，只好与之同归于尽。课文中的故事叙述者追求女朋友（波丽）失败，曾想通过向她传授逻辑学的方式"让她那漂亮的脑袋变得聪明些"，以便她能"配得上他"。没想到对方以其人之道还治其人之身，用他传授的"逻辑学知识"巧妙地回绝了他。所以叙述者说他不是皮格马利翁，他"培养出来"的人没有和他在一起；他是弗兰肯斯坦，他被自己制造的怪物击败了。

(2) 西方社会某一历史时期所指称的事物/事件。

课文中有一些词汇是西方社会某一历史时期特有的事物、现象，或者是源于西方作家笔下描述事物、现象的概念。对这些词汇的准确把握有助于更好地理解课文，加强跨文化知识的学习。简要举例如下：

例1：... memories of the deliciously illicit thrill of the first visit to a speakeasy, of the brave denunciation of Puritan morality, and of the fashionable experimentations in amour in the parked sedan on a country road. ... (*The Sad Young Men*)

speakeasy 即地下酒吧，文中指"1920 至 1933 年在美国非法出售酒精饮料的酒吧"（有道桌面词典）。

例2：I should have known they'd come back when the Charleston came back. (*Love Is a Fallacy*)

Charleston（查尔斯顿舞）即"20 世纪 20 年代较为流行的一种欢快的舞蹈"（有道桌面词典）。

例3：Even the most incorrigible maverick has to be born somewhere. He may leave the group that produced him—he may be forced to—but nothing will efface his origins, the marks of which he carries with him everywhere. (*The Discovery of What It Means To Be an American*)

Maverick 指独立不羁的、不落俗套的（人），源自 19 世纪德克萨斯州牧场主 Samuel Maverick 不在小牛身上烙印（董乐山，1988：249）。文中指"独行其是"之人。

例4：Faustian Economics.

浮士德经济；浮士德式的经济（学）。

"浮士德经济"出自美国诗人、随笔作家、小说家温德尔·拜瑞的同名文章，该词也是文章的标题，系作者对美国的经济（所谓世界经济之楷模）的描述，指目前盛行的"只顾眼前，不计后果"的经济理念和行为。"浮士德"源自 16 世纪英国剧作家、诗人、文学理论家克里斯托弗·马娄的作品《浮士德博士》(1604)。浮士德为了追求役使魔鬼的权利和征服自然的知识，将灵魂出卖给魔鬼，以 24 年为期，届时将赴地狱。拜瑞将美国的经济比作"浮士德式的经济"，寓意深刻。作者在文中评论道，人是有极限的，人所生活的自然、文化环境也是有极限的。而浮士德"不甘心只是做个'浮士德'、做个'人'"，不愿承认人和自然的极限，却相信"无所不能的力量"，因此采用极端的方式，接受魔鬼的条件并获得"无所不能的魔力"，有恃无恐、毫无节制地去挑战"极限"。美国的经济发展类似"浮士德式的追求和尝试"，带有"极致狂妄"的色彩。

（3）习语典故。

习语典故往往带有丰富的文化内涵，而且形象生动。准确把握其文化内涵，不仅有助于学生体会到原文的语言魅力，还有助于他们提高跨文化素养。

例1：I asked whether for him... this was not bowing down in the House of Rimmon. (*Speech on Hitler's Invasion of the U. S. S. R.*)

bowing down in the House of Rimmon 源自《圣经》故事（Bible, II Kings, v. 18）。Rimmon 指大马士革叙利亚人的神祇，"到里满庙去朝拜"指"表面上遵守传统的宗教习俗，但出于政治目的，实际行为当中却有所保留"（《高级英语》第一册·第三版，2011：334），即为了政治目的而表里不一、口是心非。秘书跟丘吉尔开玩笑，问他是否为了政治目的（联合苏联共同对抗德国法西斯）而一反常态（"从反对到团结"），是否有点出尔反尔、口是心非。

例2：But P & O has no intention of throwing the towel. (*Britannia Rues the Waves*)

throwing the towel，拳击比赛用语，把毛巾或海绵扔出来，意指"认输、投降"。

例3：What underlies this sound and fury? (*But What's a Dictionary for?*)

sound and fury 出自莎士比亚的《麦克白》："it is a tale / told by an / idiot, full of sound and fury / signifying nothing"（Macbeth, Act V, Scene IV, L. 26 - 28）（《高级英语教师用书》第一册·修订版，1995：254），意为"痴人言论，除了愤怒就是喧嚣，毫无他意"。若不明白此语的出处，便难以体会到原文作者对抨击者的讽刺和蔑视。

2. 修辞手法中的文化内涵

修辞手法中大多带有相应的文化内涵，以"换称"和"双关语"为例。

（1）换称（Antonomasia）。

宗教、历史、文学中的换称指的是，一个专有名词，如果具有某些家喻户晓的特点，它就可以成为某种象征。

例1：专有名词替代普通名词

A bent Pickwick in blue uniform: a bent, fat, benevolent, old gentleman in navy uniform. (*Argentia Bay*)

Pickwick 是19世纪英国著名小说家狄更斯的作品《匹克威克外传》（*Pickwick Papers*）中的主人公，个子不高，身体微胖，是个心地善良的绅士。

丘吉尔的外形与之相像，就被描写成一个"穿着蓝制服、背有点驼的匹克威克"。

例2：普通名词替代专有名词

Those ad campaigns celebrating The Big Apple, those T-shirts with a heart design proclaiming "I love New York", are signs, pathetic in their desperation, of how the mighty has fallen. (*Loving and Hating New York*)

The Big Apple 代表纽约市，"因美国报刊宣传该市富于机会，就像一个成熟的大苹果那样伸手可摘而得名。Big Apple 原是 1920s 和 1930s 哈莱姆区一个夜总会的名字。黑人爵士音乐家将北方的大城市，尤其是纽约市称之为'大苹果'，可能是因为前往那些城市可以获得'咬一口苹果'（即获得成功）的机会"（赵巧红，2011：330）。

（2）双关语（Pun）。

一语双关不仅表现在语言层面，有的双关语还暗含一定的文化内涵。如：

One shop announced: Darwin is ringht—INSIDE. (*The Trial That Rocked the World*)

Darwin 和 right 是双关语用法。店主名叫"达尔文"，与提出进化论的博物学家达尔文同名；right 既是形容词（"正确的"）又是副词（"恰好、正好"）。该句可解读为"达尔文是对的"或者"达尔文就在里面"。

3. 语言使用策略与社会文化现象

（1）社会语境与语体。

不同的语境应该使用不同的语体，日常闲谈就使用日常生活语言，学术交流则使用正式的语言。《酒肆闲谈与标准英语》（*Pub Talk and King's English*）一文所提及的观点很有道理，值得借鉴。即不同社会阶层所使用的语言有差异，但并非一成不变；上流社会的人经常使用普通大众的语言，发脾气的时候还会讲粗话。人人都知道口语与书面语有差别，但若有人，哪怕是名人，故意在酒吧聊天时使用文绉绉的语言，那他就成了讨厌的家伙。闲聊不是学术考证，一定要刨根问底。闲聊讲究自由、不受束缚，可随时变换话题。这些观点进一步说明语体与社会语言环境之间的重要关系，学外语时应避免"背书式"的交谈，把书面语用于日常语言交流之中。

（2）正式语体与非正式语体。

《高级英语》教材所选的文学作品中，有短篇故事也有中长篇小说节选，其中的人物因身份、背景不同，使用的语言风格也大不相同。有的使用标准的、正式的英语，有的使用非正式的表达、俚语或者带有语法错误的英语。举例说明如下：

《讹诈》（*Blackmail*）一文中，公爵和公爵夫人讲的是标准英语，而（敲诈者）奥基维尔保安讲的是蹩脚的英语且举止粗鲁。奥基维尔的语言如：

"There's things it pays to check."

"When they find who done that last night…"

"They got a headlight trim ring which musta come off when the kid an' the woman was hit."（*Blackmail*）

奥基维尔的语言表明他没受过多少正规教育，加上他恶意敲诈，举止粗鲁，发音不标准，令人产生厌恶的感觉。《震惊世界的审判》（*The Trial That Rocked the World*）中，傲慢的法官操着方音宣称自我的话凸显了其无知、偏袒的一面。但并非"英语不标准"就一定是人物形象的弱点，放到另外的人物身上，便成了"淳朴"的特征之一。如《马克·吐温——美国的一面镜子》（*Mark Twain—Mirror of America*）一文中的哈克·芬（Huck Finn）以及下文提到的"妈妈"（Mama）、"皮格特"（Piquet）等。

《外婆的日用家当》（*Everyday Use for Your Grandmama*）中，"妈妈"的语言较有风格。作为第一人称叙述者（"我"），"妈妈"使用的是标准英语。而在对话中，"妈妈"使用的语言带有明显的黑人英语特征（语音不标准、语法错误）以及乡下人的习惯表达（常用狗、蛇、蜥蜴、马尾巴等打比方）。"妈妈"说她没有受过什么教育（当时的社会条件不允许）。她在对话中使用的大多是简单的词汇，不完整或带有语法错误的句子。这种标准英语和带有黑人方音、方言的语言交替使用，暗含了非裔美国人的双重身份以及作者艾莉丝·沃克（Alice Walker）黑白融合的社会文化倾向。《外婆的日用家当》描写民权运动时期非裔美国人对黑白关系的态度和行为取向。在民权运动开始前，不少非裔美国作家也表达了种族和文化融合的思想。沃克等作家有一种共识，在当今美国社会中，"黑"和"白"相互依存，缺一不可，二者的结合才能构建美好的社会。沃克采用的语言策略，一方面从艺术的角度在主流社会中凸显黑人的声音和文化；另一方面表现其多元文化背景下民族融合的思想倾向。

同样，在《潜水鸟》（*The Loons*）一文中，故事叙述者的标准英语和印第安—法裔混血儿皮格特的非标准英语同时使用,表明小说作者、加拿大作家玛格丽特·劳伦斯(Margret Laurence)的多元文化主义思想。她力求在白人社会中表现少数族裔的声音,展现加拿大社会文化多元的风貌,体现了她理解、尊重少数族裔文化的倾向。

《高级英语》教材中不同课文的语言各具特色,风格迥异,表现形式多样,可谓五彩缤纷,令人目不暇接。了解这些语言特征,识别不同场合下不同身份的人采用的语言表达有较好的示范意义,学生通过实例可以进一步体会到"语言即是人物的写照"的道理。在实际跨文化交际情境中,学会使用"得体"的表达方式,是促进交流的有效方式。

结　语

"高级英语"课程能够较好地体现英语专业以跨文化能力培养为特色的教学理念。教学中,不仅要注重语言能力和专业知识训练,还应加强跨文化能力的培养。要坚持以教师为主导、以学生为中心的合作式教学方式,强调学生的积极参与。教师在设计课程大纲之时,可将所学课文的主题和语言表达与跨文化知识学习作为要点,以问题的形式提出,提前发给学生。学生根据提问适当进行相关资料查询,做好读书笔记。教师可在讲解中以提问的方式与学生互动,同时按单元要求学生完成一份发言提纲,带到课堂按规定的时间进行交流。在此过程中,鼓励学生提出自己的问题,选择有代表性的问题作进一步探讨和分析。撰写发言提纲和读书笔记本身就是学生积极参与教学活动的过程,既是语言学习和专业知识训练的重要方法,又能弥补课堂讨论时间受限的不足,还是综合运用相关专业知识分析、评判跨文化情境中的理念、行为的具体体现。因所学、所写、所讲的均是跨文化方面的内容,跨文化能力的培养便自然地寓于其中。学生因此而获得的跨文化能力将会指导他们在实际跨文化情境中进行恰当的思考、做出恰当的反应、表现出恰当的行为。

参考文献:

[1] Behrnd V. & S. Porzelt. Intercultural competence and training outcomes of students with experiences abroad [J]. International Journal of Intercultural Relations, 2012, 36.

[2] Hismanoglu M. An investigation of ELT students' intercultural communicative

competence in relation to linguistic proficiency, overseas experience and formal instruction [J]. International Journal of Intercultural Relations, 2011.

[3] Watson J. R., P. Siska & R. L. Wolfel. Assessing Gains in Language Proficiency, Cross-Cultural Competence, and Regional Awareness During Study Abroad: A Preliminary Study [J]. Foreign Language Annals, 2013, 46 (1).

[4] 董乐山. 英汉美国社会知识辞典 [M]. 北京: 商务印书馆, 1988.

[5] 高等学校外语专业教学指导委员会英语组. 高等学校英语专业英语教学大纲 [M]. 上海: 上海外语教育出版社, 2000.

[6] 高一虹. 跨文化交际能力的培养: "跨越"与"超越" [J]. 外语与外语教学, 2002 (10).

[7] 高兆金. 浅议英语专业本科生跨文化能力的培养 [J]. 北京第二外国语学院学报, 2010 (8).

[8] 教育部高等学校教学指导委员会. 普通高等学校本科专业类教学质量国家标准（上）[M]. 北京: 高等教育出版社, 2018.

[9] 梅仁毅, 王立礼. 高级英语教师用书（第一册·修订版）[M]. 北京: 外语教学与研究出版社, 1995.

[10] 潘亚玲. 我国外语专业学生跨文化能力培养实证研究 [J]. 中国外语, 2008 (4).

[11] 任裕海. 跨文化能力的伦理维度 [J]. 文化研究, 2007 (10).

[12] 孙有中. 外语教育与跨文化能力培养 [J]. 中国外语, 2016, 13 (3).

[13] 王巍巍, 仲伟合. "国标"指导下的英语类专业课程改革与建设 [J]. 外语界, 2017 (3).

[14] 网易有道词典（网络版）.

[15] 吴显英. 国外跨文化能力研究综述 [J]. 科技进步与对策, 2008 (3).

[16] 许力生. 跨文化能力构建再认识 [J]. 浙江大学学报（人文社会科学版）, 2011 (3).

[17] 张冲. 关于英语专业定位的思考 [J]. 外语界, 2003 (4).

[18] 张汉熙主编, 王立礼编. 高级英语（第一册·第三版）[M]. 北京: 外语教学与研究出版社, 2011.

[19] 张汉熙主编, 王立礼编. 高级英语（第一册·修订版）[M]. 北京: 外语教学与研究出版社, 1995.

[20] 张汉熙主编, 王立礼编. 高级英语（第二册·第三版）[M]. 北京: 外语教学与研究出版社, 2011.

[21] 赵巧红.《高级英语》修辞指南[M]. 长春: 吉林大学出版社, 2011.

[22] 祖晓梅. 跨文化能力与文化教学的新目标[J]. 世界汉语教学, 2003（4）.

骆洪，男，硕士，云南大学外国语学院副院长、教授。研究方向：美国文学、翻译与跨文化交际。

对"跨文化交际"国际化课程建设的思考*

王 玲

（云南大学外国语学院英语系）

摘 要：跨学科方法及尊重和调解文化差异至关重要。"跨文化交际"课程有优先建设为国际化课程的优势和必要性，教学模式包括功能认知、文化知识拓展和应用能力培养。借鉴课程国际化先进经验，本课程建设要明确目标、加大比重、丰富类型、优化内容、体现发展，为国内高校更多国际化课程和后续能与国外高校互认或互换的国际化课程群建设提供参考。总体原则包括全球化背景下的整体设计、以国际标准为依据、课程文化多元化、互联网和电子教学媒体辅助。高校管理层、教师和学生均需加强对课程国际化先进理念、技术和重要性的认识，培养人才和教师的国际化能力，实现良性互动。跨文化研究和国际合作项目在跨文化交际中起关键作用。本课程建设成果可为发展外向型国际化课程和国际远程教育合作提供参考。在建立健全国际化课程群的基础上，可进而建设国际化特色专业。开发国际化内容是课程发展的必由之路，有助于实现高校国际化课程体系多元性。

关键词：国际化课程；跨文化交际；文化差异；国际远程教育合作；开放式远程教育

---

* 本文是 2017 年度国家社科基金艺术学项目"中国西南民族音乐舞蹈图像研究"（17EH248）、2015 年度国家留学基金出国研修项目（201507035007）、2015 年度云南省哲学社科艺术科学规划重点项目"云南民族音乐舞蹈图像文化艺术的资源保护、产业开发与国际交流研究"（A2015ZDZ001）、云南大学首批"青年英才培育计划"培育对象人才项目、2013 年度云南大学研究生优秀教材《英语跨文化交际：理论与体验》建设项目、2016 年度云南大学教改研究项目"国际化课程开发研究——以'跨文化交际'课程为先导"（2016Y01）、2015 年度美国圣路易斯大学国际合作科研项目"Multidisciplinary Approaches to the Study of Interculturality"研究成果之一。

一、高等教育国际化与高校课程国际化趋势

20世纪50年代，课程国际化作为美国大学新的发展目标而起步，到20世纪80年代历经30余年的建设，开设国际化课程的美国高校占比高达77%（高有华、张静利，2015：64）。自20世纪80年代以来，大学课程国际化兴盛于欧美，美国大学的国际化课程已相对完善，处于世界领先地位，引起教育界广泛关注。在高等教育国际化风起云涌的趋势下，有关研究和实践都把成为"显学"的课程国际化视为重要内容。国际化课程是指面向国内及国际学生设计的在内容上具有国际取向的课程，目标是培养学生在国际多元背景中学习、社交和工作的能力。课程国际化应是这样一种实践过程：借鉴有关国家高校课程体系的科学性和先进性，改造并优化现有课程体系，建构能体现国际水准、融合本土文化与国际文化集成优势的课程体系，从而提升课程质量、促进学生全面发展。国际化课程体系应具备全面性、选择性、时代性、兼容性、内化性五个基本特征（苗宁礼，2014：6），这些特征决定其内涵、受众、建设方向和实际成效。

在全球高校国际化课程发展进程中，自20世纪90年代以来，我国高校也陆续采取相应举措，如北京大学、浙江大学、华中科技大学等率先开展了国际化课程建设的探索和实践。课程国际化受到国内众多高校的重视，已取得一定成绩，但仍存在一些问题，如缺乏法规和制度保障、课程开设分散且不平衡，人才培养国际化任重道远。扩大教育对外开放，提高教育发展和国际化水平，这是国家领导人在2010年全国教育工作会议上提出的明确要求。《国家中长期教育改革和发展规划纲要（2010—2020年）》指出，"扩大教育对外开放"包括引进优质教育资源、加强国际交流与合作，目的是培养"适应国家经济社会对外开放的要求，培养大批具有国际视野、通晓国际规则、能够参与国际事务与竞争的国际化人才"（陈立群，2013：181）。国际化成为高等教育的现实需求和发展趋势，高等教育国际化既对课程建设提出了新要求，也提供了新机遇。

二、跨文化交际与国际远程教育合作的特点和影响因素分析

高等教育国际化建设可从学科建设、合作办学、交换学生项目等方面探索和展开。课程建设既是教学工作第一线的教师可积极参与的一个领域，也是当今高等教育国际化的一个基础性环节。国际化课程的开发和建设应有明确的目的、定位和要求，方能稳步发展。以"跨文化交际"国际化课程开发研究为先导，探讨如何开发和建设与国外高校互认的课程，为进而开设一些能与国外高校相关课程群等效互换的国际化课程群做准备，最终实现课程群和相关专业的国际化认证。开设国际化课程并不简单等同于用英语或其他外语授课，培养具有国际视野的学生不但要把学生送出去，而且要吸引国外的优势资源，与国际接轨，针对跨文化交际的特点分层次推进国际化课程建设和国际远程教育合作。

一种文化包括其持有者代代相传的信仰、习俗、价值观、思维模式或感知和解释信息的模式。文化是个体、心理和社会的建构物（Gunawardena & LaPointe，2008：53-54），可通过不同方式认知。研究文化在交际中的作用时，要澄清一些基本概念和界定操作层面。巴奈特（Barnett，2003）区分了文化间（intercultural）交际、国家间（international）交际和跨文化（cross-cultural）交际三类。文化间交际是不同文化群体之间的信息交流；国家间交际是民族国家之间、国家组织之间的信息交流，多关注大众传媒，比较研究国家媒体政策和基础设施；跨文化交际比较研究不同文化群体之间的差异，并探寻文化差异对交际过程的影响和应对策略。

交际随着两个或更多社交系统为了某一目的交换信息而发生，目标是要减少不确定性，并在交际者之间实现理解（Gudykunst，2003：149-163）。如果交际目标是国际合作，那尤其不能低估文化差异。吉尔特·霍夫斯特德认为："文化差异更多是冲突而非协同作用的根源。"他的理论框架包括文化变异性基于的四个方面：个人主义—集体主义、权力距离、不确定因素规避、男性化—女性化（Hofstede，1986：301），凸显交际过程中社会文化语境的重要性和各方的价值观及经历的影响。第一，个人主义代表个人借以主要关照自己及亲属利益的情境。相反，集体主义意味着个人优先考虑并永久忠诚于所从属的紧密结合群体。第二，权力距离是指一个社会中权力较小的成员将不平等视为理所当然的程度。尽管所有社会中都存在不平等，但不同文化对它的耐受水平可能不同。第三，不确定因素规避反映一个社会的成员面对无组织、不确定的境况时的容忍程度，因此这由他们是否寻求严格的行为准则所反映。第四，基于男性倾向与女性倾向的关系，与一个社会中男性和女性被认可的社会角色有关（Hofstede，1986：307-308）。霍夫斯特德从以上四个方面对50多个国家进行划分，比较它们在教学环境、项目管理和工作场域中的相互作用，为理解跨文

· 25 ·

化合作关系的不同语境提供了新视野。

　　文化在全社会中被共享和学习。在某一时期为了共同的目标和利益，跨文化合作也会为了某一领域的具体国际合作任务而发展。共同的价值观和同群感由某一群体的成员基于已建立的价值观和准则而形成，这种共识也决定了群体成员互相交流的方式。某一领域的国际关系规则被命名为由共同准则所组成的"机制"，但是机制中还有比准则更多的因素来考量功能性或功能失调的合作模式是否存在。交际参与者的经历、价值观和文化背景影响其行为方式及其对与合作伙伴互动的预期。正如关于国际关系的社会建构主义理论主张，合作是一个基于学习和建构共同价值观的社会学概念（Toprak，2006）。在一个多样性视角和价值观混合并为群体合作创造新模式和新方法的环境中，社会意识被创造。

　　建立合作的另一个因素是使用的媒介。马歇尔·麦克卢汉主张"媒介即信息"，强调媒介决定人类行动的规模和形式，大多数时候，不是内容而是媒介塑造行为（McLuhan，1964：79）。在所有电子媒体中，用户为了成为共同生产者都必须学会参与交际过程，并影响内容和后续过程，"新型的电子化相互依存把世界重新塑造为地球村形象"（McLuhan & Zingrone，1995：5-127）。在合作项目管理中，互联网和在线通信环境为共同行动提供刺激，要考虑新通信技术使用的特殊性。正如贝茨指出，如果在线合作是 21 世纪一项重要技能，那它必须成为在线学习和工作环境要实现的一个目标（Bates，2001：132）。

　　就跨文化合作项目管理而言，需要对文化差异分门别类，确保理解障碍不会导致合作方的冲突。文化维度的基本类别包括生活节奏、时间意识、时间划分和信息密度。一般而言，项目协调者既可选择一种支配性的中心文化，也可完全忽略文化差异。但是，如果不同文化的优势被用于创造协同作用，那么更好地了解和习惯文化差异会增加合作团队的成功率。文化差异管理涉及的一些重要问题包括对于协调者及合作组织而言项目的地位、规则和程序的标准化、项目管理工具对不断增长需求的调适（Schneider，1995：249）。

　　贾文帕和莱达（1998）研究了全球虚拟团队的特点及其在异步和同步计算机中介通信中面临的问题，认为这些团队经历了一种脆弱、短暂的"快速"信任，这是要讨论如何在仅只依赖虚拟交互的跨文化团队中增强信任的原因。面对面的互动使合作项目团队有机会建立社交关系，因此一般无可取代。建立或修复信任的其他影响因素包括共享的经历、社会规范和反复的互动。他们还指出，全球虚拟团队不建立信任，而是从它们熟悉的其他环境中输入信任。技能不同、共同工作历史有限的临时工作团队倾向于将信任与其共同行动联系起来。交际中的及时反应是促进合作的另一个重要因素。此外，有学者认为，在团队成员从不面对面会面而是通过电子邮件和网络聊天交际的情形中，电子媒体甚至可能削弱文化或语言的差异。也有人批评被建构的国家认同和语言，指出许多开放式远程学习项目都是跨国合作的结果，这是因为合作项目可能会按基于参与者共识的"通用语"（lingua franca）运行。多元文化中的开放式远程学习环境和项目的工作原则是把文化异质性视为事实，并根据各方的相互协议管理语言问题（Van den Branden & Lambert, 1999: 256）。新的通信技术使远程教育不再受国界限制，电子化教学与技术使用的相关性和能惠及大范围受众的优势对于国际合作尤为便捷，被许多教育机构青睐。除教学问题外，跨文化交际的支柱也很关键，需要关注不同的预期、价值观和社会文化背景（Gunawardena & LaPointe, 2008: 51）。先前体验、新技术模式的开发和使用、交际协议可能会帮助实践者步入正轨。

  古纳瓦德纳和拉泡英特强调社会文化语境，探讨了国际远程教育相关层面，认为跨文化交际过程和电子化学习项目合作研究要注意的方面包括社会存在、对时间的认知、交流方式差异、冲突解决方法、第二语言使用者的语言问题（Fisher, 1997: 51）。人们普遍指责全球化、霸权化某些行为模式，导致西方的学习或工作方法比本土偏好的学习或工作方法占据优势。在跨文化领域常问及的一个问题是：为了以类似方式协作的缘故而忽视文化差异是否符合道德规范？协作需要某些共同的理解和行为准则，以便协作方能融洽相处和协同行动。但是，完全忽略文化差异可能会造成交际问题，妨碍为了项目共同目标的联合行动。

  国际商务中的跨文化能力强调项目管理者的一些属性，如体现领导才能的态度、技能和知识。霍夫斯特德等学者强调跨文化能力可以传授给管理者，但是在获得这些能力的过程中个人的特质也有影响。对文化差异表现出敏感性、能与特定文化群体保持社交关系、讲他们的语言、了解其他文化的制度结构，这些都是跨文化能力一般定义强调的要点（Johnson, 2006: 529）。在跨文化交际合作项目管理中，协调者能有助于避免文化误解并激励合作团队朝项目目标努力，承认、尊重和调解文化差异非常重要。

  交际在国际合作中不可或缺，各方参与者会以不同方式去感知同一主题，因此，交际也是管理不同思维模式的艺术。跨文化工作参与者意识到，他们与合作伙伴可能会从相同证据中得出截然不同的结论。由于国际事务的数量与日俱增，而且全球化使相互依赖性增强，所以思维模式因素变得更加重要。思维模式被定义为"感知和推理的不同模式"（Fisher，1997：51），它的一个重要决定因素是文化。国际合作实践者有时未足够重视交际涉及的文化和心理层面。为了克服特定合作领域的关系障碍，实践者要看到隐藏在视野之外的"冰山"，这不但需要有关理论背景知识，而且需要开放的思维模式，能包容不同的认知并以多学科方式思考。这意味着实践者不能享受仅专注于一个领域的安逸，相反，必须同时考虑政治、经济、社会、心理、技术和跨文化的问题。为了整合不同领域和不同来源的信息，跨学科方法至关重要。

三、"跨文化交际"国际化课程建设的议题与要义

"跨文化交际"是与国际交流直接相关的实际应用能力培养课程，具有优先开发、建设为高校国际化课程的优势和必要性。从国际化课程体系的建构与实施、教学方法和手段等多方面探讨本课程的教学改革和国际化开发，目的包括：提高教学质量，培养具有国际视野、掌握跨文化交际能力的高水平国际化人才；建设可等效互换课程，为高等教育国际化的其他工作奠定基础；参与国际文化交流与合作，服务于提升国家文化软实力。跨文化交际作为培养国际化复合型人才的重要途径，其理论和实践日益受到关注。研究全球化潮流中跨文化交际的发展态势，分析和借鉴国内外高校先进的国际化课程体系，提出既符合国内高校实际情况，又能与国际接轨的课程大纲，为系统地制定适应国际化社会的"跨文化交际"课程体系带来启示。本课程教学模式包括功能认知、文化知识拓展和应用能力培养三个方面，重点应是跨文化交际实际应用能力培养，实现在"用"中学，即在跨文化交际内容的学习中使用英语，在英语学习中掌握跨文化交际知识和技能。

"跨文化交际"国际化课程建设包括探讨高等教育国际化对本课程建设的新要求，以及本课程的开放模式、多元内容和多样形式。高等教育国际化要求学生不仅要掌握本学科的基础理论、专门知识和基本技能，而且要具有国际视野并能参与国际交流。本课程建设旨在设法帮助学生达到新要求，加强和改进双语甚至全英语教学以提高学生的国际交流能力，使其了解西方文化的一些特点和西方人具体、程式化的思维模式。课程建设是高等教育国际化其他方面的基础，无论是与国外高校课程和学分的互认，还是发展留学生教育，都需要国

内高校与国外高校的相关课程乃至课程群能等效互换。高等教育国际化是一个双向过程，国际化课程建设并不是单向地借鉴和学习欧美领先高校的经验，而是要向世界展现中国高等教育改革和建设成果，包括国际化课程建设成果，更多地参与国际文化交流与合作，产出精品教材全英文版，并争取在国外主流出版社出版并传播和使用，提高在国际上的学术影响力。随着高校国际化建设的推进，将来或可考虑逐步将学生选修国际化课程取得的学分与学位要求相关联，鼓励更多学生学习与国际接轨的英语授课课程，提高对国际化课程的认识和重视。

在国际化课程开发和建设过程中，可通过研究欧美高校国际化课程建设经验和成就而获得启迪，进而探讨我国高校如何顺应世界高等教育国际化的发展潮流，推进课程国际化，实现跨越式发展。借鉴国内外领先高校教育国际化和课程国际化的先进经验，探讨开发和建设"跨文化交际"国际化课程的可行性、方法和途径，以明确目标、加大比重、丰富类型、优化内容、体现发展特点，为国内高校更多国际化课程和后续的国际化课程群及特色专业的建设、改革与发展建言献策，提供科学论证和决策参考。

四、"跨文化交际"国际化课程建设与国际远程教育合作的思路

从高等教育国际化视角考虑，教育思想观念、课程体系和教学实践应向国际化方向发展。借鉴先导个案——"跨文化交际"国际化课程开发研究成果，运用实证研究和从理论到实践、从点到面推广应用的方法，结合综合大学的学科优势，推动我国高校实现开发、建设和开设更多门类国际化课程形式的多样化、教学语言的全英文化。借鉴欧美和国内领先高校教育国际化和课程国际化的前期经验，寻求与国外高校合作开发和建设国际化课程，争取国际化课程实施的教育制度、政策保障及经费支持。建议高校和上级管理部门考虑在政策和资金方面建立健全有关扶持和考核机制，助力于开发和建设国际化课程、后续能与国外高校互认或等效互换的国际化课程群、国际化特色专业。

"跨文化交际"国际化课程建设的总体原则包括：第一，要将课程置于全球化时代背景下进行整体设计，真正体现教育服务于国家进步和人类发展的主要功能。第二，在建立课程管理规范、制度时要以高校课程建设国际标准为依据。第三，课程作为一种特殊的文化形态，其国际化理念应体现为课程文化多元化。第四，借助互联网和电子教学媒体的优势和辅助功能，推动国际化课程的开发研究。本课程内容的国际化通过以下步骤着手：关注国际区域、国际主题、全球性问题研究的前沿内容和最新动态，借鉴国际上成功和失败的跨文化交际案例，获取启示、经验或教训，并进行理论概括和实践总结。课程专题应包括全球化时代的跨文化交际问题、文化与交际、文化差异、语言与文化、跨文化言语交际、跨文化非言语交际、文化中的时间感与空间感、跨文化感知、跨文化适应、跨文化能力。课程内容涉及跨文化交际的诸多方面：介绍相关重要理论和研究方法，诠释多元文化事象和体验个案，概述跨文化比较研究框架和参照系，探讨跨文化交际的态度及技巧和文化碰撞及冲突的解决办法，预测相关研究发展方向，倡导多元文化和平共存与繁荣发展。

具体而言，首先，高校管理层、教师和学生均应加强对课程国际化理念和重要性的认识。随着国家各类出国留学基金项目和国际学术交流活动的增多，有关教师可通过最直接的现场体验方式，观摩和学习欧美高校开设的国际化课程的教学内容、方法、模式、技术和经验，聆听学术精英授课，感受学术大师风范，并与授课专家研讨。此外，也可通过国际互联网选择国外在线课程和开放式远程学习课程，学习、借鉴、引入先进经验。当今世界信息技术高速发展，可在网络上收集和在线学习国内外知名大学的公开精品课程，迅捷地获得一些国外大学的教学资源。例如，美国麻省理工学院的开放课程提供免费的先进教育资源，其知识共享的理念已在全球得到高度认可。可收集哈佛大学、加州大学及北京大学、上海交通大学、浙江大学等国内外一流大学的国际化课程演示课件，从不同教学体系和独到见解中获得启发。

然后，在先行开发"跨文化交际"国际化课程的基础上进行本土化补充，并收集跨文化交际相关英文广播节目、影视作品、动画等最新媒体表现方式和网络课堂技术，拓宽国际化视野。网络课程既可为教师所用，作为授课的一部分，也可是学生课余时间拓展理论知识学习的平台。国外高校的网络课程开放课堂使国内学生也有机会近距离接触国外课堂，这是国际化教学的重要方式之一。互联网的飞速发展使课程及其教学呈现立体化形态，传媒与电脑结合而成的电子化平台使国际化课程获得网络技术支持。有关各方要认真学习和应用可为国际化课程的开发和建设提供方向指导的先进理念和技术。

在"跨文化交际"国际化课程建设过程中，如能与国外高校开展远程教育合作，那将有助于提升课程建设的国际化水平。在合作项目建设和管理过程中，合作伙伴要相互了解先前经历和对跨文化交际本质的认知。在一个多元文化合作群体中，不同的工作预期会产生不同的合作体验及关系。合作方要认真考虑文化差异，为了共同目标和利益而管理或应对文化差异。来自不同文化的双方的交际互动可能成功，但也可能导致误解甚至冲突。在具体的跨文化语境中研究文化和交际时，社会、文化、历史的动态可以解释人类行为、交际关系中的潜在差异和对交际的认知。林德奎斯特认为，由于交际双方有不同的经历、认知角度、思想取向、文化背景，他们对跨文化交际的特别体验成为个人性或个性化的，他们的感知和认识永远不可能完全相同。换言之，参与交际的某一方归给跨文化交际的意义建构过程对于该方在部分程度上是独特的（Lindqvist，2012：22），合作伙伴形成独特的群体。因此，我们要尝试描述一方与来自不同文化的另一方交际的意蕴，更具体地说，要理解国际合作项目团队成员如何认知跨文化交际及合作中的互动。国际化课程建设者还应擅长联网和创建匹配，发现和召集潜在的合作伙伴。在全球信息化社会中，通信技术的日新月异和文化信息的便捷共享激励、便利交际与合作。尽管合作伙伴可能持有不同的文化特质，但同一领域和同一技术水平的机构使用类似的交流媒体，共同特性尤其适用于基于网络的有效学习和交际环境。国际教育合作项目的合作方必须清楚地意识到，联合工作本身就是一种社会化学习和跨文化交际过程，需要加强相互了解、学习和调适。

  英语教学在我国高校日渐受到重视，建设全英语授课课程是推进高等教育国际化进程、增强国际交流与合作的重要举措，也是培养具有国际竞争力的高素质人才的内在需要。专业基础扎实、英语功底好的高校毕业生日益受到人才市场的青睐。同时，人才国际化也是一个国家和地区对外开放和国际化程度的重要标志之一。要实现全英语教学，原版教材引入或英文教材编写是先导条件，引入的原版教材应是本专业最权威的经典著作，其中原汁原味的英语思维模式是译文版本或非权威教材无法提供的。在英文教材、课件辅助下，在"跨文化交际"课程中进行教学探索和实践，实现教材建设全英语化，以及课程建设和讲授国际化。从英语听、说、读、写、译到英语思维模式，全方位培养学生具有一定的英语交际和应用能力。

  在国际化课程建设中，高校还可利用自己的实力和影响，充分发挥优势，走产、学、研相结合的道路，多途径、多形式地建设校内外实验室和实践基地，实现校企双赢。人才得到有效培养，企业也可便捷地发现和吸纳优秀人才，节约成本。除了与企业的联合培养，高校之间的人才交流也是国际化建设的重要部分，这需要有关政策的支持。例如，北京大学为推进国际化进程而下放外事审批权，出访人员、外籍学者教师及举办国际学术会议的数量不断递增，这类管理举措值得借鉴。一方面，国内高校的人才与教师需要"走出去"学习并与国外学者交流研讨；另一方面，出国研修的高校师生也会带回国外最新的教育理念、科研思路及实践方法。国际化课程开发和建设不仅能培养优秀的国际化人才，还能培养具有国际化视野与教学能力的教师，实现良性互动。

结 语

根据国际大学联合会对 66 个国家（多为欧洲国家）176 所大学的调查结果，在高等教育国际化的 10 个组成部分（包括课程国际化维度、国际研发项目、国际学生课外活动等）中，国际化课程开设排名第四，重要程度被列为第二档次。欧美大学纷纷提高国际化课程在课程体系中的比重，如美国大学是50%，丹麦大学是 30%（高有华、张静利，2015：67）。国际化课程开发和建设成果可提高广大高校师生对其重要性的感性认识，激励高校在课程体系中加大国际化课程的比重或数量建设。这将有助于高等教育管理部门和高校将国际化课程建设目标列入发展规划，制定、实施扶持政策和保障制度，确保国际化课程的建设、实施和发展。

跨文化研究和国际合作项目在跨文化交际过程中起着关键作用。随着协同工作领域向信息和通信技术应用日益接近和开放，媒体使用和交际过程管理值得更多关注。这些技术既授权于跨文化互动中的个人，但也可能因文化差异而创造异化空间。文化差异不仅仅来自民族国家根源，还可能来自制度和个人的特点，项目合作方预先计划的面对面会议可缓解文化差异对社交化过程和同群感营造的阻碍。"跨文化交际"国际化课程可考虑在线合作讲授，合作方应注意相互理解，及时解决项目管理和交际过程中出现的文化和语言差异导致的困扰及障碍。为了实现国际化课程的开放式远程教学，课程建设团队所有成员都应擅长使用电子传播媒介，合作伙伴共同的专业知识引导成员使用同类术语来交际。

在国际化课程建设中产生主导影响的文化差异和认知方式进入课程建设者的视野。试图去理解不断增多的交际互动、不断变化的调适反应和合作各方截然不同的观点，可能会减少潜在误解，因此文化差异不成其为跨文化合作的障碍。国际合作意味着跨文化协商，尤其是解决问题的决策性时刻。由于技术问题，影响电子化教学合作关系的因素略微变得更复杂。尽管信息与通信技术的使用和基于网络的新型学习环境带来共同术语和技术，有助于建立国际化课程建设合作，但不同层次（社会、组织甚至个人）的文化差异和偏好可能导致困难，合作各方不断变化的需要和优先考虑事项可能会转移共同利益。一些国际机构资助项目的组织框架和网络建构可能提供合作参考框架及合作伙伴共享的合作文化。

在开发和建设"跨文化交际"国际化课程的基础上，可向高校本科生和硕士生推广开设，并在此基础上开发和建设其他国际化专业课程和课程群。高校可先以学院或学部为单位开发和建设一些国际化课程群，供本学院或学部的内部学生选修，然后在不断完善课程建设的同时，向其他学院或学部的中国学生和国际学生推广开放。内向型国际化课程是指课程要吸收和融合国际优秀文化成果。对我国高校而言，首先要加强内向型国际化课程的开发和建设，推动课程建设和高等教育国际化进程。同时，鉴于当今国内外高校师生均已普遍认识文化多样性的影响，增强了异文化容忍度和接受能力，国内高校也可加强外向型国际化课程的开发、建设和实施，把我国优秀文化成果推广到国外高等教育界，让国外高校师生认识、理解进而吸收我国优秀文化成果，从而能动地影响外部世界。"跨文化交际"国际化课程建设研究成果可为发展外向型国际化课程、对外开放课程和国际远程教育合作提供参考。在建立健全国际化课程群的基础上，可进一步建设国际化特色专业。开发国际化课程内容是课程发展的必由之路，有助于更多国际化课程的开发和建设，最终实现高校国际化课程体系的丰富性和多元性。

参考文献：

[1] Barnett G. A. & M. Lee. Issues in intercultural communication research [C] // Gudykunst W. B. ed. Cross-Cultural and Intercultural Communication. Los Angeles: Sage Publications, 2003.

[2] Bates T. International distance education: Cultural and ethical issues [J]. Distance Education, 2001, 22 (1).

[3] Fisher G. Mindsets: The Role of Culture and Perception in International Relations [M]. Yarmouth: Intercultural Press Incorporated, 1997.

[4] Gudykunst W. B. Issues in cross-cultural communication research [C] //

Gudykunst W. B. ed. Cross-Cultural and Intercultural Communication. Los Angeles: Sage Publications, 2003.

［5］Gunawardena C. N. & D. Lapointe. Social and cultural diversity in distance education［C］// Evans T., M. Haughey & D. Murphy eds. International Handbook of Distance Education. Bradford: Emerald Publishing, 2008.

［6］Hofstede G. Cultural dimensions for project management［J］. Project Management, 1983, 1 (1).

［7］Hofstede G. Cultural differences in teaching and learning［J］. International Journal of Intercultural Relations. 1986.

［8］Johnson J. P., T. Lenartowicz & S. Apud. Cross-cultural competence in international business: Toward a definition and a model［J］. Journal of International Business Studies, 2006.

［9］Lindqvist M. Intercultural Communication at the Work Place: An Explorative Study Using a Phenomenological Approach［D］. Lund: Lund University, 2012.

［10］McLuhan M. Understanding Media: The Extensions of Man［M］. London: Routledge, 1964.

［11］McLuhan E. & F. Zingrone. Essential McLuhan［M］. London: Routledge, 1995.

［12］Schneider A. Project management in international teams: instruments for improving cooperation［J］. International Journal of Project Management, 1995, 13 (4).

［13］Toprak E. Social constructivism and international cooperation in distance education［J］. TOJDE, 2006, 7 (3). http://tojde.anadolu.edu.tr/tojde23/index.htm.

［14］Van den Branden J. & J. Lambert. Cultural issues related to transnational open and distance learning in universities: A European problem?［J］. British Journal of Educational Technology, 1999, 30 (3).

［15］陈立群. 高等教育国际化与课程建设初探——以《理论力学》为例［J］. 教育教学论坛, 2013 (9).

［16］高有华, 张静利. 美国大学国际化课程建设特点及启示［J］. 信阳师范学院学报: 哲学社会科学版, 2015 (2).

[17] 苗宁礼. 课程国际化有哪些基本特征 [N]. 中国教育报, 2014-02-28(6).

王玲, 女, 博士, 云南大学外国语学院教授（二级）、博士生导师。研究方向：英语语言与文化、跨文化交际、文化传播。

浅析由于母语思维惯性造成的法语错误

刘春燕

（云南大学外国语学院西语系）

摘　要：母语思维在中国学生习得法语过程中产生的影响是不容忽视的，母语思维惯性往往给中国学生习得法语带来很多阻碍。本文试图探索中国学生在用法语表达时为何会犯错误，以及如何才能避免这些错误。研究表明，这些学生在用法语表达时所犯的错误很大一部分是由于母语思维惯性造成的。要克服母语思维惯性的影响，只有多听、多说、多读、多写，多积累，多诵记，形成用法语思考和用法语表达的习惯，而不是把汉语转换成法语。

关键词：母语思维惯性；法语错误；转换

引　言

受母语思维的影响，在习得外语的过程中，人们总是习惯于先用母语进行思维，再把母语转换成外语，这种母语思维惯性致使中国学生在说或写外语时出现很多中文化表达。中国学生在习得法语过程中亦会遇到这样的障碍。

法语属于印欧语系的罗曼语族，罗曼语族又被称为拉丁语族，因为它是从古代拉丁语演变过来的。而汉语属于汉藏语系，因此，和属于印欧语系的法语之间不论在语音、词汇或是语法方面都有着很多差别。由于我们在过了青少年时期以后就很难像运用自己的母语一样纯熟地使用一门外语，所以对于以汉语作为母语的中国学生来说，在习得法语的过程中就会感到困难重重，特别是在运用法语进行表达时总会出现大量中文化表达，法国人见到这样的表达肯定会不明所以。事实上，要想纯熟地掌握法语，我们并不能通过母语和法语的一一对应来进行学习，而应该尽力培养自己用法语思维的习惯，养成法语思维惯性，这样在用法语表达时就能做到信手拈来，毫无阻滞，而且法语表达也会非常地道。

造成法语中文化表达的原因有两方面，一方面是法语语言能力的薄弱，另一方面是法国社会文化知识积累的不足，而母语思维惯性的影响在这两个方面都有所体现。下面笔者就从这两个方面加以分析，并通过一些具体的例子说明中国学生在说或写法语时出现中文化表达的原因。

一、法语语言能力薄弱造成的中文化表达

如果法语语言能力薄弱，就会造成各种类型的中文化表达。语言能力薄弱主要体现在对语法知识的掌握不够牢固，分属印欧语系的法语和汉藏语系的汉语有各自不同的语法体系，在冠词、代词和关联词语的使用等方面都有各自的特点，受母语思维惯性的影响，中国学生在用法语表达时就容易在这些方面犯各种错误。笔者分别从冠词的使用、对否定问句的回答、代词的使用以及关联词语的使用几个方面来一一剖析。

经常有学生犯这样的法语表达错误：Je connais Chine. 这个句子的错误在于冠词的使用。法语中表示国家名称的专有名词前需要加定冠词，所以这个句子中"Chine"一词前需要加阴性单数定冠词"la"，正确的表达应该是："Je connais la Chine."这样的错误是由于学生没有很好地掌握法语冠词的使用造成的，其实本源上带有母语思维惯性的烙印。为什么这么说呢？因为汉语中是没有冠词的，也没有限定词，所以名词在句子中可以单独出现，前面不需要使用冠词等限定词，这就造成了中国学生常犯的一类语言错误——名词前不加冠词等限定词。由于母语思维惯性的影响，中国学生在用法语表达时通常不会考虑到限定词，很自然地就按照汉语的习惯进行表达，所以学生的法语习作中常常会见到名词前不加限定词的错误。

还有一类错误是对否定问句的回答。汉语中，我们在对否定问句进行回答时，前后两部分是相反的。如果前半部分是否定，则后半部分是肯定；如果前半部分是肯定，则后半部分是否定。试举一例："她不知道怎么做三明治吗？"回答有两种："不，她知道怎么做三明治。""对，她不知道怎么做三明治。"在第一种回答中，"不"是对问句的否定，并不是对事实的否定，事实本身是肯定的，这一点体现在回答的后半部分："她知道怎么做三明治。"在第二种回答中,"对"是对问句的肯定,并不是对事实的肯定,事实本身是否定的,这一点体现在回答的后半部分:"她不知道怎么做三明治。"所以,汉语中对否定问句的回答前后两部分分别针对问句和事实本身。而法语中对否定问句的回答前后两部分是一致的,都是针对事实本身,如果事实本身是肯定的,则回答的前后两部分都是肯定的;如果事实本身是否定的,则回答的前后两部分都是否定的。比如上面的例子:Ne sait-elle pas comment préparer un sandwich? 如果她的确知道怎么做三明治,那么回答就是:Si, elle sait comment préparer un sandwich.;如果她不知道怎么做三明治,那么回答就是:Non, elle ne sait pas comment préparer un sandwich. 注意,法语中在对否定问句进行肯定回答时应该使用"si",而不是"oui"。正是由于汉语思维惯性的影响,在法语中遇到否定问句时,中国学生就会按照汉语的习惯进行回答,出现诸如"Non, elle sait comment préparer un sandwich."和"Oui, elle ne sait pas comment préparer un sandwich."之类的错误。

  代词使用习惯的不同也会造成表达错误,学生常犯的一类错误是代词指代不明。下面这个句子是从学生的习作当中摘录的:Comme celles qui préfèrent l'art, je ne m'intéresse pas au sport. 从汉语的角度看,代词"celles"的使用似乎无可指摘:"就像那些偏爱艺术的女孩一样,我对体育不感兴趣。"学生用了一个阴性复数指示代词"celles"来指代女孩,但是由于上文中并没有出现"les filles"这个词,我们并不知道"celles"就是指代"les filles"。学生想当然地利用汉语的思维方式进行法语的表达,殊不知,在法语中,指示代词是用来代替一个具体的名词的,所代替的名词必须要在上文中有明确的指示。如果没有可以代替的具体名词,只能使用其阳性单数形式"celui"和阳性复数形式"ceux",用以指代泛指的某个人或某些人。不独指示代词如此,法语中的人称代词在使用上也有这个特点,即所代替的对象在上下文中必须明示出来,否则就会给人带来理解上的困惑。而汉语中代词的种类没有法语中这么繁复,形式上也没有这么多变化,两种语言代词使用方法的不同造成了中国学生在进行法语表达时常犯一些代词使用方面的错误。

  关联词语使用方面的错误也值得一提。法语文章在上下文的逻辑关联方面很严谨,上下文的逻辑关系可以隐藏在前后连贯的句子中,而更多的是通过关联词语体现出来。关联词语可以是连词,也可以是副词、副词短语或介词短语,还可以表示补充关系、对立关系、因果关系或时间先后顺序。我们可以列举一些表示补充关系、对立关系、因果关系和时间先后顺序的关联词语。

补充关系：d'ailleurs, de même, en outre, et, par ailleurs

对立关系：au contraire, d'autre part, d'un autre côté, d'un côt...d'un autre côté, d'une part...d'autre part, en fait, mais, mais en revanche, or, pour aller contre cela

因果关系：ainsi, alors, à la suite de quoi, aussi, c'est ainsi que, car, dans ces conditions, donc, en effet, en général, résultat

时间先后顺序：au premier abord, d'abord, enfin, finalement, puis

由于汉语关联词语和法语关联词语在使用上的不同，中国学生往往不能很好地把握法语的关联词语，特别是一些在汉语中没有的关联词语。表示因果关系的介词短语"en effet"的使用对于中国学生来说就是一个难点，他们很难完全领会这个短语的内在含义，所以要么避开使用这个短语，要么在使用这个短语时经常犯错误。还有就是汉语中的关联词语经常会成对地出现，如："不但……，而且……""虽然……，但是……""因为……，所以……"，而法语中的关联词语并不像汉语这样须成对使用，比如说，如果使用了"bien que""malgré que"或"quoique"，就没有必要再使用"cependant"。

我们可以举一个学生习作中误用关联词语的例子，比如这样一段话：Elle est la plus célèbre patineuse artistique mondiale. Cependant, l'entra nement quotidien est très dur. 学生的本意是想说，虽然她现在被成功的光环所笼罩，然而为了实现这一切，她付出了艰辛的努力。但是，在进行法语表达时，学生没有把握好上下文之间的逻辑关联，"cependant"是表示对立关系的一个关联词语，可是在 elle est la plus célèbre patineuse artistique mondiale 和 l'entra nement quotidien est très dur 这两个句子间，意义并没有出现明显的转折，所以关联词语"cependant"的使用在这里是不恰当的。可见，要想用法语进行正确的表达，一定要多从法语的角度思考问题，避免受到母语思维方式的干扰。

二、法国社会文化知识积累不足造成的中文化表达

另一类错误是法国社会文化知识积累的不足所造成的。学生的很多表达并没有任何语法错误，只是不合乎法国人的表达习惯，这样的表达在法国人看来显得很奇怪，有时甚至给他们造成理解上的困难。比如"电源线"，法语中的表达是"le cordon d'alimentation"，中国学生如果不了解相关的法国社会文化知识,就会很自然地把"电源线"直译成法语"le cordon d'électricité"。在汉语中,如果要表示谦让,请别人先走或先做某件事情,我们可以说:您先走或者您先来,但在法语中,我们是这样表达的:Après vous.

能够用另一种语言进行正确的表达绝不仅仅是语言能力的问题,法语习得者应该抛开母语思维惯性,建立法语思维机制,培养用法语表达的能力,在用法语表达时尊重法语特有的概念和结构,而不是把母语的词句复制过去。学生习作中单纯复制母语词句的现象比比皆是,"身体健康"用法语表达成"la santé du corps","生活道路有起有伏"用法语表达成"la route de la vie est pleine des hauts et des bas"等。

下面这段话是从学生习作中摘录下来的:

> Nous vivons maintenant dans une société hautement civilisée. La science et la technologie sont arrivées au niveau d'un sommet que les passés. Quand nous nous réjouissons des développements, beaucoup de dangers sont arrivés. En plus des catastrophes naturelles, le cancer est devenu le plus grand tueur de la santé humaine. Les scientifiques affirment que fumer, boire et l'obésité sont les importantes causes du cancer.

我们以这段话中的几个典型错误为例进行分析。在这段话中,"au niveau d'un sommet que les passés""le plus grand tueur de la santé humaine"和"fumer, boire et l'obésité sont les importantes causes du cancer"都是中文化的表达。上段第四个句子中,介词短语"en plus de"表现出来的逻辑联系很奇怪。最后一个句子中,学生只是进行了简单的翻译,用两个动词不定式"fumer""boire"和一个名词"l'obésité"并列作宾语从句的主语,而没有从法语的角度思考这样的句子结构是否可行。

结 语

对于中国学生来说,母语和法语的极大差距,以及语言环境的缺乏是他们习得法语过程中出现中文化表达的原因。汉语和法语分属两种截然不同的语系,无论是在语音、词汇还是语法方面都有着极大的差距,习惯了母语思维方式和母语表达方法的中国学生在用法语表达时肯定会不自觉地受到母语的影响,从而导致他们的法语表达带有母语的烙印。语言环境的缺乏也是不可小觑的一个影响因素，中国学生每天接触到的都是汉语的语言环境，这就给他们形成法语表达习惯带来了无形的阻力。可见，要想说出或写出地道的法语，就得尽力避开母语的干扰，习惯用法语表达自己的思想，而不是首先在头脑里用汉语形成一个思想，再把它翻译成法语。这种做法是学生的一个通病。为了杜绝这种现象的发生，根本的办法还是要多听、多说、多读、多写，多接触法语的语言材料，去营造法语的语言环境，抓紧一切机会培养法语表达能力，还可以多诵记一些法语的词句篇章，在用法语表达时这些词句就会自然而然地涌现出来，而无须从汉语转换过来。

综上所述，母语思维惯性会造成很多法语错误，给学生养成正确的法语表达习惯带来很多阻碍，但是只需找准方法，多积累、多练习，这些困难自然也就迎刃而解了。

参考文献：

［1］Blanche-Benveniste, C. Le français parlé, études grammaticales ［M］. Éditions du C. N. R. S., 1990.

［2］束定芳，庄智象. 现代外语教学——理论、实践与方法［M］. 上海：上海外语教育出版社，1996.

［3］陈振尧. 新编法语语法［M］. 北京：外语教学与研究出版社，1992.

刘春燕，女，硕士，云南大学外国语学院副教授、硕士生导师。研究方向：法语语言学、翻译学。

E–learning 网络平台在"基础笔译"教学中的应用研究[*]

杨 泪 谭 赟

（云南大学外国语学院英语系）

摘　要：在云南大学已经为教师提供了由清华大学开发、国内先进的 E-learning 网络综合教学平台的基础上，本文试图探究如何在外国语学院英语笔译硕士的教学中，针对教学对象和具体课程的特点，最大限度地实现教学效果和教学质量的提高。研究者从建构主义的学习理论出发，结合该平台多元化的各种功能，以"基础笔译"课程为例，研究了该网络平台在教学中的具体应用和所产生的效果。

关键词：E-learning 网络综合教学平台；翻译教学；建构主义

引　言

近年来，随着我国加入世界贸易组织、成功举办北京奥运会以及上海世博会的成功召开，之后国家又推出了"中国文化走出去""一带一路"倡议等重大举措，使得对翻译人才的需求剧增，我国又掀起了一股比以往任何时候都要高涨的外语学习热潮，外语人才再次吸引了全社会的视线。然而，据调查，目前社会对外语人才的需求状况主要有以下趋势：高端人才严重缺乏，也就是说，尽管我国有数亿人学习英语，仍然缺乏高端外语人才。"其中，同声传译人才和书面翻译人才等高端外语人才严重缺乏。全国各地的人才市场频频告急，即使

---

[*] 基金项目：2013 年度云南大学研究生精品课程项目。

是北京、上海这些高级人才较为集中的地区也难以幸免。来自中国翻译协会的资料显示，全国职业翻译只有4万多人，而相关从业人员超过50万，专业翻译公司3000多家，但能够胜任翻译工作的人才缺口却高达90%，市场上以各种形式从事翻译工作的人很多，但真正有水平、受过专业训练的翻译人才很少，高水平的翻译大约占总数的5%，甚至更少。"（叶佳雯，2010：1）国内许多高校为了应对这样的人才需求现状，纷纷开设了翻译专业或翻译类方向，培养翻译人才，翻译硕士（MTI）学位点数目也日益增长。截止到2018年7月，全国翻译硕士专业学位研究生教育指导委员会官网公布的数据，拥有学位点的单位已经高达250家。翻译硕士是一个发展时间还不长的学位，其课程科目教学的模式仍不太成熟，有很多探索的空间。例如，如何有效地开展笔译教学，充分发挥学生学习兴趣与主动性等诸多问题。"基础笔译"是笔译硕士教学中的一门重要课程，如何在教学中采用新模式，利用现代化教学和网络教学的特点，注重对学生进行实践操作能力与创新能力的培养，已成为现阶段翻译教育改革的一项重要任务。

一、"基础笔译"课程简介

云南大学外国语学院的"基础笔译"课程是为本学院英语笔译专业的翻译硕士研究生开设的一门学位基础课，设置在研究生一年级上学期，每周两学时，旨在训练学生的书面翻译能力。该课程是一门理论与实践相结合、以实践为主的英语笔译专业必修课。其主要目的和任务是向学生系统传授基本的笔译理论及常用翻译方法与技巧，并通过大量的翻译实践使学生掌握英汉和汉英翻译基础理论知识、了解翻译基本要求和规律，培养中级英汉双语互译的实践能力。该课程的主要目标是：针对云南的地域特点和翻译硕士的就业去向，通过该课程的学习，"立足云南的区位特征和优势，结合国家和云南'走出去'发展战略，加强实践实训，培养创新人才，提升人才培养质量，培养高层次、应用型、专业型、创新型的翻译人才"（引自《培养方案》）。

由笔者执教的"基础笔译"课程于2013年10月经过专家评选，被选为"云南大学研究生精品课建设课程"。课程设计包括两部分：课堂教学和E-learning网络综合教学平台上的网络教室。它是一门理论与实践紧密结合的课程，主要由以下三个教学环节构成：课内系统地介绍、讲授基本翻译理论知识和方法；课外完成相应的翻译任务；课内或者网络教室中详细讲解补充课堂讲解不了的理论知识和点评作业。要求学生在不断的翻译实践中总结经验,掌握这些理论知识以及方法,并用这些翻译理论知识和规律来指导翻译实践。如此往复循环,积累相关知识和经验,提高翻译能力和技巧。

"基础笔译"课程的具体教学过程和内容,拟用课内和课外、理论与实践相结合的方式,具体采用以下两种教学方法:理论部分以课堂上教师讲述为主,结合学生讨论,遵循由易到难、从句子到篇章、循序渐进地培养学生的笔译能力;翻译实践通过学生完成课外作业,教师批改后的课堂师生讨论、教师讲解,以及配合学生在课余时间走上社会进行的翻译实践活动。可以帮助学生积累翻译中的跨文化经验、拓展视野,让学生在此过程中不断消化所学知识,提高翻译技巧。课上所使用的教材包括统编教材和自编教材。统编教材是何刚强老师编著,由外语教学与研究出版社出版的《笔译理论与技巧》[全国翻译硕士专业学位(MTI)系列教材],具有权威性、科学性和系统性的特点;自编教材主要选自近年来主讲老师的译文、翻译实践成果,旨在突出云南省翻译的实际需求与特色,加强教材内容与社会所需专业型的契合感与时代感。

通过本课程的学习和大量辅助性的翻译实践,学生应具备中级实际翻译能力,能够应对难度为《全国翻译专业资格(水平)考试(CATTI)》(二级笔译)的翻译任务。在此基础上,促进学生双语互译能力的全面提高,为今后进一步翻译实践及翻译研究打下基础。该课程对于笔译专业的学生来说至关重要,具有基础性和先导性的作用。课程结合翻译基础理论知识,通过具体实例讲解英汉翻译中的各种常用技巧,突出中英文语言与文化的异同点以及不同文体的翻译特点。通过学习,使学生较为系统地掌握英语笔译的基本理念与策略,为进一步修习其他相关课程打下坚实的基础。

二、E-learning 网络综合教学平台简介

由清华大学教育技术研究所开发的"网络教学综合平台(E-learning)"是一个集管理、建设、共享和互动功能于一体、强大的网络辅助教学系统。"网络教学是高校信息化建设的重要一环,是建设高水平研究型大学的必要条件。云南大学从2009年就与清华大学共同建设了'网络教学综合平台',为我校课程资源建设提供了管理工具、建设平台和共享窗口,为师生网上教学互动提供了便捷的途径。平台实现了和本科、研究生教学教务系统的数据接口,定期更新师生数据和课程数据。目前平台中包含了学校所有本科生和研究生课程,数量超过 10 000 多门，部分课程积极利用平台开展教学活动，取得了良好的效果。"（THEOL 网络教学综合平台——云南大学）

E-learning 网络教学综合平台作为新一代网络技术成熟的代表，对教育产生了深刻影响，促进了教学内容、教学理念、教学模式的巨大变革，实现了网络技术与一线教学的深度融合、相互补充和依托。这样的教学新模式能有效克服传统课堂教学模式的不足，充分体现在从传统的以教师为中心的模式转变为以学生为中心的新模式，能激发学生的学习热情。随着网络技术的迅猛发展，其应用也日益普及，网络教学综合平台具有共享性、互动性、综合性等特点。网络教学实质上是通过网络教育信息资源的传输和共享来实现的，它具有打破时空限制、跨平台资源共享、个性化学习、多媒体集成、交互式和远程教学等独特的优势。另外，建构主义提出，理想的学习环境应当包括情境、协作、交流和意义建构四个部分。网络教学平台和多媒体技术是最利于实现这四大要素的教学方式（施慧敏，2009：74 – 75）。

三、建构主义理论

建构主义源自关于儿童认知发展的理论，主要代表人物有瑞士心理学家皮亚杰（Jean Piaget）。建构主义理论内容丰富，其核心可以概括为：以学生为中心，强调学生对知识的主动探索、主动发现和对所学知识意义的主动建构（而不是像传统教学那样，只是把知识从教师头脑中传送到学生的笔记本上）。（Piaget，1970：102）建构主义提倡在教师指导下的、以学习者为中心的学习，也就是说，既强调学习者的认知主体作用，又不忽视教师的指导作用，教师是意义建构的帮助者、促进者，而不是知识的传授者与灌输者。学生是信息加工的主体，是意义的主动建构者，而不是外部刺激的被动接受者和被灌输的对象。建构主义的教学模式以学生为中心，在整个教学过程中，教师作为组织者和帮助者，充分发挥学生的主动性、积极性和创造性，最终达到使学生有效地实现对当前所学知识的意义建构的目的（Nunan，2001：252 – 256）。

四、E – learning 平台在"基础笔译"教学中的建设和应用

（一）平台建设

2014 年 6 ~ 11 月，基本完成 E-learning 网络教学综合平台的建立。在网络教室的"教学材料"栏目中,共建成 10 个子栏目。这些子栏目中对原精品课项目计划有所调整。10 个子栏目建成的内容分别是:

授课课件:自己编制的课件 PPT,共 8 个文件
其他课件:其他教师编制的相关课件 PPT,共 20 个文件
名家名译:电子书 PDF 文件,20 个
专家讲座:mp4 视频文件,20 个
文章精选:WORD 文件和 PDF 文件,共 108 个
学术前沿:2 个文件夹,中文理论学术著作电子书 PDF 文件 19 个,英文 18 个
优秀作业:3 个文件夹,包含 2011、2012 和 2013 级翻译硕士的优秀作业
演讲作业:包含 2011、2012 和 2013 级翻译硕士的演讲作业 PPT,共 80 个
练习答案:包含 7 个子文件夹的练习答案
资源共享:2 个文件夹,课程教材电子书 PDF 文件 19 个,翻译资格考试 14 个

鉴于在研究生阶段的教学更多的是以学生自主性学习为主,学生作为学习的主体,应该努力培养自身的批判性思维能力,以此来不断地思考,勇攀知识的高峰。同时建构主义认为,意义建构是学习的目的,是靠学生自觉主动地来完成的。教师和外界环境的作用都是为了帮助和促进学生的意义建构。因此,这种将网络教学综合平台更好地利用到"基础笔译"教学过程中的新时代教育方法就显得尤为重要。具体而言,就是在课外打造一个包含专家讲座、学科前沿动态、资料共享、师生论坛等内容完备的 E-learning 教学辅助平台,开展网上自主学习,为学生进一步翻译和研究工作提供大量资源,促进师生互动和学生间的交流,力争使他们的翻译水平不断提高。也就是说,网络教学平台势必成为不可或缺的辅助教学工具。

(二)平台应用

由于建构主义所要求的学习环境得到了当代最新信息技术成果的强有力支持,这就使建构主义理论日益与广大教师的教学实践普遍地结合起来,实现"基础笔译"教学同网络教学综合平台的完美结合,是完全不同于以往教学方法的新型教学方式。具体教学内容、环节和步骤包括:

1. 课前准备阶段

课前准备阶段主要包括制订教学计划并上传授课教案和课件,要求学生预习。教师编制的两个版本多媒体教学课件提前上传到这里,有可以在线观看但

不能下载的完整版和供学生复习下载的文字版;在网络平台固有的课程介绍、教学大纲、教学日历和教师信息等栏目,学期开始前就提供有图文并茂的各种资源,供学生在假期进行初步了解。

2. 课后复习阶段

课后复习阶段包括作业练习、优秀作业讲评及评价量表等,还在这个部分设计了"名家名译"。为学生提供了课程涉及的名家著名景点译文和电子书;教师与学生、学生与学生之间需要共同针对某些问题进行探索,并在探索的过程中相互交流和质疑,了解彼此的想法。由于经验背景的差异,学习者对问题的看法和理解通常是千差万别的。其实,在学生的共同体中,这些差异本身就是一种宝贵的现象资源。因此,学生的积极性能够在"资源共享"和"优秀作业"两个板块得到更好地调动,思辨能力能够在这里得到更好地锻炼和提升,从而促进自身知识的建构。"资源共享"是师生共同建设的部分,主要用来分享翻译资格考试资料和经验交流等;在"优秀作业"栏目中,学生可以看见同班同学以及前几届学长、学姐的翻译作品,能够在每一个翻译作品下留言发表自己的意见。在这样的"协作"学习环境中,能够实现学生与学生之间的直接沟通以及更好地互动,实现"伙伴批改"(Peer-editing)的目标;学习者的思想智慧可以为整个群体所共享,共同完成意义的建构。

3. 课外拓展提升阶段

邀请专家所做有关翻译的讲座和网上讲座都收集在"专家讲座"一栏,学生可以在网络课堂观看;"学术前沿"提供学生从事学术研究或撰写学术论文所需的材料,比如尤金·A. 奈达(Eugene A. Nida)的动态翻译理论,彼得·纽马克(Peter Newmark)的语义翻译和交际翻译策略、翻译目的论以及学术论文写作规范等。在这一学习环境中,学生可以进行自由探索和自主学习,能够利用各种工具和信息资源来实现自己的学习目标,以更好地发挥主体性作用。

另外,该网络平台具有一系列的学习者追踪和分析功能,教师可以通过研究学生使用网络教室的情况,统计点击率、出勤率,通过各种方式来量化考查学生自主学习的时间和效果等,以促进学生从被动接受式学习转变为主动研究式学习。学生也可以在网络平台的首页看到自己的在线时长和在线记录,以此作为对自己的督促和监督。

(三)教学效果

在2011、2012、2013级英语笔译硕士生的课堂上应用上述平台,取得了良好的教学效果。

1. 提高学生学习的积极性和主动性

与传统教学模式相比，利用网络教学综合平台辅助课程教学具有明显的优势，弥补了传统教学理念与流程的不足，突破了时空限制，让学生能够减少个体学习差异，自主选择时间来学习，成为学习活动的主体。

2. 弥补传统翻译教学模式的不足

原有方式课上所学知识在课后无法得到教师及时指导，翻译理论与翻译实践的真正结合难以实现。本项应用研究表明，基于网络技术的教学综合平台能够补充传统翻译教学中的不足，促进师生间、生生间平等交流，教学相长，发展出一种民主与合作的关系，这能有效提升学生职业技能，充分尊重学生的主体地位，注重学生自主学习能力的培养。

3. 拓展了课堂教学时空

颠覆传统教学的时空概念，使学习过程融入学生生活当中，将部分知识的预习提前至课前自学完成，课堂更多的时间成为同学之间、师生之间互动的场所，实现了课堂与课外、线上与线下等有机结合，有利于学生课外自由选择学习方式，接受新知识，及时发现学习中的问题并进行反馈。

在该网络教室的试运行过程中，我们通过在三个年级学生中做问卷调查收集数据和网上的评价来不断完善"基础笔译"课程的网络教学综合平台建设工作。例如，有学生曾经建议我们上传一些主席发言、外长致辞、总理答中外记者问和历届美国总统就职演说的双语视频，以及《经济学人》电子版文本……通过师生的共同努力，"基础笔译"课程现已构建了一套较为成熟的翻译教学模式，探索出了一些行之有效的教学方法，并已搭建了一个较为完善的E-learning平台，教学模式赢得了学生的好评和肯定。该课程较好地融合了学生应对翻译资格考试、涉外翻译实践与翻译硕士论文撰写与科研的要求。学完该课程的翻译硕士学生积极参加了全国翻译资格水平考试。截至目前，据不完全统计，已有一半以上的人分别获得了三级、二级笔译资格证书；在昆明举办的一些重要的国际会议上，如"南亚交易博览会""财政部（云南省财政厅）东盟10+3工作会议""亚太区域合作会议""南亚东南亚大学校长论坛"等，学生过硬的语言功底、高质量的翻译服务深受好评，云南省外事办专门发函表扬。部分学生正式发表了译文或者出版了译著，也发表了关于翻译研究的文章或译文，这些均反映出了本课程所取得的效果。

结 语

网络时代对传统的笔译教学带来很大冲击，对"基础笔译"这样的核心课程教学提出了新的要求，也为精品课程的建设和改革提供了新的发展机遇。本研究依托网络教学综合平台技术，从建构主义的学习理论出发，建设并且应用了 E-learning 网络教学综合平台，取得了良好的教学效果。笔者在此也希望师生合作，在将来能够更好地利用这个网络教学综合平台，全面实现该课程教学向着建构主义所倡导以学习者为中心的方向不断发展，取得更大的成绩。

参考文献：

［1］Nunan D. The tradition and change in the ELT Curriculum［J］. Foreign Language Teaching and Research，2001（4）.

［2］Piaget J. The Principles of Genetic Epistemology［M］. New York：Basic Books，1970.

［3］皮亚杰. 发生认识论原理［M］. 北京：商务印书馆，2011.

［4］施慧敏. 基于网络教学平台的体验式英语教学［J］. 温州大学学报，2009（4）.

［5］叶佳雯. 社会关于英语专业人才的需求情况［EB/OL］. http：//blog. sina. com. cn/s/blog_ 6cbeb74d0100lqa9. html，2018 – 07 – 26.

［6］THEOL 网络教学综合平台——云南大学［EB/OL］. http：//elearning. ynu. edu. cn/meol/homepage/common/. 2018 – 07 – 26.

杨泪，女，硕士，云南大学外国语学院副教授。研究方向：英美文学和翻译。

谭赟，女，学士，云南大学外国语学院 2017 级研究生。研究方向：翻译。

改进基础英语教学，为低年级英语本科生的自主学习创造良好环境

何静明

（云南大学外国语学院英语系）

摘　要：费时低效是目前大学英语专业一、二年级学生对精读课的普遍感受，这说明我们的基础教学存在问题。究其原因，可以进一步发现教材编写、教学方法和教学指导思想存在误区，而这一切又与四、八级考试的指挥棒作用密切相关。摆脱干扰，真正按语言学习的规律引导学生，创造一个让学生自主学习的氛围，才是提高学生学习效率、培养国家建设急需的外语人才的必由之路，才是大学英语专业低年级英语本科教学改革的当务之急和重中之重。

关键词：基础英语；教学观念；改革；自主学习

引　言

大学英语专业本科四年专业课教学总学时为 2 000~2 200 个学时（《教学大纲》：2)，而精读课（有时又称基础英语、中级英语、综合英语）是大学英语专业一、二年级的专业技能必修课程，每学期 6 个学分，每周 6 个学时，共计 24 个学分，为一、二年级所有课程中分量最重的一门核心课，占了近 500 个学时。但这么大的投入与学生的实际感受和应该达到的效果不尽如人意。如何建设好这门课，使学生真正从中最大限度地获益，是精读课教师面临的问题，也是高年级教师所关心的问题。

一、基础英语课目前存在的问题

费时低效是目前学生对基础英语课教学的共同感受。我们的许多学生已学习英语6~12年，到高中毕业，已经有基本的英语语法知识并掌握三四千个英语单词。而我们一、二年级的基础英语，仍然过多强调词汇和语法的理解，忽略对课文的整体把握。体现在教材上，笔者长期从事英语专业基础英语教学，曾使用过屠蓓编的《英语读写教程》、杨立民等编的《大学英语教程》、李观仪的《新编英语教程》（一至四册）（上海外语教育出版社），以及目前流行的何兆熊主编的《综合教程》，它是"十二五"普通高等教育本科国家级规划教材。其共同特点是：练习量大、参考书多，网络上也有各种教辅资料，课文覆盖面广，不乏优秀的英美文学作品，有些具有鲜明的现代感和趣味性，并能启发学习者的思想。它们也有如下一些问题。

（一）面面俱到

听、说、读、写、译，一齐用力，侧重点不突出。既有精读的成分，又有泛读的内容；既有口语练习，又有书面语学习，还有听力材料，可谓全面。但这些技能练习的习题有许多在内容上各不相干，自成体系。仿佛把这套书学好，就不必再开其他英语课了，基础英语教师可以包揽一切。以何兆熊主编的《综合教程》为例，每个单元有18页，其中2页的课文（1 100字），1页关于课文的词汇和文化背景的注释，2页的课文理解问题，8页的词汇、语法、翻译综合、口头表达、听力、写作方面的练习，最后还有1页补充阅读课文、1页词汇解释与背景、1页理解方面的问题。这些版块各不相干，相互独立。但实际上，每周6个学时的课无论如何都不能教给学生这么全面的知识，反而冲淡了精读内容。我们知道，《教学大纲》虽然强调了对英语本科学生听、说、读、写、译技能训练和均衡发展，注重说、写、译表达能力的培养，但并未规定这些能力要靠"基础英语"这一门精读课来完成，而是要由多门课配合才行。实践中，精读课教师必须对这样的教材进行大量舍弃。即使这样，很多时候一个学期仍不能覆盖一册教材。

（二）对课文理解深度要求过低

精读课本应以阅读教学为主，同时注意听、说、写、译的训练，然而实际教学中，由于种种原因，课堂教学行为往往与这一要求相差很远。精读课在很大程度上变成了词汇和句子结构课，真正的阅读分析篇章被放到了无足轻重的地位。汉语与英语隶属于不同的语系，历史背景、文化传统、思维方式等各不相同，只从文字层面上其实很难把握英语的实质。外语是应该伴随文化移入一起习得的，学习者决不能孤立地研究词组和句子，也就是说，学习者应该置身于英语的语境中，而并非在真空中操练（吴赟，2004：77）。

不可否认，这套书所选文章有许多是文学精品和构思新颖、思想独到的散文，但对这些文章快速阅读的要求不符合实际。每个单元的课文都是编者要求精讲精练的核心文章，是单元的重中之重。然而编者总在其前面注明要求学生 3~5 分钟内读完，并用 5~8 分钟做相应的理解练习。这么短的时间内根本做不到精读的要求，对一些思想性很高、艺术技巧很复杂的课文更是难以达到完全拆解的层次。所以，附在课文后的这些阅读理解题，至多只是对文中一些细节的正误判断题，或对某些句子的转述解释题，没有启发学生进行深入思考、挖掘其真谛的问题或提示。而其后大量的注释讲解和练习集中在语法、词汇上，仿佛课文只是一种连缀语言点的方式。以《新编英语教程》第四册为例，笔者进行过统计，每一单元约 1 000 词的课文约占 2~3 页，有其配套练习册，每单元均有 16 页左右，这些练习题中有关语篇理解的练习最多只有 3 页，其余 13 页均为词汇语法练习，而对语篇思想内容的讲解偏浅陋甚至错误。下面以本套教材第三册第四课为例，对此展开说明。

该课文为 *A Man from Stratford—William Shakespeare*，讲的是莎翁的生平故事，但作者要传达的观点是莎翁生平的不确定性，即莎翁作品的世界知名性与其生平的不确定性的巨大反差。而编书者引导读者的问题却没有让读者注意这个观点，略显肤浅：①How is Shakespeare related to Stratford? Is Stratford the place where he wrote most of his plays? ②Is the text about Shakespeare's life? If so what do expect to be told? ③Is the text about Shakespeare's personality? If so, what kind of person do you expect Shakespeare to be? ④Is the text about Shakespeare's works? If so, which of Shakespeare's plays do you like to see commented on and analyzed? 这些问题没有比文章题目本身有更多启发作用。接着编者要求学习者用 4 分钟读完这篇近千字的文章，再用 10 分钟写出段落大意及本篇主题句。参考答案中，第一段的主题句即本段第一句："Historically speaking, Shakespeare live only yesterday but his activities, like those of nearly every playwright of his day, are so vague that he could have been born in Roman times." 第二段的主题句也是该段首

句:"Shakespeare's birthplace, the little town of Stratford-on-Avon, in Warwickshire, had made a thriving business out of its most famous citizens for a long time."第三段的主题句亦然:"To plot Shakespeare's life is to become involved in a kind of detective story where there are plenty of clues but very little else."第四段的关键词远行在外:"traveled abroad."第五段的主题句是该段最后一句:"During his fifteen years as a working man of the theatre, Shakespeare wrote more than thirty plays as well as marvelous verse."第六段的主题句在本段第一句:"After his death on April 23rd, 1616, Shakespeare left behind a mass of questions that experts have been trying to answer ever since."第七段的主题句为:"nothing remains of the writer's own handwriting but his signature."(TB3:21)如果按教参所说的全篇主题为:"Thousands of books have been written on William Shakespeare, but very little is known of his personal life'or'Throughout the years, people have known very little about the life of Shakespeare"(TB:25),则此段落大意中对第二、四、五段的总结就与文章主题无关。这样的做法本来就与编者在同书11页上所教授的写摘要的方法相背。在对句子的解说上,不时也有错误:在解释"Historically speaking, Shakespeare lived only yesterday but his activities, like those of nearly every playwright of his day, are so vague that he could have been born in Roman times"时,教参这样说:"Historians set the date 1453 as the beginning of modern history. Shakespeare was born in 1564 and died in 1616. So to the historians, Shakespeare lived only yesterday."(TB:22)此解释与通行的历史教科书关于1640年英国革命为世界近代史起点的说法不同,当然不失为一家之说,但应在historians前加some才准确。又如在解释"almost every detail of his personal life is supposition rather than fact"(SB:10)句时,教参说"We do not base every minute and particular detail of his personal life so much on facts as on guesswork"(TB:142),这个解释比原句更难理解,而且把原句的意思都弄反了。在本单元的摘要写作中,编者提供了这一句话:"the signature was all we have had of the great writer's handwriting."(SB:48)这与文章所述存在不同:"For historians, the most interesting part of the will was that signature, because it and other signatures are all we have left of the handwriting of the world's literary genius."(TB:39)

  类似的肤浅解释不是个别现象,而是一种贯穿整套教材的典型,而且其他几套现行大学精读教材普遍存在类似问题:它有意无意地在淡化学习者对全篇的深入理解和把握，而尽快把学习者的精力集中在文章内的各个单词、词组及句型上。教材上的这类问题已经很突出，而教辅书更是把这些只见树木，不见森林的缺点进一步发展了。各套教材都从平均1 000词长度的课文中选出30～40个词汇进行专门讲解。我们知道语言的用法丰富多彩，灵活多变，所以尽管教材和教参已经罗列了这些单词的多种变化和不同用法，教辅书仍然可以轻松地找到与其他教辅和教参不同的30～40个词汇对其进行讲解：其不同的词性、含义及其用法，其反义词、近义词及其用法。笔者手头有6种较畅销的教辅书，都是由王兴扬、张鑫友、冀红、王迈迈、牟杨、海冰等知名学者所编，具有较强的代表性。这些学习指南的大致内容安排是：背景知识、参考译文、词汇解释、难句注释、习题全解、四级考模拟题、语言技能综合训练。不但各种书对单词的解释各有不同偏重，有一定区别于他书的特点，而且对课文中出现的词汇和语法不遗余力进行拓展，不仅说明其在课文中的含义和用法，还说明它的其他诸多含义和用法、它的其他词性及相应词形及其用法，它的同义词及其用法，反义词及其用法，共同点是单词解释和例句比重较大，而对课文理解分析很少而且趋同，没有任何独到之处。

这种单词的罗列和语法讲解很多已经远远超出了理解课文的需要，然而它却是练习、考试的重点，因此也必然成为课堂传授的重点。能否把课文中的词汇和语法找到尽量多的不同用法，几乎成了衡量一个英语基础课教师水平高低的重要标准。

二、问题的原因分析

专业四级考试是症结所在。教材受《教学大纲》的影响并直接针对考试而编，学生英语学习的策略依此而定，教师的教学法依此为据。

四、八级英语考试的指挥棒作用是不可低估的。现行的《教学大纲》对教学词汇作了明确的规定，列出了一至八级词汇表，这些主要依据词频选择的词汇体现了重视语言共核的语言教学理论，为教材编写、课堂教学以及教学测试提供了参考和依据。但同时它也成了一个指挥棒，教材的编写者有时便不得不放弃其他的教学原则，而去刻意选择那些更好地覆盖词汇表的课文，或者在练习等其他部分人为地加进课文未覆盖的纲内词汇。笔者出席过2014年在上海召开的全国大学英语专业本科低年级教学工作研讨会，会上一位教材主编直言课文的取舍主要标准是看其能否覆盖《教学大纲》所列举的词汇，而对其文学价值、思想价值、文化蕴涵的考虑则是其次的。毋庸讳言，提供一个依据词频所确定的词汇表有一定的道理，因为词频的统计是建立在巨大的语言数据库基础之上的，而学生在四年学习过程中所真正接触到的语言材料则是相当有限的，但其牵文就词的取舍方式的不科学或不利的一面也是显而易见的。《教学大纲》承认四、八级考试的重点是测试学生的语言能力，因而不可能全面检验《教学大纲》所要求学生具备的各方面的能力和素质。国内学者王海啸发现，任何一套教材都有很难保证在其主干教材中的主要课文部分覆盖所有大纲词汇。如某一使用面较广的大学英语教材的主干教材中的主要课文只覆盖了四级教学词汇的一半多一些，而且大多经过删节改写来去除教学大纲规定以外的词汇和复杂句式，这就使原汁原味的英语文章极难再现于教科书（吴赟，2004：80）。即使这样，我们也很难保证学生通过对有关教材的学习就可以较好地掌握所有大纲词汇。大纲词汇的存在为课堂教学和测试提供了明确内容，能使其做到有的放矢。然而，也正是由于这个词汇表的存在，使得学生不仅注重表内词汇的学习，还希望对纲内的词汇有很深、很细的了解。这至少在一定程度上助长了师生对语言准确性的过度重视，有的甚至干脆把大纲词汇表的词逐一死记硬背（王海啸，2004：17）。王海啸这里说的是非英语专业的状况，但大家对《教学大纲》词汇表和专业四级考试对基础英语教材的影响是深有感触的：围绕考试而编的教材有这些共同的缺点。

许多学生认为大学学英语就是通过四、八级考试，功利性很强。北京市高教学会大学英语研究会教学法组曾对北京市大学英语学科进行过一次调查，当问到"你认为学习大学英语的主要目的"时，31%的学生都认为通过四、八级考试是他们的主要目的。许多教师的教学也不得不跟着考试的指挥棒走，忽略了实际能力的培养（吴赟，2004：76）。目前学生中学习上最大的困难是记单词难（教学法组），讲单词和语法成了最能调动学生暂时的兴奋点的手段。就这样，几本教材、一个单词列表、层出不穷的多项选择，使广大学生努力学习英语的同时，真正意义的英语其实在离他们而去。这样学生难以进行更深一层次的学习（学习英语国家的人文知识、历史文化及社会背景），他们的思维、学习欲望及动力已经被考试的条条框框所束缚，只学习考试规定的内容，只做与考试相关的标准化试题，成了考试机器（梁红英，2007）。

三、改进思路

（一）将阅读能力的培养作为第一层次的要求

根据 Krashen 的输入理论，当学习者接触到新的语言材料时，他们就会自动调动学习的积极性，在现有水平和相关语境的帮助下，理解其中所含的内容。这样，输入成为"可理解输入"（comprehensible input），并且被学习者的语言水平就会提高。因此，国内学者徐玲认为输入是语言学习的根本途径，是由语言学习规律决定的（徐玲，2002：229-230）。《教学大纲》也指出，阅读是掌握语言知识，打好语言基础，获取信息的重要渠道，是大部分大学生今后工作所需的主要语言技能（《教学大纲》，1999：11）。刘润清教授指出："正式的外语教学与其他教学一样，要想真正掌握一门外语，需要大量的阅读，有独立的思维过程和分析总结过程。"中国的诸多古训如"熟读唐诗三百首，不会作诗也会吟""读书破万卷，下笔如有神"，在很大程度上也说明文章阅读和整体把握是一种重要的输入方式。我们的基础英语，要表现在理解的基础上、熟读和背诵的功底上，从整体上把握课文的深层次蕴涵，而不是让学生把精力集中在对其中单词的各种用法和语法的记忆上。

将阅读能力的培养作为第一层次的要求也是在大量调查研究的基础上所做出的结论。英国文化委员会曾于 1994—1995 年进行了一项名为 English 2000 的调查，调查范围覆盖了近百个国家。调查结果表明：尽管科技发展日新月异，新的教学方法不断涌现，但在今后数十年中，文字材料阅读仍将占主导地位（刘润清，1996：4）。

吴赟认为，运用外语的流畅程度不是通过学习语言规则来达到的，而是在具有大量的、合适的输入语的环境中慢慢地形成的，成功的大学英语应该将"学习"和"习得"充分结合起来，用自然鲜活的语料去激活语法，在外语习得的合适环境中，让学习者充分认知语言的实际意义，而不是相反（吴赟，2004：78）。

我们强调阅读，强调阅读能力的培养，除了阅读在语言输入中的重要作用外，还有阅读能促进语言知识的掌握和语言应用能力的提高。学习者对语言规则及形式的掌握主要是通过大量的阅读实现的。没有了大量语言现象的感性知识的积累，语言应用能力就成了无本之木，无源之水（徐玲，2002：230）。

（二）多设置英语素质选修课

大家的共识是目前教材应做相应的改革，增强趣味性、生动性和时代性，以便教师课堂操作，增强学生兴趣。但谈到具体选材时，则众说纷纭。王立黎认为，教材要新颖，而对教材中文学作品的分量则颇不以为然，认为文学作品实际应用性不强，不能体现语言的交际功能，也使教师很难将培养学生语言应用能力的愿望和教材的实际内容结合起来（王立黎，2004：35）。这种观点值得商榷。教材内容的趣味性和生动性是因人而异的，如果还有某一类文字能够唤起相对更多人的兴趣，那非文学莫属，因为文学的魅力可以减轻英语学习的痛苦。当然，文学作品很难为我们提供系统全面的各种交际场所的应用英语，也不可能适合所有学生；许多优秀作品的语言离我们时代较远。这些都可以通过教师的补充说明与讲解而得到一定的弥补，但也应该看到，《教学大纲》规定，高等学校英语专业培养具有扎实的英语语言基础和广博的文化知识，并能熟练地运用英语在外事、教育、经贸、文化、科技、军事等部门从事翻译、教学、管理、研究等工作的复合型英语人才。学生众多，兴趣广泛，社会需求也千差万别，用少数几本教材是很难实现这个现实需要的。开设更多的英语素质选修课，减少和淡化以语法和词汇为核心的精读课，使他们的兴趣找到更多的出口，这是符合大纲精神的，也是现实可行的。很可喜的是，目前云南大学外国语学院已将此改革提上了议事日程，在课程设置上进行了相应改革，压缩了传统的以语法和词汇为核心的所谓"精读课"，而增设了文学经典原著的学习课和商贸、英美社会与文化课。

（三）给学生以自主学习的条件

事实上，无论提供多少选修课，都是无法满足所有学生的个性化需要的。所以多年前云南大学就明确倡导"教为不教，学为创造"的教学理念，其核心是转变教学观念，以学生为本；提倡自主学习，培养学生的自主学习能力。这是社会的要求，时代的需要。自主学习也是英语教学的目标。英语学习的目的不仅是为了掌握英语语言知识、词汇、语法条文，还要看学习者能否熟练地用英语来表达自己的思想，用英语语言来完成各种任务，是否掌握了今后继续学习所必需的方法和技巧。正所谓授人以鱼，不如授人以渔。所以，英语教学应该培养学习者如何自主学习英语。自主学习就是让学习者真正成为英语教学的主体，英语自主学习是自身发展的需要（宋小娥，2007：77）。所以，目前以教师为中心对语言规则的解释和反复操练要让位于以学生为中心的对语言规则的自我发现、归纳、实践和应用（吴赟，2004：79）。

自主学习有三层含义：以学习者的态度、能力和学习策略等多种因素综合而成；对自己的学习目标、学习内容及使用的资料的控制权；在总体学习目标的宏观控制下及教师的指导下，根据自身条件和需要制定许多实现具体目标的学习模式。它是主动、独立、自学的学习（宋小娥，2007：77）。

外语学得好不好，关键在学生，不在教师。中国有一句俗语说：师傅领进门，修行在个人。国外的语言学家也多次谈到以学习者为中心的方法或理论（Stern, 1983; Tarone & Yule, 1989）。教学应该是教学生如何学，而不是只教书。钱伟长教授曾提出：大学教育应该重视学生自学，大学教育就是要教会学生自学，培养学生自己学习新知识的能力（转引自赵忠德，2005：354）。在以"教为不教，学为创造"为题进行的教育思想大讨论中提出的不少建设性意见，其实就是对放手让学生自主学习这一观点的肯定和阐发。

结　论

综上所述，目前造成基础英语教学费时低效的原因主要是在指导思想上：应试教育，教育的功利性及学习者错误的学习动机。所以笔者认为，只要我们真正转变观念，以学生为本，摆脱四级考试和少数几本教材的束缚，面向社会需要，提供学生兴趣的更多出口，就能创造出利于学生更快成长的学习环境。这是当务之急。

参考文献：

[1] 北京市高教学会大学英语研究会教学法组编．北京市大学英语学科调查分析［A］//全国大学英语教学研讨会论文集［C］．上海：上海外语教育出版社，2003．

[2] 高等学校外语专业教学指导委员会英语组编．高等学校英语专业英语教学大纲［M］．上海：上海外语教育出版社，2000．

[3] 何兆熊主编．综合教程（1～4册）（第2版）［M］．上海：上海外语教育出版社，2013．

[4] 李观仪主编．新编英语教程（学生用书）［M］．上海：上海外语教育出版社，1999．

［5］李观仪主编．新编英语教程（教师用书）3［M］．上海：上海外语教育出版社，1999．

［6］李观仪主编．新编英语教程（练习册）3［M］．上海：上海外语教育出版社，1999．

［7］梁红英．应试教育使学生英语应用能力低下——学习动机影响英语学习［J］．大学英语（学术版），2007（1）．

［8］刘润清．21世纪的英语教学——记英国的一项调查［J］．外语教学与研究，1996（2）．

［9］宋小娥．英语自主学习策略初探［J］．中共成都市委党校学报，2007（1）．

［10］吴赟．论大学英语理想习得环境的建立［A］//梅德明主编．新世纪英语教学理论与实践（第一版）［C］．上海：上海外语教育出版社，2004．

［11］徐玲．关于大学英语的"教"与"学"的再思考［A］//向明友，徐玲编．大学语言教学研究［C］．上海：上海外语教育出版社，2002．

［12］王海啸．以实事求是的精神改革我国大学的英语教学［A］//向明友，徐玲编．大学语言教学研究［C］．上海：上海外语教育出版社，2002．

［13］王立黎．大中小学课堂英语教学情况调查分析报告［A］//梅德明主编．新世纪英语教学理论与实践［C］．上海：上海外语教育出版社，2004．

［14］赵忠德．中国英语教学的症结思考［A］//胡文仲编．中国英语教学优秀论文集（一）［C］．北京：外语教学与研究出版社，2005．

何静明，男，云南大学外国语学院副教授、硕士生导师。研究方向：美国文学。

德语语句的特征及名词的性数格

罗跃玲

(云南大学外国语学院西语系)

摘　要：有一定德语语法知识的人不难发现，"框形结构"是德语句子结构的一大基本特征。因此，对德语语句的这一特征进行专门的归纳和分析是很有必要的。而德语名词的语法范畴又包含有性、数、格的变化和要求，要熟练掌握德语名词的三性（阳性、阴性和中性）、两数（单数和复数）、四格（一、二、三、四格）的变化形式，并把它们正确的应用到语言表述中，对于基础阶段的学习者来说并非易事。

关键词：德语教学；语句的框形结构；名词的性数格

一、德语语句结构的特征

在多年的德语教学实践中，感觉学生提得最多的问题之一，便是语句中词的顺序问题。具备一定德语语法知识的人不难发现，"框形结构"是德语句子结构的一大基本特征。句子结构是作为语言单位的句子，由一个或多个成分组成，这些成分只有按一定的语法规则相互排列组成句子，才能表达出完整的意思；而一个词只有正确用于语句结构中才能获得其准确的含义。因此，对德语特有的"框形结构"进行专门的归纳和分析是很有必要的。

二、"框形结构"的实例分析

在一般现在时、过去时的简单句中（除带否定词 nicht 的一部分否定句外），如果动词为独立动词，直接宾语是名词，该名词往往放在句末，并与动词的人

称变位形式构成"动宾框形结构",也就是说句子的其他成分置于动宾之间。例如:

Frau Schmidt liest täglich nach dem Abendessen Zeitungen.
施密特太太每天晚饭后读报。
Herr Baumann berichtet mir über seine Reise viele interessante Erlebnisse.
鲍曼先生告诉我他旅途中许多有趣的经历。
Sie stellten dem Kandidaten schwierige Fragen.
他们向候选人提出难以回答的问题。
Er wiederholte am Wochenende zu Hause das Gelernte.
他周末在家复习学过的内容。
Wir nahmen gestern um 6 Uhr von dem Gastgeber Abschied.
我们昨天六点钟向主人道别。

在一般现在时、过去时的简单句中,如随人称主语变位的动词是可分离动词,则把根动词进行人称变位,可分离前缀放在句末。这样,根动词与前缀又形成一个"框",句子其他成分位于二者之间。例如:

Du kaufst heute aber viel ein!
你今天买的东西可真多!
Es sieht nach Regen aus.
天看起来要下雨。
Herr Beckermann holt Wang Ming vom Flughafen ab.
贝克曼先生到机场接王明。
Wir nehmen mit amerikanischen Firmen Kontakte auf.
我们与美国公司取得联系。
Herr Müller setzte seine Abreise auf Montag fest.
米勒先生定于星期一启程。
Der Zug kam gestern wegen des schlechten Wetters mit Verspätung in München an.
这趟列车昨天由于天气不好而晚点到达慕尼黑。

在一般现在时或一般过去时的语句中,动词与介词短语构成的固定搭配用于语句中时,动词根据句式的要求、时态的需要随人称主语变位,与动词构成固定搭配的介词短语一般置于句末,并与动词一起形成"框形结构"。例如:

Wir gingen trotz der eisigen Kälte zum Skifahren.

尽管天气寒冷刺骨，我们还是去滑雪。

Er nimmt mich gegen sie in Schutz.

他保护我免受他们的伤害。

Ich stelle Ihnen einen Kredit zur Verfügung.

我把一笔贷款提供给您使用。

Wer kommt jetzt an die Reihe?

现在轮到谁了？

Isst Hans heute in der Mensa zu Mittag?

汉斯今天在食堂吃午饭吗？

Er sprach mit uns über seine Erlebnisse.

他和我们谈起他的经历。

情态动词作为修饰语言表达的重要手段，其用法是多种多样的。在德语中，情态动词可以单独作谓语，但多半与一个动词的不定式连用，表示能力、愿望、许可等。在有情态动词的一般现在时、过去时的简单句中，情态动词随主语变位，并与句末的动词不定式形成"框形结构"。现就情态动词 können（能够、可以）、wollen（愿意、打算）、sollen（应该）、dürfen（允许）、müssen（必须）、mögen（想要、喜欢、其虚拟过去时形式为 möchte）等各举一例说明。

Deusche können ohne Visum in Europa reisen.

德国人没有签证也可以在欧洲（各国）旅行。

Er möchte morgen Abend mit uns in die Oper gehen.

他明晚想和我们一起去看歌剧。

Hilde will ihrer Mutter bei der Arbeit helfen.

希尔德打算帮助她的母亲工作。

Jeder soll im Straßenverkehr rücksichtsvoll sein.

每个人对道路交通都应该特别小心。

Man darf in unserem Land schon mit 18 Jahren wählen.

在我国年满十八岁就可以参加选举。

Wir muüssen uns bei der nächsten Tankstelle sofort nach dem Weg erkundigen.

我们必须在下一个加油站立即问路。

完成时在德语中是使用较频繁的时态，这里就现在完成时和过去完成时简单句的结构对德语的"框形结构"再加以说明。

现在完成时是表述过去的谈话形式，它表明所描述的事态已经结束，并对现在仍有影响；它由助动词 haben 或 sein 的现在时加上实义动词的第二分词构成，分词始终不变并居于句末，而助动词随主语变位，并与第二分词构成"框形结构"。例如：

Mein Geschenk hat den Kindern große Freude bereitet.

我的礼物使孩子们很高兴。

Sie haben Vorbereitungen für die Prüfung getroffen.

他们为考试做了准备。

Mein Wunsch ist endlich in Erfüllung gegangen.

我的愿望终于得以实现。

过去完成时与过去时或现在完成时有关联地应用在一起，用于表达发生于另一件过去的事态之前的行为。该事态在形式上与现在完成时的区别在于，助动词采用 haben 或 sein 的过去时形式 hatten 或 waren，它们在句中与实义动词第二分词仍然构成"框形结构"。例如：

Wir hatten unsere Arbeit gerade beendet, da klingelte es.

我们刚完成工作，铃就响了。

Bevor er Dolmetscher wurde, hatte er 4 Jahre Deutsch gelernt.

他在当口译之前已经学过四年德语。

Ich war kaum einige Schritte gegangen, da fing es an zu regnen.

我没走几步，就下起雨来。

将来时主要用于表述将要发生的事情，由助动词 werden 加实义动词不定式构成。过去将来时则由 werden 的过去时形式 wurden 加动词不定式构成。Werden 或 wurden 随人称主语变位并与句末的动词不定式构成"框形结构"。例如：

Der Zug aus Berlin wird in 10 Minuten ankommen.

从柏林开出的火车十分钟后到达。

Ein wichtiges Konzert wird heute Abend um 8 Uhr in dieser Stadt stattfinden.

今晚八点一场重要的音乐会将在这座城市举行。

Sie werden an diesem Wochenende einen Ausflug nach Trier machen.

他们将于本周末到梯也尔去郊游。

Wir wurden den Fünfjahrplan vorfristig erfüllen.

我们将提前完成五年计划。

德语动词有主动态和被动态之分。当句子的主语是动作发出的主体时，用主动态；当主语是动作的承受者时，用被动态。被动态由助动词 werden 加及物动词（部分不及物动词也可用于无人称被动态）第二分词构成。助动词 werden 可构成所有的人称形式、所有的时态和虚拟式。在现在时、过去时的被动态语句中，助动词 werden 或 wurden 与实义动词第二分词仍然构成"框型结构"。例如：

Die Maschine wird in Bewegung gesetzt.

机器被启动了。

Wir werden zu seiner Hochzeit eingeladen.

我们被邀请参加他的婚礼。

Die Sitzung wurde bis zum Abend ausgedehnt.

会议一直延续到晚上。

Wir wurden freundlich behandelt.

我们受到了友好的接待。

Diese Stadt wurde durch den Krieg zerstört.

这座城市被战争摧毁了。

在意思较复杂的句式中，为了避免简单句的重复堆砌，往往把除谓语以外的句子分层，如主语、宾语、定语或状语等扩充为从句。因此，在德语中也就有主语、宾语、定语、状语等多种从句形式。从句总是以一个从属连词引导，并须把从句里的动词或合成谓语的助动词的人称变位形式放在从句句末，与连词一起形成"框形结构"。例如以下句子中的从句：

<u>Wer den Chef sprechen will</u>, muss sich im Vorzimmer anmelden.

（主语从句）

谁要与老板谈话，就必须在接待室里登记。

In der Zeitung stand, <u>dass der Minister morgen in unsere Stadt kommt</u>.

（主语从句）

报纸上登着，部长明天到本市来。

Ich habe erfahren, <u>dass dir eine Firma hier die schönen Möbel geliefert hat</u>.

（宾语从句）

我听说，这里的一家公司为你提供了这套漂亮的家具。

Als mein Mann auf dem Bahnhof ankam，erwartete ich ihn bereits.

　　（时间状语从句）

当我丈夫到达火车站时，我已经在那里等他了。

Obwohl ich ihm wiederholt Emails geschrieben habe，hat er bis heute nicht geantwortet.

　　（让步状语从句）

尽管我一再给他发电子邮件，但他至今没有回复。

三、德语名词的性数格

名词是表示人、事物和概念名称的词。在德语中，名词的语法范畴又包含了性、数、格的变化和要求。要熟练掌握德语名词的三性（阳性、阴性和中性）、两数（单数和复数）、四格（一、二、三、四格）的变化形式，并把它们正确地应用到语句中，对于初学者来说并非易事。

（一）名词的词性（das Genus der Substantive）

德语的名词分为阳性、阴性和中性。除少数表示人和动物的名词可按其自然属性归于阳性或阴性外，大部分名词只有语法的属性。德语名词的词性多是由名词前的冠词来体现的，冠词又分为定冠词和不定冠词。试比较名词前冠词的第一格形式。

	阳性	阴性	中性
定冠词	der Vater	die Mutter	das Werkzeug
不定冠词	ein	eine	ein

在语言的实际运用过程中不难发现，有些表示人和动物的名词其自然属性与语法属性不一致，这是由名词的词尾决定的。如 das Mädchen（女孩）（中性）、das Fräulein（小姐）（中性）、das Hähnchen（小公鸡）（中性）等。非生物名词的词性，源于语言的形成时期，很难加以解释，如 die Tür（门）（阴性）、das Fenster（窗）（中性）、der Tisch（桌子）（阳性）等。因德语名词都有各自的词性，故学一个名词就必须连同它的冠词一起熟记，以便把名词正确地用于语句中。这里列举一些有助于记住名词词性的规律。

以 -er、-ling、-ant、-ent、-ist、-oge 等结尾的名词为阳性名词。如 Lehrer（教师）、Lehrling（学徒）、Elefant（大象）、Patient（病人）、Polizist

(警察)、Biologe (生物学家) 等。

以 -enz、-ie、-ik、-ion、-tion、-tät、-heit、-keit、-schaft 和 -ung 结尾的名词绝大多数为阴性名词。如 Konferenz (会议)、Akademie (学院)、Fabrik (工厂)、Diskussion (讨论)、Produktion (生产)、Qualität (质量)、Gelegenheit (机会)、Schwierigkeit (困难)、Gesellschaft (社会)、Einladung (邀请) 等。

以 -lein、-chen、-um、-ment 结尾的名词为中性名词。如 Zünglein (小舌)、Brötchen (小面包)、Datum (日期)、Experiment (实验) 等。

绝大多数简称的国名、城市名及语言名称都属于中性名词，在应用时多半不带冠词。例如：

China liegt in Asien.

中国位于亚洲。

Beijing ist meine Heimatstadt.

北京是我的家乡。

Sprechen Sie Deutsch?

您讲德语吗？

许多外来语名词，其中一部分是常见的英语名词，也为中性名词。如 das Foto (照片)、das Hotel (宾馆)、das Ticket (票券)、das Buffet (自助餐) 等。

有些名词因词性不同，词义也有变化。

der Gehalt	内容	das Gehalt	薪金
der Tor	傻瓜	das Tor	大门
der Bund	联盟	das Bund	捆、束
der Erbe	继承人	das Erbe	遗产
der Verdienst	收入	das Verdienst	功绩
der Kiefer	下腭	die Kiefer	松树

(二) 名词的数 (der Numerus der Substantive)

德语的名词就数而言分为单数 (der Singular) 和复数 (der Plural)。名词的数除了通过名词前的冠词、数词和表示数量的限定词 (如 einige、viele、manche 等) 表示之外，也体现于名词本身的词形变化上，也就是说德语的名词有各自的复数形式。因此，学习每个名词，除了记住该名词的词性之外，还应掌握其复数形式。就这方面，可把名词分为以下几类。

1. 复数时无词形变化的名词

这类词大多是以 - er、- el、- en 等结尾的阳性名词和以 - chen、- lein 等结尾的中性名词。例如：

der Lehrer—die Lehrer　教师

der Zettel—die Zettel　纸条

der Wagen—die Wagen　车辆

das Wörtchen—die Wörtchen　话儿

das Vöglein—die Vöglein　小鸟

2. 复数时词干元音 a、o 变音的词

这类词阳性、阴性名词居多。例如：

der Mantel—die Mäntel　大衣

der Hafen—die Häfen　港口

die Tochter—die Töchter　女儿

3. 复数形式词干元音变音并加词尾 e 的词

单音节的阳性名词及少数单音节的阴性名词属于此类。例如：

der Fluß—die Flüsse　河流

der Arzt—die Ärzte　医生

die Hand—die Hände　手

4. 复数时元音变音并加后缀 er 的词

这类词多为阳性和中性名词。例如：

der Wald—die Wälder　森林

das Dorf—die Dörfer　村庄

das Buch—die Bücher　书

5. 复数时加后缀"en"或"n"的词

这类词多为阴性名词或少数以 e 结尾的阳性名词，个别中性名词也属此列。例如：

die Frau—die Frauen　太太、夫人

die Maschine—die Maschinen　机器

der Junge—die Jungen　男孩

das Ohr—die Ohren　耳朵

6. 复数时加后缀 s 的词

这类词多为外来语名词。例如：

die Party—die Partys　聚会

der Park—die Parks　公园

das Hotel—die Hotels　饭店

das Ticket—die Tickets　票券

德语中专有名词、物质和抽象名词、表示类别的词只有其单数形式。例如：

China　　中国　　Rhein　　莱茵河　　Gold　　　金

Milch　　牛奶　　Liebe　　爱情　　　Gezweig　树枝

此外，值得一提的是，一些中性、阳性量词前如有二以上的数词或表示复数的限定词时，量词仍用单数形式，而阴性量词须用其复数形式。例如：

zwei	Paar（中性）	Schuhe	两双鞋
ein paar	Stück（中性）	Schokolade	几块巧克力
vier	Flaschen（阴性）	Bier	四瓶啤酒
einige	Tassen（阴性）	Kaffee	几杯咖啡

德语中还有一些固定使用复数的名词，这些词后通常以 pl·（Plural）表示。常见的有：

Eltern　　父母　　Geschwister　兄弟姐妹　　Leute　　人们

Möbel　　家具　　Alpen　　　　阿尔卑斯山　Ferien　　假期

（三）名词的格（der Kasus der Substantive）

格是一种可变格的词（名词、代词）的特殊形式。名词通过它的格把该名词在句中所充当的成分（主语、宾语或定语）以及该词与其他词的关系表示出来，并以此表达出准确的含义。名词的格是通过名词前的冠词、表示数量的限定词以及形容词词尾来体现的。现代德语共有四格：第一格、第二格、第三格、第四格。

1. 第一格（der Nominativ）

第一格即主格。第一格名词在句中作主语或 sein、werden、bleiben 等动词的表语，有时也作为呼语。如前所述，名词依据不同的词性，第一格阳性、阴性、中性名词的冠词分别为 der（ein）、die（eine）、das（ein）；die 为复数名词的定冠词。例如：

Der Student liest gerade eine Zeitung.

 （主语）

这个大学生在读报。

Der Fahrer kennt den Weg nicht.

 （主语）

司机不认识路。

Sie ist Laborantin.

  （表语）

她是实验员。

Er ist Arzt geworden.

  （表语）

他已成为医生。

Meine Kinder, kommt schnell und helft mir!

  （呼语）

孩子们，快来帮帮我！

2. 第二格（der Genitiv）

第二格主要用于表示所属关系，其名词放在其他名词之后，说明该名词的从属关系或是某个整体的一部分；第二格名词也作为少数动词、介词的宾语。除名词前的冠词等有变化之外，阳性及中性名词第二格须加词尾 –(e)s，弱变化名词加词尾 –(e)n。例如：

Hier steht das Fahrrad des Studenten.

    （定语）

这里停放着这位同学的自行车。

Das ist der Kassettenrecorder des Mädchens.

    （定语）

这是这个女孩的录音机。

Die Hauptstadt der Schweiz ist Bern.

  （定语）

瑞士的首都是伯尔尼。

Das größte der Klassenzimmer haben wir besichtigt.

   （定语）

教室中最大的一间我们参观过。

Während der Sitzung hat er seine Meinung geäußert.

  （介词宾语）

会上他发表了他的意见。

Wegen des schlechten Wetters machen wir keinen Ausflug mehr.

   （介词宾语）

由于天气不好，我们不郊游了。

人名或带称呼的名词第二格可置于被限定名词之前，二格名词词尾直接加"s"。例如：

Das ist Peters Buch.

这是彼得的书。

Frau Baumanns Tochter habe ich vor einem Jahr kennen gelernt.

鲍曼太太的女儿我一年前就认识了。

有时第二格名词在句中也可用作状语。例如：

eines Tages　有一天　　schweren Herzens　带着沉重的心情

3. 第三格（der Dativ）

第三格为宾格。第三格名词在句子中主要作为一部分不及物动词的宾语、动词的间接宾语或介词宾语。例如：

Thomas hilft oft seinem Freund.

   （动词宾语）

托马斯常帮助他的朋友。

Das Wörterbuch gehört dem Studenten.

    （动词宾语）

这本字典是这位学生的。

Ich schenke meinem Bruder einen Füller.

  （间接宾语）

我送给我弟弟一支钢笔。

Der Alte sitzt gern in dem Park.

（介词宾语）

这位老年人喜欢坐在公园里。

第三格名词也用于某些特殊句型中，意思相当于"对于某人来说"。例如：

Wie geht's deinem Vater?

你的父亲好吗？

Es fehlt der Sekretärin an Ausdauer.

这位女秘书缺乏耐力。

Es tut mir so leid, dass ich das getan habe.

我为做了此事感到抱歉。

4. 第四格（der Akkusativ）

第四格也属宾格。第四格名词在句中多用作及物动词的直接宾语或介词宾语。例如：

Gestern Abend hat er einen alten Freund besucht.

（动词宾语）

昨晚他拜访了一位老朋友。

Wir haben größte Erfolge erzielt.

（动词宾语）

我们取得了很大的成功。

Setzen Sie sich bitte auf den Stuh!

（介词宾语）

请您坐到椅子上！

Wann fahren wir in die Stadt?

（介词宾语）

我们什么时候进城去？

某些名词，尤其是表示时间、空间概念的名词的第四格可直接作为句子的状语，表示动作行为持续的时间和距离。例如：

Den ganzen Tag arbeitet er in seinem Büro.

（状语）

他一整天都在办公室里工作。

Ich habe mich eine Woche ausgeruht.

（状语）

我休息了一个星期。

Der Passant hat sie ein Stück begleitet.

（状语）

这个行人陪她走了一段路。

结　语

德语句子由于其特有的"框形结构"特征，与大多数其他语言的句子结构形成显著的差异。在许多德语语法书中都把德语的谓语分成两个部分，它们除了具有内容意义上的功能外，还起到形式上的重要作用。这两个谓语部分形成了德语句子的基本框架，包围着大多数句子成分，使人们知道各个句子成分的合适位置。这种现象显示了德语是一种具有强烈边插倾向的语言。其实，除了以上列举的各种"框型结构"实例外，德语中还存在许多其他类似结构的语句。笔者通过一些简单的实例，将德语这一最基本的特征呈现给读者，旨在让初学者明了和掌握德语语句的基本规律。只有这样，才能正确理解德文含义，行文说话时也才能准确使用符合德语语法习惯的表述。同时，在多年从事德语教学的过程中，笔者认为名词也是德语的另一个重要而又难以掌握的语法范畴，故针对学生常提出的问题，通过简单的实例，对德语名词性、数、格作一个全方位的介绍，为德语学习者提供一些德语名词的清晰概念，从而对他们进一步学好德语有所帮助。

参考文献：

［1］Dreyer, Schmidt. Lehr-undübungsbuch der deutschen Grammatik［M］. München：Max Hueber, 2001.

［2］江燮松. 新编德语语法精要［M］. 上海：上海译文出版社，2014.

罗跃玲，女，学士，云南大学外国语学院副教授。研究方向：德语语音学及语言学。

论大学英语阅读课程大纲设计中的校本方法

王文俊

（云南大学外国语学院研究生公共外语教研室）

摘　要：本文提出用"以校为本"的方法开发和设计大学英语阅读课程大纲。校本方法是在大学英语教学大纲修编过程中被提出和付诸实践的，旨在以各高校的实际情况为出发点，以学科为中心，聚合各类语言课程大纲设计方法的优点；以学生为中心，按学生语言水平进行分级教学，拓展阅读课程范围；并以社会需要为中心，增强语言阅读课程学习的适用性和实用性，促进学生全面发展。在校本思想为指导的大学英语阅读课程大纲的设计过程中，应克服任意性和盲目性，建立科学、公平的评估机制，同时还要加强大学英语教师专业素质和职业发展。

关键词：课程大纲设计；校本方法；大学阅读课程

引　言

教学大纲是组织教材编写、开展教学以及实施测试的重要依据，它在我国大学英语教学中起着重要的指导作用。回顾大学英语教学改革的历程，教学大纲的变迁反映了我国外语教育教学专家结合我国国情，紧随二语/外语教学发展最新动向和趋势所做出的教育教学理念的更新和完善。从《大学英语教学大纲》《大学英语教学要求》到《大学英语教学指南》的转变过程中，校本大纲的制订和实践已成必然趋势。

我国大学英语大纲的变革大致经历了五个阶段。①起始阶段：1962年，我国第一部《大学英语教学大纲》颁布，规定大学英语教学的目的是为学生今后阅读本专业英语书刊打下较扎实的语言基础（蔡基刚，2006）。1980年《大学英语教学大纲》的教学目标是：在基础英语教学阶段，英语教学的目的是为学生阅读英语科技书刊打下较扎实的语言基础；在专业阅读教学阶段，使学生具备比较顺利地阅读有关专业英语书刊的能力（谢邦秀，2001）。②发展阶段：1985年理工科和1986年文理科《大学英语教学大纲》先后被颁布，前者规定大学英语教学的目的是培养学生具有较强的阅读能力、一定的听和译的能力、初步的写和说的能力，使学生能以英语为工具，获取专业所需要的信息，并为进一步提高英语水平打下较好的基础；后者规定大学英语的教学目的是使学生通过两年基础阶段的学习，从而具有较强的阅读能力、基本的听的能力、初步的写和说的能力。③改革阶段：1999年，高等学校外语教学指导委员会对《大学英语教学大纲》进行了修订，明确了大学英语教学的目的是培养学生具有较强的阅读能力和一定的听、说、写、译能力，使学生能用英语交流信息。④深化阶段：教育部高教司于2007年正式颁布了《大学英语课程教学要求》，对大学英语教学目标进行了再次定位，即"培养学生的英语综合应用能力，特别是听说能力，使他们在今后学习、工作和社会交往中能用英语有效地进行交际，同时增强其自主学习能力，提高综合文化素养，以适应我国社会发展和国际交流的需要"。同时还提出：鉴于全国高等学校的教学资源、学生入学水平以及所面临的社会需求等不尽相同，各高等学校应参照《大学英语课程教学要求》，根据本校的实际情况，制订科学、系统、个性化的大学英语教学大纲，指导本校的大学英语教学。⑤提升阶段：2010年，我国出台了《国家中长期教育改革和发展规划纲要（2010—2020）》，教育部高教司也相应在2013年启动、2015年完成了《大学英语教学指南》，在课程定位与性质、教学目标和教学要求、课程设置、评价与测试、教学方法与手段、教学资源、教学管理和教师发展八个方面为高等院校大学英语校本大纲的制定提供指导（贾国栋，2016）。

回顾我国《大学英语教学大纲》的改革历程，可以总结出以下三个方面的特点：第一，英语教学的侧重点从"阅读能力独重"到"听说能力优先"。注重阅读是2007年大学英语教学改革之前历次教学大纲的主旋律。而2010年之后的英语阅读课堂则强调学生在多媒体手段下的自主选择和学习。张尧学曾指出："在我国大学生的阅读能力有所提高的同时，许多学生听力和口语能力提高不大，听不懂、说不出，即人们常说'聋子英语''哑巴英语'的现象随之产生。"（张尧学，2002：8）面对大学英语教学中的费时低效的现象，培养学生的英语综合应用能力显得十分必要。余谓深强调："要从教学大纲变化的视角从大学英语应用能力进行再认识，提高学习者跨文化交际意识和交际能力、自主学习能力和综合文化素养。"（余谓深，2016：21）第二，大学英语从"国家课程"到"校本课程"的转变趋势。大学英语课程大纲具有国家课程教学大纲的特点，它是自上而下由中央政府负责编制、实施和评价的课程。国家课程大纲通常具有权威性、多样性和强制性。在大学英语课程大纲的变迁中，大学英语课程大纲的国家课程色彩在逐渐淡化，指令性和强制性的措辞有所改变，进而以"要求""参考"等代替，强调要从各高校实际情况出发，制定以校为本的外语课程教学大纲。第三，以校为本的英语教学大纲的制定强调引导学生从"被动学习"向"主动学习"的转变，使大学英语教学在现代信息技术手段的协助下实现多样化和便捷化，使用"慕课""微课"和"翻转课堂"等形式优化教学手段，增强教学效果。

一、从"校本课程"到"校本大纲设计法"

（一）校本课程的特点

校本课程出现于 20 世纪 70 年代，是缘于课程编制者、课程实施者和课程评价者之间脱节的现象和由此产生的弊端。校本课程是指由学校全体教师、部分教师或个别教师编制、实施和评价的过程。王斌华（2000）强调，校本课程并不局限于本校教师合作，可能还包括其他学校教师及校际之间教师合作编制的课程，甚至包括某些地区学校教师合作编制的课程。校本课程与国家课程互为支持，互为补充，缺一不可。

（二）教学大纲在语言课程教学改革中的作用

教学大纲是"各学科纲领性指导文件，发挥着教学工作组织者的作用。可以确保不同的教师有效地、连贯地、目标一致地开展教学工作"（王斌华，2000：127）。

教学大纲的设计是课程建设与发展过程中不可缺少的阶段，主要围绕"为什么教""教什么""如何教"和"怎样评价教的结果"。它以需求分析为基础，为教学、评估和反馈提供重要依据。随着语言学和语言教学相关研究的不断发展，语言课程大纲的设计方法成为研究者们广泛关注的焦点。围绕何种方法最适合二语/外语课程设计，不同的学者以不同的划分标准提出了不同的方法 Nunan（1988b：159）。系统地提出了语言大纲的定义和发展步骤。他认为语言大纲就是"明确指出教什么和按照何种顺序教"。他把语言大纲的类型主要分为两类：以结果为导向大纲和以过程为导向大纲。前者包含有语法型大纲和功能意念型大纲；而后者则有程序型大纲、任务型大纲、内容型大纲等。Stern（1992）提出综合语言课由语言大纲、文化大纲、交际活动大纲和通识语言教育大纲构成。Breen（2001）认为，目前广泛使用的语言教学大纲主要有四类：形式型大纲、功能型大纲、任务型大纲和过程型大纲。不同的语言课程大纲设计途径和手段有着不同的理论依据和产生的时代背景，它反映出语言教学法从翻译教学法到交际教学法及任务型教学法的发展历程和影响。余渭深（2016）认为，中国大学英语教学大纲目标的发展应与应用能力相契合，从语言能力、功能能力、策略能力以及社会认知能力等维度来设置实际的教学大纲。

（三）"以校为本"的英语阅读课程教学大纲设计的必要性

教学大纲设计方法和校本课程两个完全不同的概念之间，似乎没有多少联系。以校为本的英语教学大纲设计法（school-based approach to College English reading course）是笔者自己的提法，是借鉴众多的英语教学大纲设计方法，基于对我国大学英语教学的现状分析，提出的相对最优化方案。它是指在教学大纲设计时，不受任何语言大纲设计理论的束缚，结合"学科中心论""学生中心论""社会中心论"，设计出科学的、系统的、个性化的大学英语阅读教学大纲。

英语教学活动中，在交际教学法和任务型教学法的影响下，听说能力得到的重视程度和过去相比提高了很多，而且在学生所学课时和学分的比例中不断提高。但是，阅读在我国大学英语教学课程的教学实践中一直占有主导地位，以致有人把"大学英语"课程和"大学英语阅读"课程等同。另外，由于客观资源的限制、教学资源的缺乏和师资水平的限制，在我国广大地区特别是中西部欠发达地区，大学英语课程往往只能开设精读课程，培养学生具有较强的阅读能力和一定的听、说、写、译能力往往成为众多学校大学英语教学中无法实现的目标，阅读课成为"满堂灌"和"一言堂"的词汇、语法教学课程。因此，如何制定有效的大学英语阅读课程大纲对有效地实现"培养学生具有较强的阅读能力和一定的听、说、写、译能力"的教学目标有着较强的实效性和广泛的现实意义，也面临巨大的挑战。

本文结合我国大学英语教学实际，提出用"以校为本"的方法来设计大学英语阅读课程大纲，在分析"以校为本"方法的优势和不足的基础上，阐述建立校本大学英语阅读课程教学大纲的必要性。

二、"以校为本"方法的优势

第一，以学科为中心，兼收并蓄，博采众长。"以校为本"的大学英语课程教学大纲可以吸纳各种外语/二语课程大纲的优势，以学生实际语言水平为出发点，由易到难、由简到难、由近及远、由浅及深地组织所教内容。在学科的体系中，"以校为本"的大学英语阅读课程大纲设计方法使得课程开发者可以从自身实际出发，选择教授学科知识的顺序和范围。同时，按照社会需求和主观需求扩展横向范畴，认真选择适量的、对学生有意义的英语学科知识。

在我国，非英语专业本科学生的英语阅读能力通常是指能够阅读语言难度中等的一般性题材的文章，掌握中心大意以及说明中心大意的事实和细节，并能进行一定的分析、推理和判断，领会作者的观点和态度，阅读速度达到每分钟70个词。在阅读课教学大纲的设计中，对阅读能力和阅读技巧的提高方面，可以根据学生实际语言水平侧重于任务型大纲组织所教内容。学生在阅读过程中，通过对目标任务、交际任务的完成，使得阅读活动的目的性加强，以讲述阅读技巧为主，重在培养学生对于不同题材文章的精读和泛读能力。对于教师而言，专项的阅读训练可以使教学活动更加灵活、更具有针对性；对于学生而言，直接加强阅读技巧和提高阅读水平的学习资料可以帮助他们快速获取信息，进而提高学习效率。在阅读课的词汇和语法教学方面，可以根据学生实际语言水平将形式型大纲和功能型大纲结合。在形式型大纲方面，要求学生掌握一定数量的单词以及由这些词构成的常用词组，并具有按照基本构成、词法识别生词的能力，巩固和加强基本语法知识。在功能型大纲方面，要让学生在语篇、意义、使用的层面上掌握词汇和语法的使用方法。在阅读材料的选择方面，可以借鉴文化大纲。文字不但是语言的载体，而且更重要的是文化的载体。在阅读材料中，选择具有较强时效性、知识性、赏析性、趣味性的代表文章，以快速提高非英语专业本科生的英语阅读水平，是阅读理解成功的关键。阅读材料的话题以文化为基础进行选取，可以使学生在进行专项阅读技能的训练中，熟悉英语国家概况、风土人情，对英美国家人士的思维方式有所了解，提高自身综合文化素质和修养。

第二，以学生为中心，分级教学，拓展课程。"以校为本"的"大学英语阅读"课程大纲，要求从本校学生的整体水平入手，进行分层教学，满足差异化教学的需要。而其中所体现的以"学生为中心"的思想正是 Nunan（1988a）在二语/外语课程设置研究中提出的核心观点。结合学生实际水平进行教学目的，使教学资源的使用效率尽可能达到最大化。非英语专业本科生生源地英语中学教学水平差异巨大，英语入学水平参差不齐，英语学习能力和方法也存在巨大差异，这些特点是非英语专业本科阅读教学所面临的巨大问题。"以校为本"的"大学英语阅读"课程教学大纲可以对本校学生按其英语的实际水平进行分级教学，这样既可以做到因材施教，也可以使教师更高效、便利地对学习水平相近的学生组织教学，有的放矢地采用适合学生英语实际水平的教学方法和手段，弥补一个教师难以面向有差异的众多学生教学的不足，从而真正实现使每个学生都得到发展的目标。

笔者曾对我国东南某高校大学英语阅读教学进行过调研，调研中发现该校的大学英语阅读课程的分级教学颇有特色，充分体现了以学生实际语言水平为出发点，由易到难、由简到难、由近及远、由浅及深地组织所教内容的"以校为本"的大学英语课程教学大纲思想。新生在入学时和老生在每学期开始时进行英语分级考试，学生按分数高低分为 A 级、B 级和 C 级。A 级，每学年，36 学时，一个学期完成，其中 18 学时为写作和专业阅读，18 学时为外教口语；B 级，72 学时，两个学期完成，上学期以网络学习为主，有精读、写作和听力，下学期与快班内容一致；C 级，144 学时，两学期完成，每周 4 课时，以面授式阅读为主。这种根据差异的教学安排，可以使大学英语阅读摆脱传统阅读课模式的束缚，以学生英语水平和阶段性进步为入手点，呈现出大学英语教学的针对性、实用性、多样性。同时，学生学习英语的动力和兴趣能够得到大大加强。

除了分级教学以外，"以校为本"的大学英语阅读课程大纲的设计，还可以根据本校特色，从本校专业建设出发，结合学生需求，在阅读课的框架下拓宽课程范围。如"科技英语阅读""商贸英语阅读""传媒英语阅读""人类学英语阅读""计算机英语阅读""教育学英语阅读"等。另外，还可以增加本专业英语原著的阅读以加强其学术修养。对比以往的大学英语阅读课程，通常分为精读和泛读，所选择材料多为综合类话题，"以校为本"的阅读材料可以以学生所学专业为依托，使英语真正成为提高学生专业学习的桥梁和拓展国际视野的工具。

第三，社会中心论认为，课程应该与社会紧密地结合起来。也就是说，学生学习的目的是了解社会，参与社会，进而改造社会。岑建君认为，英语教学"不仅仅是一个简单的教学问题，而且已直接影响到我国科技、经济的发展，影响到我国改革开放质量的提高"（1998：4）。杨惠中（2003）指出，我国的大学英语四、六级考试常常被误用，使得一线教师不得不在课堂上搞应试教学、题海战术，而没有把宝贵的课堂教学时间用在提高学生的实际英语能力上。这导致我国大学英语教学呈现低效性。潘文国呼吁："停止强制全民英语教育对国民教育经费的巨大浪费，停止不重时效的英语教学对青年学子青春和财力的空耗。"（2008：89）蔡基刚（2017）总结和反思了中国大学英语教学40年的失败与教训。这些评论、呼吁和反思客观反映出了我国大学英语教学在过去40多年来"一纲为领，一试为定"所造成的忽视社会需求、忽视英语应用能力的培养、忽视学生全面发展的弊端。

从外语在社会中的作用层面来看，英语学习的需求是社会性的。以"以校为本"为中心的大学英语阅读课程能够以学生所学专业与所在学校、省市、地区的社会需求结合在一起，满足不同岗位对所需人才在外语能力方面的需求。"以校为本"阅读课程要将片面强调提高学生语言知识的传统阅读教学模式转向提高学生综合阅读能力的新型阅读教学模式，以提高语言课程的实用性和适用性，提高学生通过语言解决实际问题的能力。

三、需要克服的问题

任何一种课程教学大纲的开发和设计方法，总是存在着自身的优点和不足之处。"以校为本"方法能够结合各种二语/外语课程大纲设计方法的优点，更好地以学科为中心、以学生为中心、以社会需求为中心。但也存在一些问题：

第一，课程大纲的编制存在着盲目性和任意性的可能。"以校为本"课程大纲编制权力下放后，加之我国幅员辽阔，各地区教学水平、教学资源的差异巨大，大纲编制的盲目性和任意性成为可能。盲目的、任意的课程编制必然扩大学校与学校间课程的差异，加剧学校和学校之间教育质量的不平衡。因此，在"以校为本"大学英语阅读教学大纲设计时，应以《大学英语课程教学要求》为参考，以学生英语学习需求分析为出发点，以外语学科教学的特点为基础，制定出符合学校实际的、科学的、系统的教学大纲。同时也应该加强校际、省际的交流和合作，对学校的相关行政管理人员和骨干教师要加强语言课程大纲设置方向的培训和进修。只有了解和把握国际和国内外语教学，尤其是英语作为第二外语的教学的学科发展、理论和实践研究，才能制定出高效的、合理的教学大纲。

第二，评估机制可能缺乏科学性和公平性。评估是语言教学的重要环节，是检验学生学习效果与教师教学有效性的重要手段（Bachman，1990），同时也为课程大纲的不断修订和完善提供依据。"以校为本"大学英语阅读课程大纲是以校为单位的课程安排和计划，因此在评估方法、评估手段的选取方面，就可能缺乏科学性和公平性。

语言测试不仅是一门科学，而且是一门艺术。要真正地检测出学生的真实语言水平并非易事。目前，我国大学英语阅读课程的测试模式大多以四、六级考试题型为参照模板，以快速阅读、深度阅读、传统阅读、完形填空、短句翻译为主。在学生学习成绩的评定方法上，通常采用一张试卷定成绩的手段。这样的评估模式往往带来应试教学的不良后果，不利于培养和维持学生学习语言的兴趣和动力。同时，在测试材料的选取过程中，选材难度与学生水平不一致，材料测试任务与测试目的不一致，材料内容重复或雷同等问题，都可能导致测试结果缺乏信度和效度。

第三，"校本大纲"对英语教师专业素质和职业发展提出了新挑战。作为语言教学活动的组织者和实施者，"以校为本"的大学英语阅读课程大纲要求教师扮演三重角色：课程编制者、课程实施者和课程评价者。积极参与开发和完善课程体系，对传统教师只需熟悉课堂教学的具体技能和技巧的观念提出了挑战。真正使用"以校为本"的方法来设计阅读课大纲，就要求教师不仅要接受课堂技能的训练，还要开展应用语言学、语言测试和评估、课程论、科研方法等理论的学习，并从理论的高度来认识和把握阅读作为一种语言技能的课堂实践活动。同时，教师还应该反思教学，观察课堂行为，评估教学效果。

目前，我国大学英语教师整体呈现出年轻化、教学水平和教学经验不足的特点，这无疑是"以校为本"英语课程开发的一大阻碍。因此，高校应该加强大学英语教师职业生涯规划与专业素质发展，针对大学英语教师的学科特点，提供包括进修和培训在内的多种渠道，提高大学英语教师职业发展的机会，并且大力鼓励和引导大学英语教师进行自我职业生涯规划，寻找和摸索适合自己的专业素质提升与发展模式，使其成为"以校为本"课程开发和建设的主力军和中坚力量。

结　语

任何一种课程大纲的开发和设计方法不可能是一蹴而就的，必须在发挥优势和克服弊端的前提下，不断地修订和完善。本文提出用"以校为本"的方法来设计大学英语阅读课教学大纲是基于笔者的教学实践的，这与其说是一种选择，不如说是对目前中国高校英语教学状况做出的一种反应，因为二语/外语教学本身就是一个复杂的过程，需要外语教学研究者不断地实践，使其最大限度地满足现实的需要。

参考文献：

［1］Bachman L. F. Fundamental Considerations in Language Testing［M］. Oxford：Oxford University Press，1990.

［2］Breen M. Syllabus design［A］// Carter R. & D. Nunan. The Cambridge Guide to Teaching English to Speakers of Other Languages［C］. Cambridge：Cambridge University Press，2001.

［3］Nunan D. The Learner-Centred Curriculum［M］. Cambridge：Cambridge University Press，1988a.

［4］Nunan D. Syllabus Design［M］. Oxford：Oxford University Press，1988b.

［5］Stern H. Issues and Options in Language Teaching［M］. Oxford：Oxford University Press，1992.

［6］蔡基刚. 大学英语教学：回顾、反思和研究［M］. 上海：复旦大学出版社，2006.

［7］蔡基刚. 转型时期的我国大学英语教学特征和对策研究［J］. 外语教学与研究，2007（1）.

［8］蔡基刚. 中国高校英语教育40年反思：失败与教训［J］. 东北师大学报：哲学社会科学版，2017（5）.

［9］岑建君. 大学英语教学改革应着眼于未来［J］. 外语界，1998（4）.

［10］贾国栋.《大学英语教学指南》中的教学方法、手段与资源［J］. 外语界，2016（3）.

［11］刘润清. 论大学英语教学［M］. 北京：外语教学与研究出版社，1999.

[12] 潘文国. 危机下的中文 [M]. 沈阳：辽宁人民出版社，2008.

[13] 王斌华. 校本课程论 [M]. 上海：上海教育出版社，2000.

[14] 杨惠中. 大学英语四、六级考试十五年回顾 [J]. 外国语，2003（3）.

[15] 张尧学. 加强实用性英语教学，提高大学生英语综合能力 [J]. 中国高等教育，2002（8）.

[16] 谢邦秀. 中国大学英语教学大纲介评 [J]. 北方论丛，2001（5）.

[17] 余渭深. 大学英语应用能力的再认识：教学大纲变化视角 [J]. 外语界，2016（3）.

王文俊，女，博士，云南大学外国语学院副教授。研究方向：英语语言文学及国别研究。

研究生英语教育国际借鉴

董丹萍

（云南大学外国语学院研究生公共外语教研室）

摘　要：本文摆脱了研究生英语教学的具体课程设置和教学实践视角，而从英语教育的角度来探讨研究生公共英语教育。首先，将研究生英语教育放到了全球英语教育的背景下，和 EAP、TESOL、EAL、EMI 等英语教育相关联。其次，研讨了英语和学术国际化与高等教育国际化的关系，探讨了英语在科研界的通用语地位以及非英语国家的母语策略。接着，梳理了研究生公共英语教育的历史定位和沿革，对研究生公共英语教育的学科定位和教师科研等做出了讨论，提出了未来发展的策略。一句话，研究生英语教育必须摆脱学术隔绝和虚无状态，寻求与世界各地英语教育的联系和沟通，努力建立自己的学科地位，才能理性稳固发展。

关键词：研究生英语教育；国际英语教育实践；国际科研通用语；定位和变革

引　言

研究生英语教育多年来呈现出与时俱进的特征。1992 年所发布的教学大纲强调研究生英语教育的目的是培养学生熟练的阅读能力、一定的写译能力，以便学生能以英语为工具进行本专业的学习和研究。2004 年教育部发布了《硕士、博士学位研究生英语教学大纲》，指出研究生英语教学的宗旨是："使学生掌握英语这门工具，进行本专业的学习研究与国际交流。"2010 年《国家中长期教育改革和发展规划纲要（2010—2020 年）》提出：要全面提高高等教育质量；提高人才培养质量；提升科学研究水平；要提高教育国际化水平，把培养大批具有国际视野、通晓国际规则、能够参与国际事务和国际竞争的国际化人才作为教育的根本目标。国际化呼声和水平不断高涨，继2004年的研究生英语教学大纲之后，研究生英语教学再次出现了发展的契机。

一、文献回顾

（一）国内学术研究

在知网上搜索，有关教育国际化的核心期刊发文量高达380篇，有关学术国际化的核心期刊发文87篇，有关研究生英语教学的核心期刊发文16篇。近5年的核心期刊发文趋势，无论是教育国际化还是学术国际化、研究生英语教学改革，都是在2014年达到顶峰，2015、2016年趋于沉寂，几乎一篇未发，而又都是在2017年有所回升。教育国际化、学术国际化与研究生英语教学改革之间似乎存在正相关的关系。国际化和研究生英语教学休戚相关。在国际化的大环境催化之下，研究生英语教育的学术研究和教学实践也在自觉积极配合，作出改变。

纵观有关研究生英语教学改革的核心期刊文章，虽然文章有11篇之多，但所有的文章之间处于相互隔离状态，没有形成讨论，几乎可以说是自说自话。首先，这可能与高校自主招生、英语学位考试自主进行有关，但从学术交流的角度讲，这是一大遗憾。其次，这些文章几乎都是依据单个或少数几个大学的实践经验为基础，分别对分级教学、专门用途英语的教学策略、批判性思维培训、学术英语教学能力培养、培养模式、课程设置等进行了思考，往往是"以……大学为例""基于……所高校""提出……大学研究生英语课程设置体系构想""……大学启动了ESP教学改革"等，从实践到实践，缺乏理论上的高屋建瓴和宏观指导，导致一盘散沙，各自为政，势微力弱。最后，为改而改，对于研究生英语课程本身的改革虽然基于实践需求，却缺乏强烈动机、明确目标和衡量标准。

虽然如此，但是总体倾向还是很明显的。首先，学术化倾向，CBI（Content-based Instruction）理念和ESP（English for special purpose）模式都得到了一致推崇。其次，国际化倾向，强化学生的国际学术交流能力。这体现了一定的追随时代潮流的特征，也符合国家对高等教育国际化、学术国际化的需求。

杨亚丽（2014：86 - 89）提出，中国国际地位提高很快，科技和教育活动日益国际化，同时研究生英语课程设置长期沿用的却是1992年的教学大纲，已经落后于时代。这已经形成了一个矛盾。很多研究生听不懂英语学术报告，无法用英语写出论文题目和摘要，不能在国际期刊上发表论文。她考察了日本和香港等地大学的学术英语课程设置的情况，提出研究生英语课程应包括基础英语模块（Basic English Module）、通用学术英语模块（GEAP Module，the Module of General English for Academic Purpose）和专门学术英语模块（SEAP Module, the Module of Special English for Academic Purpose）三个部分。设立研究生英语基础课程的免修制度，取得免修资格的研究生可以免修基础课程，直接开始通用学术英语课程的学习。而通用学术英语模块则包括各种专业的学术英语学习，涉及阅读学科主题文章、听学术报告、练习学术口语、做学科相关的调研、写学科论文等。而专门学术英语模块则涉及商务英语、科技英语、国际会议交流英语、英语论文写作与国际发表等。同时，由于课时有限，在课外为学生提供丰富多样的第二课堂英语学习机会，包括英语演讲、翻译比赛、写作比赛、喜剧表演、英语角、辩论赛、电影赏析等。杨亚丽的研究具有典型的从实践到实践的特征，具体到课程的设置，甚至课外活动的设想等，但是缺乏宏观面上的深度思考，可能会在具体的课程组织中对其他高校有所启发，但是也止步于此。一句话说，整体而言处于孤立状态。

（二）国外相关研究的学术史梳理

非英语母语者学习英语，或者说英语作为二语或外语的教学有着诸多名称，比如 ESL（English as a second language）、EFL（English as a foreign language）、EAL（English as an additional language）、ESOL（English for speakers of other languages）。如果说所有这些名称有一个总的概念的话，则可以说是 TESOL（Teaching English to speakers of other languages），除了英国（在英国，使用的是 ELT - English langnaye teaching），这个概念在美国、加拿大、澳大利亚和新西兰普遍使用。

TESOL 早已形成了全世界范围的教学产业。TESOL 存在不同的语言教学环境（contexts），简而言之，可以用 Kachru（1985）最初划定的 ENL、ESL 和 EFL 语言圈来简要分类，而不同的语言教学环境对英语教学本身有着不同的影响。TESOL 也存在两类教师：NESTs（以英语为母语的 TESOL 教师）和

NNESTs（英语为非母语的 TESOL 教师）。而为 EAL 研究生提供英语，尤其是学术英语支持，已得到了诸多研究关注。

Jou（2017：13-25）研究了 EAL（English as an additional language）研究生所获得的以教材为形式的学术写作支持、研究生对 AWG（academic writing for graduate students）教材的感觉以及教师的反馈。Ma（2017）指出，EAL 研究生需要制度性语言支持服务（institutional language support service），同时，个别辅导对于博士生进行学术写作而言也非常重要。Smith（2015）对 EAL 研究生的学术英语支持机制非常感兴趣，提出了一种嵌入式学科英语学分课程，并作为大学附属课程策略来加以讨论。Smith（2018）聚焦于 ALL（学术语言和培训）、EAL（英语作为一种附加语言），指出有六种机制可以测评教学结果。

Glatz（2015）报道过奥地利维也纳经济大学是欧洲一流大学，为维持自己国际一流大学的地位、吸引更多国际学生，该大学在硕士课程中推行全英文教学（EMI）。Ozdemir（2014）曾做过一个有关英语作为国际学术通用语在英美留学的土耳其研究生之间的使用情况和自我感知的调查。该调查采用了采访的形式，提出未来一代科学家往往是学术研究所忽视的话题，而来自所谓边缘国家（peripheral countries）、在英美留学的研究生在英语的使用、英语期刊发表论文等方面自我感觉处于劣势，由此指出土耳其本国的英语教学应该有所改进。Storch（2009）在澳大利亚进行了一项针对留学生的学术英语学分课程对留学生学术写作的影响的调查，发现学术英语课程能提高研究生论文写作的准确度、整体结构和学术词汇的使用。Shi et al.（2017）采用采访和聚焦小组（四个来自中国的研究生，一个来自埃及的研究生）的定质研究办法，研究非英语母语研究生在美国研究生课程中的学习体验，提出保护式教学模式非常有效。Zubaidi（2012）调查了马来西亚理工大学国际部阿拉伯学生的英语学术写作问题。值得注意的是，作者提出马来西亚试图成为东南亚地区具有竞争性的国际高等教育中心。Ali（2015）指出学生的价值取向（higher-level goal, orientations）对英语学习的动机会有影响。采用因子分析方法，在巴基斯坦西北部一所大学 500 名研究生中调查他们学习英语的价值取向，辨析出 11 种因子，比如教育—威望，非职业的被动接收型目标，到国外进一步进修、工作等，最后确认了另外一种因子：国家利益，二语本土融入取向（L2 Indigenous Integration）。Akbari（2016）研究的是伊朗医学院护理专业硕士研究生对于 EFL 的看法，认为读、写、译强调得最多，但是听说很少，需要提高。Wu（2017）通过问卷和写作测试的方式，研究了不同语言环境对于非英语专业研究生的英语写作水平的影响，发现英语写作环境对于研究生而言有着统计学意义上的提高作用。Mahmoudi（2012）研究了马来西亚一所大学的伊朗研究生对于电脑辅助英语语言学习的态度和效果，结果发现他们的态度非常积极，效果也很好。

综上所述，英语的定位不再是融入英语内圈（inner circle）国家和文化的工具，而已变成了国际学术通用语（a shared language for research and communication）。同时，研究生英语教育的国际化、学术化已成趋势。从欧美、澳大利亚到亚洲，无论是在本国，还是在留学所在国，很多国家的学者都在关注研究生的英语学习情况；而留学目的地也不再只是 ENL 国家，比如美、英等国家，而是遍布全球，包括 EFL 和 ESL 国家，比如欧洲和亚洲的许多致力于建立地区性国际高等教育中心的国家。当然，研究生英语教育的研究往往镶嵌于国际学术交流和国际高等教育的环境中，其研究着眼处往往放在国际化和学术化的背景下进行。

（三）研究内容和方法

本文研究的内容如下：其一，英语作为国际学术通用语，在多大程度上是真实的。其二，如果在极大程度上是真实的，那么其形成的历史很值得研究。其三，本文关注的问题是英语作为国际学术通用语，是否意味着 ENL 国家，尤其是美国，具有全球最高的学术权威？而这是否意味着在国际学术界各个国家和地区分成了学术层面的三六九等？那么，在学术领域方面，是否也意味着一种极力融入学术权威圈的努力？其四，各国研究生作为下一代研究者，能不能直接定位为 EAL 博士生或硕士生？如果这样定位，对我国研究生公共英语教学意味着什么？其中具不具备一定的危险性？其五，研究生公共英语教学传统上的历史定位是怎样的？在学术国际化背景下，是否可以从全球 TESOL 的教学中取得一定的经验和教训？

本文将从学术国际化的角度出发，考察全世界各地的学术通用语，给出具体的数据，在这个基础之上将全世界高校学术研究分为三个部分：一个是占主导地位、处于国际学术主流的语言、国家和高校，一个是在发展中的、力图在国际学术界占一席之地、扩大影响力的语言、国家和高校，还有一个是在国际学术界默默无闻的语言、国家和高校。通过对这三个部分的描述和概括，绘制出国际学术版图，就好似暗夜中的亮灯一样，有些是特别亮的区域，影响着全球；有些区域则亮度逐渐增加，力图扩大影响力；而有些区域则暗夜沉沉。这些都将通过数据来呈现。

不同区域的研究生公共外语教育的方法无疑是不一样的,这点毫无疑问。如在亮度最大的学术区域中,学术语言本身就是其母语,但是参与者又有众多来自不同语言背景的 EAL 学者和研究生。因此,语言学习的定位肯定是不同的。而中国,则无疑处在亮度逐渐增加的区域。在这个区域中,除了中国,还有其他国家。根据以上国际学术版图的指示,中国和其他同区域国家的研究生公共英语(外语)教育的定位、思路、战略、方法、课程设置等将进行比较研究,以模仿、借鉴、提高的思路,来观照中国的研究生公共外语教育的整体思路和方针,并在此基础之上,形成对中国研究生公共外语教育的启发。

二、英语的国际地位讨论

(一)作为国际学术通用语的英语(English as a Lingua Franca in Academic Settings)

英语是一种国际语言,在 75 个国家都属于官方语言。90% 以上的 SCI、EI 和 ISTP 期刊是以英语出版的,5 000 多种 SCI 期刊中,95% 以上是以英语出版的。英语是科学界最常用的沟通语言,这一表述在科学界出现得非常频繁。作为科学家,要获取国际读者、国际认可,就必须用英语来发表论文,已经成为很多人的共识。

英语变成了国际科学界的通用语,其历程在历史学家 Michael D. Gordin 的著作 *Scientific Babel: How Science was Done Before and After Global English* 中有具体的记载。中世纪后期到 17 世纪中期,西欧科学界的通用语是拉丁语。在 1900 年,科学界占主导地位的语言是德语。当时的情况是德语、法语和英语三分天下。第一次世界大战之后,法英两国的科学家开始抵制德国和奥地利的科学家,拒绝他们在西欧期刊上发表论文,或者参加西欧的学术会议。当时,国际学术组织也开始组织起来。例如,国际纯粹和应用化学联合会所使用的工作语言是英语和法语,而德语则被排除在外。1917 年,美国参加第一次世界大战之后,美国国内出现了排斥德国的狂潮,在 23 个州内法律禁止讲德语,或者教 10 岁以下的孩子们讲德语。虽然 1923 年美国最高法庭推翻了这些法律,但是美国的外语教育就此消沉。到了 20 世纪 20 年代,美国开始实行孤立主义,那一代的科学家外语水平非常有限,但同时美国的科学界也开始主宰全世界,最终形成了第二次世界大战之后以美国为中心、以英语为主导的科学界。

美国对全世界科学界的主导地位,可以从诺贝尔奖生理学或医学奖的颁发历史中找到部分证据。1901—1930年期间,除了1923年加拿大人发现了胰岛素获奖之外,其他年份都是欧洲人获奖,在欧洲分布均匀。但是从1931年开始,美国开始成为全世界科研的中心。1931—1960年期间,总共有25个美国人获得诺贝尔生理学或医学奖,占所有获奖人数(4人)的51%。1961—1990年期间,43个美国人获奖,占所有获奖人数(74人)的58%。1991—2017年期间,总共31个美国人获奖,占所有获奖人数(63人)的49%。

1901—1930年期间,获得诺贝尔物理学奖的美国人有3人,占同期所有获奖人数(36人)的8%。1931—1960年期间,获奖美国人有18人,占同期所有获奖人数(38人)的47%。1961—1990年期间,获奖美国人有34人,占同期所有获奖人数(65人)的52%。1991—2017年期间,获奖美国人有37人,占同期所有获奖人数(67人)的55%。

1901—1930年期间,获得诺贝尔化学奖的美国人有1人,占同期所有获奖人数(28人)的3.57%。但是到了1931—1960年期间,获奖的美国人有11人,占同期所有获奖人数(36人)的30.55%。1961—1990年期间,获奖的美国人有22人,占同期所有获奖人数(51人)的43%。1991—2017年期间,获奖的美国人有33人,占同期所有获奖人数(66人)的50%。

以美国主导、英语一统天下的国际科学界,意味着掌握英语,或者至少一定程度上会使用英语,才能对世界产生影响力。科学英语(scientific English)成为国际学者(包括英语为母语和非母语的学者)沟通和传播知识的工具。

(二)"丢失"的英语圈之外的科研

英语圈之外的科研容易被忽视。Rogerio Meneghini 和 Abel L. Packer 在 *Is There Science beyond English* 一文中指出,早在20世纪30年代,德国就有科学家发现了吸烟和肺癌之间的联系,并且以德语发表了其成果,可惜没有引起任何重视。直到20世纪60年代,美国和英国的科学家发现了吸烟和肺癌之间的联系,才引发了医疗政策的变革,开始号召人们不再吸烟。这个案例的发生可能有很多原因,但是其中一个很重要的原因就是不是以英语发表的成果,影响因子(impact factor)较低。

如果说国际科学圈有什么三六九等,有权威方面的差距,那么就是其影响力了。以英语发表,面对的将是全球读者群,尤其是以科研而著称世界的美英科研界。这就是为什么诸多国家开始尽力用英文发表论文的原因。例如，中国和 Springer 签订了协议，从中国 1 700 多种大学期刊中选择最优秀的论文翻译成英文来发表。中国语言学研究界出现了英语期刊 *Chinese Journal of Applied Linguistics*，许多学者的专著以英文在国际出版社发表和出版。最起码的，几乎所有中文出版的论文都有英语摘要。日本提供了一个日本科技信息索引，500多种日文科技期刊都提供有英语译文。匈牙利、韩国、捷克共和国等的 *Thomas Scientific* 索引期刊几乎都是用英文出版。这种策略的采取是为了解决"丢失的科学"的问题，防止本国科技被忽视和湮没。

要看到的是，英语在科学界的主宰地位并非是千万年不变的。历史上，西欧的科学界曾经是拉丁语的天下。但是，某种语言的地位其实和本国的科学人文方面的成就息息相关。拉丁语的衰落，是在伽利略用意大利语写作、莎士比亚用英语写作、马丁·路德用德语写作后开始的。英语不是科研权威的代名词，只是发表重大科研著作、取得重大科研成果的科学家使用的都是英语而已。

（三）非英语母语研究者和非英语国家的母语策略

虽然英语是国际科学界的通用语，但是绝大多数科学家，包括欧洲、亚洲、拉美和非洲的科学家，其母语却并非英语。英语造成了一个极大的障碍。这就是目前 EAP、TESOL 等英语语言教学遍布全球的原因。学习英语或者使用英语，极力融入英语科研圈，这是一个策略，很多美籍华裔荣获诺贝尔奖就是实例。

从国家的角度来讲，要提高自己国家的学术地位和权威，除了出版英语期刊和专著等方法之外，母语策略是一个必须要考虑的重大课题。一方面，母语必须能吸收最新的科学发展，提高整体国民的科研素质；而另一方面，通过科研来提高母语的影响力也是一个很好的策略。法国人将自己的法语科研期刊免费提供给讲法语的发展中国家来提高法语的影响力。而提高本国科研质量，取得重大科研成果，才是母语的最终出路，虽然在目前，科研者用科研通用语，即英语沟通的能力，是一个国家科研水平的重要体现。

三、研究生公共英语教学的定位思考

（一）以选修课为形式的英语通识教育的昙花一现

研究生公共英语教学，直接翻译成英语 common English courses for non-English-major postgraduate students。这个术语本身暗示了其定位：大学的通识课

程，为所有学生所开设的有关共同内容的课程，类似于大学汉语课程，关注基本的英语沟通技能：听、说、读、写、译，所选《研究生英语阅读教程》多是关于心灵鸡汤、励志演讲、杂文小品、一般人文社科等，而《研究生英语听说教程》则关注生活沟通、一般人文社科等资讯，从最基础的个人自我介绍开始，强调听说并重，着眼于最基本的听说沟通技能。

有关公共英语通识教育的内涵，其一，开设各门选修课程，从文学、影视到技能类课程，包括翻译、写作等。其二，其实是从模式向内容的转向，从听、说、读、写、译的技能学习转向到内容的教学，所谓内容依托教学（content-based instruction）。中国少数学者有相关的论述，如陈坚林、顾世民（2011：3-8），李佳、黄建滨（2010：117-118），王哲、李军军（2010：3-8）等。

与其他通识教育课程不同的是，公共英语教学，特别是研究生公共英语教学的功利性非常强。它虽然是研究生必修的公共课程，但是其设置旨趣迥异于通识教育对抗知识的科学性、技术性和非人性，培养学生和谐的人格、全面的能力和公民意识等特点。作为一门必修外语课程，对全体中国学生特别是研究生所提出的语言要求，使得其本身在大学教育中有着比较微妙的地位。具体而言，学习中存在难度，语言中存在异域价值，在非英语专业和大众心理存在抵制。这就是为什么2010年前后部分大学推出了研究生公共英语的通识教育，开设多门选修课，但是最终取消的原因。最终，在功利性和工具性的驱使下，在各种压力的迫使下，被压缩到最低程度，艰难求存。

（二）学术英语转向

目前推动的研究生公共英语教学改革（如本文提到的杨亚丽等学者的相关研究），是服务于国家战略，开始着眼于学术交流，所选教材开始向学术转向，为学术研究服务，为国际学术交流助力。总体而言，是向国际EAL（English as an additional language）研究生英语教学和EAP（English for Academic Purpose）学术英语教学甚至是EMI，以英语为教学语言的课程教学靠拢，不是语法教学，而是基于各种语言学理论而设计的旨在让学生能够获得一系列综合知识和技能，从而作为学生和研究者参与全球（包括ENL和ESL国家）高等教育，进行学术沟通，属于大学为学生所提供的支持服务（university support service）。而学术转向的研究生公共英语教学本身，也是在学术地位、参与全球学术和高等教育的功利性和工具性的驱使下出现的。

四、研究生公共英语教育的相关讨论

（一）研究生公共英语教育的学科和科研弱势

研究生公共英语教学面对全校所有研究生开设课程，工作量很大，而提高高等教育质量、引入学生评教机制等，明显有了更为功利化的特征，教师所提供的教学"服务"和科研"产品"等明显向消费社会和客户服务性质靠拢。这就对研究生公共英语教师提出了很高的要求，需要他们花费相当多的精力和时间来进行教学，同时尽力提高科研发表的期刊水准。

值得注意的是，对于研究生公共英语教师而言，研究生公共英语教学似乎始终停留在教学实践上，没有进行理论上的思考，缺乏相应的理论框架，没有科研引导，构不成一个学科。对于这些教师而言，他们各自有着自己的语言、文学、文化和翻译等研究兴趣领域，完全和研究生公共英语教学的实践相脱离。由于英语教学的功利化和工具化，内容虚无，甚至有相当大比例的教师开始向其他专业靠拢，比如国际关系专业、文艺学专业和民族学、社会学专业等学习，以求得学位的提升，提高自己在高校内的学术地位。但是，研究生公共英语教学本身作为一个学科和科研领域，似乎仍然是一个空白。这是一个很大的悲剧，也是必须改变的一个现实。如果任由这种状况发展下去，研究生公共英语教师将继续处于学术虚无状态，而在学术界和高校的地位将仍然边缘化。

（二）研究生公共英语教育的未来发展

研究生公共英语教育如果要实现稳固理性发展，必须从学术虚无和隔绝状态下走出来，与世界各地的相关英语教育研究相联系和沟通。语言教学具有工具性和功利化特征。事实上，英语语言教师工作量大，缺乏科研时间，缺乏学科定位和内涵，并不是国内研究生公共英语教学所特有的，在国外也存在，EAP教师甚至被学者侮蔑为"校园内的无业游民、流浪汉（campus hobos）"（Hadley，2018：84-86）。而这一点是可以解决的。全世界各地的英语教师联系起来，形成一个社区，进行相关的研究，就可以形成自己的学科和科研地位。

而做到这一点，要结束学术流浪和无家可归的状态，研究生公共英语教师的实践和理论研究必须保持某种程度的一致化，结束实践和理论的割裂状态，结束研究生公共英语教学本身的学术虚无性，认可研究生公共英语教学在学术领域的真实存在，认可在中国高校内"被提供"公共英语课程的研究生的真实存在，寻求学生的合作，在教学的同时，从战略和战术的角度上认真思考研究生公共英语教学的课程设置和教学方法与科学研究，这样，才能获得发展。

结 论

本文将研究生英语教学研究放到全球化英语教育的背景下进行探讨，指出了研究生教育国际化和学术化的时代要求，探讨了英语在其中的重要地位，梳理了我国研究生公共英语教育的定位和沿革，推出了未来发展的策略，认为从事研究生英语教育的教师必须从事相关的学术研究，努力建立其学科地位，才有可能实现长远发展，真正服务国家战略。

因篇幅有限，本文中所提到的问题并没有得到全部探讨和解答。本文仅提供一个研究生英语教育的起点，抛砖引玉，希望未来和各位同仁在这个话题上进一步研究和讨论。

参考文献：

［1］Akbari Z. The study of EFL students' perceptions of their problems, needsand concerns over learning English：The case of MA paramedical students［J］. Procedia – Social and Behavioral Sciences，2016（17）.

［2］Ali M. Pakistani postgraduate students' orientations for learning English as asecond language：A factor analytic study［J］. System，2015（3）.

［3］Glatz M. Exploring the roles of English：English as a lingua franca in Master's Programmes at WU Vienna University of Economics and Business［J］. Procedia-Social and Behavioral Sciences，2015（9）.

［4］Hadley G. The English for academic purposes practitioner：Operating on the edge of academia［J］. System，2018（3）.

［5］Jou Y. Hidden challenges of tasks in an EAP writing textbook：EAL graduate students' perceptions and textbook authors' responses［J］. Journal of English for Academic Purposes，2017（6）.

［6］Ma L. Academic writing support through individual consultations：EAL doctoral student experiences and evaluation［J］. Journal of Second Language Writing，2017（4）.

［7］Mahmoudi E. et al. Attitude and students' performance in computer assisted

English language learning (CAELL) for learning vocabulary [J]. Procedia – Social and Behavioral Sciences, 2012 (35).

[8] Meneghini R. et al, Is there science beyond English [J], Viewpoint, 2007 (2).

[9] Ozdemir N. Therole of English as a lingua franca in academia: The case of Turkish postgraduate students in an Anglophone-centre context [J]. Procedia – Social & Behavioral Sciences, 2014 (43).

[10] Shi H. et al. Non-native English speakers' experiences with academic course access in a U.S. university setting [J]. Journal of English for Academic Purposes, 2017 (4).

[11] Smith B. et al. Language specialists' views on academic language andlearning support mechanisms for EAL postgraduate coursework students: The case for adjunct tutorials [J]. Journal of English for Academic Purposes, 2015 (4).

[12] English language enhancement courses [J]. Journal of English for Academic Purposes, 2018 (1).

[13] Storch N. The impact of an EAP course on postgraduate writing [J]. Journal of English for Academic Purposes, 2009 (3).

[14] Wu H. et al. Effects of different language environments on Chinese graduate students' perceptions of English writing and their writing performance [J]. System, 2017 (2).

[15] Zubaidi K. The academic writing of Arab postgraduate students: discussing the main language issues [J]. Procedia-Social and Behavioral Sciences, 2012 (35).

[16] 王哲, 李军军. 大学外语通识教育改革探索 [J]. 外语电化教学, 2010 (5).

[17] 李佳, 黄建滨. 通识教育视野下的研究生公共英语课程设置 [J]. 内蒙古农业大学学报: 社会科学版, 2010 (1).

[18] 李丰. 日本学术国际化中的语言使用问题 [J]. 云南师范大学学报: 哲学社会科学版, 2017 (6).

[19] 陈坚林, 顾世民. 试论大学英语课程在通识教育中的地位和作用 [J]. 外语电化教学, 2011 (1).

[20] 谱实. 欧洲非英语发达国家学术领域母语使用的问题与对策 [J]. 云南师范大学学报: 哲学社会科学版, 2017 (6).

[21] 杨亚丽. 以学术英语为导向的研究生英语课程设置模式 [J]. 高等农业教育, 2014 (8).

[22] 刘凌燕. 非英语专业研究生专门用途英语教学模式研究 [J]. 学位与研究生教育, 2014 (8).

[23] 李雪, 王景惠. 多模态驱动的研究生英语学术语篇建构 [J]. 外语电化教学, 2015 (5).

[24] 陶全胜. 研究生英语课程分级教学改革的现状与思考——基于全国10所高校有关研究生英语教学管理规定的调查 [J]. 学位与研究生教育, 2014 (5).

[25] 彭金定, 张焰文. 英语课程与教学论研究生批判性思维能力培养的实践研究: 学科教学视角 [J]. 山东外语教学, 2014, 35 (4).

[26] 王朝辉, 齐伟, 韩艳, 王洪峰. 基于PBL教学的中医院校《研究生英语》课程设置的改革与实践 [J]. 长春中医药大学学报, 2014, 30 (2).

[27] 陈秋仙. 从研究生教育的发展看研究生英语教学改革 [J]. 中北大学学报: 社会科学版, 2005 (3).

[28] 潘孝泉. 以学科文化为依托的研究生英语教学改革新方向 [J]. 中国高教研究, 2011 (1).

董丹萍, 女, 硕士, 云南大学外国语学院讲师。研究方向: 英汉翻译、EFL。

论 FonF 理论及 TBLT 教学法应用于大学日语听力课的必要性及其可行性

李 岸

（云南大学外国语学院日语系）

摘 要：本文对在中国日语教育改革大背景下 FonF 理论以及 TBLT 教学法应用于大学日语听力课的必要性和可行性进行了理论论述，认为：一方面，从听力教学法的历史变迁及其问题点，以及日语专业新"国标"的要求上看，日语专业教育，特别是日语听力课程是有必要尝试 FonF 理论和 TBLT 教学法的；另一方面，从 FonF 理论及 TBLT 教学法的实践效果研究，以及 TBLT 的实现条件与开发步骤来看，该理论及教学法是可以应用到日语听力课程中的。

关键词：FonF 理论；TBLT 教学法；必要性；可行性

引 言

在中国，现在已经有超过95万的日语学习者，其中6成以上是大学日语专业的在校学生（国际交流基金，2016），而国家对于大学日语专业人才的培养目标，不论是旧"国标"还是新"国标"，首先都是要求培养学生全面运用日语的能力。所谓的全面运用日语的能力，就是包括听、说、读、写、译在内的所有技能都能全面发展。然而，据笔者的调查数据显示①，教师认为在学生的听、说、读、写四项技能中，能力从低到高排序依次为说、听、写、读，而且

---

① 笔者在2017年1~2月对大学日语教师进行了"关于听力课教学法的意识调查"，对回收的101份问卷分析后得出结论。具体参照李岸（2018）『中国の大学における日本語聴解指導に関する現状分析—日本語教師の意識調査を通して』，《日本语言文化研究》，第五辑（下），pp. 152–165。

有 80% 以上曾经或现在担任听力课程的教师认为，学生的听力能力与其所属的年级所应有的能力不符。这些都说明听力是学生日语应用能力中的短板，也是日语教学中需要进一步加强的一个侧面。

从 Long 提出 FonF（Focus on Form）理论以来，该理论就在二语习得（Sencond Language Acquisition，以下 SLA）的领域受到了广泛关注，在其指导下的任务中心教学法 TBLT（Task Based Language Teaching）也被认为在 SLA 方面有着积极的效果。对于在 SLA 环境下的理论和方法在 FLA（Foreign Language Acquisition）环境下是否适用，以及针对英语教学所提出的理论和方法在其他语种教学中是否适用的问题，其他语种先不论，就中英、英日来讲已有很多的先行研究进行过从理论到实践的全方位研究，虽不能说已经没有研究的必要，但其结果已经证明了这些理论和方法是可以通用和借鉴的。然而，FonF 和 TBLT 是针对语言的综合习得提出的，并非是针对提升某一个单一的技能，所以大多数的研究和实验都是以基础课或精读课作为载体，而很少研究将其用于某个专业技能课程所获得的效果。

根据以上的背景，本文将从听力教学法的变迁和问题点、FonF 和 TBLT 的优势以及新"国标"日语人才培养要求等方面，对 FonF 理论下的 TBLT 教学法在大学日语听力课上的应用可行性和必要性进行理论论述。

一、从听力教学法的变迁和问题点看其必要性

"教学相长"是一个众所周知的成语，也揭示出"教"和"学"是相辅相成、相互影响的。学习观决定了教学观，而教学观又反过来影响学习观。所以，教学法的变迁和学习观念的变化紧密相连。从第二次世界大战后 20 世纪 50 年代的行动主义学习观，到 20 世纪 60 年代以认知心理学为基础的认知主义学习观，再到 20 世纪 80 年代重视社会与文化的作用的结构主义学习观的出现，每一种学习观念指导下都会出现不同的教学方法和教学手段，而且这些方法和手段，经过实践的检验，有些退出了历史舞台，有些至今仍在被继续沿用。本文从 3 种学习观衍生出来的教学法中各选取 1 个作为代表，对其进行简单的探讨和分析。

（一）听说法（Audio-lingual method/AL 法）

听说法主要指在语言教学过程中侧重及强化"听"和"说"两项语言技能

的训练，以听说为主导，强调学习者对目标语言的口语交流和表达。该教学法于 20 世纪 40 年代在美国首先兴起，是以美国构造主义语言学和行动主义心理学为理论背景提出，并于 20 世纪 50 年代被付诸实践的（Brown，2000：13）。美国构造主义非常重视通过音声形成的语言构造，而行动主义心理学又认为所有的学习都能通过反复的记忆和刺激来得以强化。以此为基础的听说法就把重点放到了母语与外语结构的不同点上，在指导过程中让学习者反复听并跟读、背诵以求达到较高的外语听力水平。

这个教学法的长处在于可以比较系统地学习语法，学习者通过反复的跟读、背诵可以加深记忆，在使用句子时其正确性有所保障。但是，光凭记住教材中所出现的句子是不能完全应付实际中所出现的场景的，而且也很难做到用目标语言对自己的意见进行解释和说明。也就是说，该教学法在培养学习者的交流应变能力上是非常欠缺的。而且反复的背诵练习都比较枯燥乏味，会让学习者产生厌学情绪。该教学法虽然有诸多缺点，但因为它还是具有比较好的教学效果，所以这种教学法在很长一段时期占据了听力教学法的王座。实际上，笔者在大学时代所接受的听力教育中所使用的就是该教学法，即使到现在，这种教学法仍然被很多学校沿用。

（二）Schema 理论指导下的教学法

Schema 理论是在认知心理学的领域中发展起来的，由 Bartlett 提出，并在 20 世纪 70 年代得到了进一步的理论化发展。在中国，该理论被翻译为图式理论，所谓"图式"，是人们在认知过程中通过对同一类客体或活动的基本结构的信息进行抽象概括，在大脑中形成的框图（康立新，2011：180）。它其实就是人脑中已有的知识经验网络。例如，认知者的经验、认知者的动机与兴趣、认知者的情绪等。当人们在阅读文章的时候，是通过激活自身已有的知识经验网络，让新信息与其积极地关联来促进对文章的理解。

这样的理论也给听力的教学法带来了很大的影响，认为学习者在听解过程中可以通过激活背景知识体系，其中包括主题、文章类型、文化背景知识等，来达到对听力内容的理解。由此带来的教学方法便是先导入背景知识、单词表以及可能出现的语法句型，之后让学生听音频资料，最后确认其理解的程度并加以订正。但是，这样的结果会造成学习者过于依赖导入的背景知识，对于中长篇的听力文章尚可适用，但对于完全不同类型的短篇，或是遇到像日语能力测试（JLPT）中那样的每题转换一个场景的考试则完全体现不了优势。特别是在听解过程中，学习者一旦使用了错误的知识经验网络，就必然陷入理解错误的深渊。我们经常说的"啊，想错了，我以为是……"就属于这样的情况。

（三）交际法（Communicative Approach）

20世纪70年代，以英国学者Candlin为代表的应用语言学者提出，外语学习不应该仅仅是学习语言的结构，还应该重视培养运用目标语言进行交际的能力。不仅要让学习者掌握语法规则，能正确地运用语言，更要掌握语言的使用规则，得体地运用语言。与此同时，在美国也开始了以功能语言学（Functional linguistics）为基础的教学法开发，这种教学法侧重对实际中的语言运用以及对各种场景下的语言功能的教学与指导（佐藤、熊谷，2017：3），这种教学法被称作"交际法"。以此理论为基础，Swain和Canale把语言交际能力分为语法能力、社会语言能力、谈话能力、策略能力等四个方面，把语言教学的重点放在了提高这四个方面的能力上。体现在听力教学上，出现了以培养和训练策略为主的教材和方法，在课上训练学习者怎么去运用预测、推测等策略和技巧来达到理解和交流的目的。

该教学法在提高学生的外语交流能力方面的效果是有目共睹的，但也恰恰是因为该教学法的着眼点只在于培养学习者运用外语进行交流的能力，也就是能做到意思的疏通即可，即使句子中存在错误也可以被忽视，所以该教学法很难让学生系统地掌握目标外语的语法知识体系，从长期来看，很难保证其语言使用的准确性。

以上提到的三种教学法是从整体教学方向的层面来说的教学法，如果说到具体的在课堂上使用的方法和手段的话，常用的有大家比较熟悉的跟读（Shadowing）、听写（Dictation）、复述（Repetition）等。在此不再赘述。

从上述的分析我们可以得知，每一种教学理论都有其长处和不足，但是随着时代的进步和语言学、SLA理论的发展，教育理念已经从教师主导型转换成了学生本位型，上述教学法的弊端越来越明显，教学改革的必要性越发凸显出来。在这样的背景下，教育学家在不断地尝试完善各派的理论和方法论，想要找到集各家之长的教育理论和能够有显著效果的教学法。

二、从FonF和TBLT的优势看其必要性和可行性

笔者在前文中提到，FonF和TBLT是在学习观和教学观转变的大背景下被

提出来的，是融合了众多语言学和教育学理论的产物。笔者认为，我们可以也有必要引入此教学法来促进日语专业的教学改革。下面对 FonF 和 TBLT 进行简单的介绍，并从其理论优势来探讨其应用的必要性。

（一）FonF

FonF 是 Focus on Form 的缩写，在国内教育学领域翻译成"重形式教学"或者"形式焦点教学"；而 TBLT 是 Task Based Language Teaching 的缩写，在国内教育学领域被翻译为"任务型教学法"或"任务中心教学法"。在此笔者想要插句题外话，提到这两个词的中文翻译，其实很多教师都曾接触过，对其内容也会有一定的了解，但是当直接提到 FonF 和 TBLT 的时候，为什么就有很多教师表示不知道了呢？尤其是日语专业教师，在笔者所做的问卷调查中，101位教师中有近80%的没有听说过 FonF，而有60%的教师没有听说过 TBLT。另外，当笔者在网络上查找相关论文的时候发现，输入"重形式教学"或"任务型教学法"所得到的相关结果比输入"FonF"和"TBLT"后所得到的要多好几倍，说明国内的学者和教师在撰写论文的时候更倾向于运用翻译后的词汇。但笔者想说的是，为了能够更好地与国际接轨，其实我们更应该把源语词汇和翻译词汇一并用上，这样将更有利于学术理论的学习与传播。言归正传，首先来看看该如何理解 FonF 和 TBLT。

1. FonF 与 FonFS、FonM

FonF 是学习者在重视语义及内容交流的活动中，由自己偶然地，或由老师或同学引导使然地注意到某个或某些特定语言形式（词汇、语法、句型等）的认知活动（小柳，2004：122）。它强调的是，让学习者在重视意思理解和传达的外语交流活动中自然地注意到语言形式。它处于只重视语言形式教育的 FonFS（Focus on Forms）和只重视意思传达与交流的 FonM（Focus on Meaning）的中间位置，是 FonFS 和 FonM 融合的产物。其具体的特点和优势弊端的对比可参看下表。

FonFS、FonF、FonM 的比较（基于小柳，2004；鸟越，2014。笔者制成）

	FonFS	FonF	FonM
特点	●关注上下文关系 ●对语法及其他语言形式均进行明示讲解	●重视语言的形式、意义、功能的三位一体 ●对学生注意到的语言形式进行明示讲解	●重视对意思的理解 ●期待学生自己注意到语言形式 ●暗示反馈
代表教学法	●听说法（Audio-lingual method）	●任务型教学法（TBLT）	●交际法（Communicative Approach）
优势	●对于简单语法点的教学效果比较突出	●以学习者为中心 ●兼顾语言使用的准确性和流畅性	●可以学习到自然纯正的外语
弊端	●难以保证语言使用的流畅性 ●对于较难语法点容易引起使用过剩① ●教学效果难以保持	●无法成体系地学习语法	●语言习得的速度慢 ●无法成体系地学习语法

从表中我们可以看出，FonF 虽然也存在弊端，但它的外语习得的速度明显优于 FonM，还能兼顾语言使用的准确性和流畅性，并能有效地规避使用过剩的出现，只要在课程设置和教学活动设置上多下功夫的话，就可以最大限度地避免无体系的语法学习。从这点看来，FonF 这一指导理论对于提高外语教学效果是有其可行性和必要性的。

2. 从认知过程及 FonF 的效果看其可行性

在 SLA 的研究中，对于第二语言习得的认知过程有过许多的假说和理论，但从认知语言学上来讲，下图所显示的过程是被大多数语言学家所认可的。也

---

① 使用过剩：对日语"过剩般化"的翻译，指学习者在记牢了某个语言形式之后，在类似的场景下就会不自觉地使用该语言形式，即使此时的使用是不正确或不需要的。比如日语专业学生在学习了"私は○○です"的句型后，在很长一段时期内，不管说什么都会先说"私は…"的这种情况。

就是不管学习什么语言，人类的学习和认知过程是基本相同的。所以，不论是在 SLA 环境下学习英语，还是现在我们探讨的 FLA 环境下学习日语，其基本的学习和认知过程是相通的，那么 SLA 的指导理论和方法论就可以运用到 FLA 环境下。

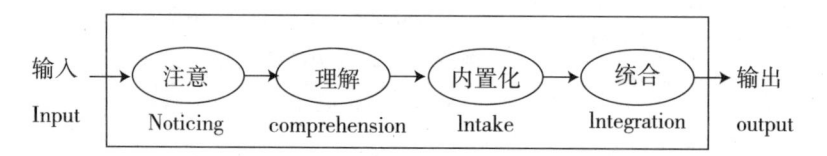

输入 Input → 注意 Noticing → 理解 comprehension → 内置化 Intake → 统合 Integration → 输出 output

第二语言习得的认知过程（基于 Gass, 1997; 小柳, 2004。笔者制成）

从 FonF 被提出来开始，就有很多学者致力于研究它的应用效果。笔者从这些先行研究当中总结了 4 点：①能够促进学习者注意到语言活动中那些意思不明确的语言形式；②融合了明示与暗示的语法指导方式，对抑制学生对某一目标语言形式的使用过剩有较好的效果；③FonF 促进语意交涉（意味交渉/negotiation of meaning），对有语言基础和交际心理准备的学习者的外语习得有更好的促进作用；④以语言输出活动为中心，对学习者的中间语言①形成，以及对中间语言与目标语言之间的差距的自我察觉有着明显的效果。

从上述内容可以看出，FonF 是被证明了的有效果的 SLA 指导理论，把其运用到 FLA 环境下的日语学习及教学中是可行的。另外，FonF 是指导全方位外语学习的指导理念，也必然包括了对听的学习，特别是它强调要在语言的交流活动中进行，那对"听"和"说"能力的培养必然会产生很大的影响，所以该教学法对听力的指导效果是值得期待的。

（二）TBLT

1. TBLT 的条件与开发步骤看其可行性

TBLT 就是以任务为中心，让学习者在完成任务的过程中学到知识，它不仅可以应用到外语学习上，还可以应用到各个领域的学习上。TBLT 的关键就在"T（Task）"上面，中文的翻译也就是"任务"。什么是任务，怎么设定，如何

---

① 中间语言：语言学意义上的中间语言，指在学习第二语言的过程中，学习者自我形成的目标语言体系，而学习的过程，也就是学习者不断验证和改善该体系，并让其越来越接近目标语言体系的过程。

与实际的课程相结合，这些都是 TBLT 需要解决的问题。

　　首先，关于什么是任务，根据研究者所重视的侧面不同会出现不同的解释。但作为 SLA 层面，任务必须满足以下三个条件：①必须是以意思交流为前提的语言活动；②必须具有可以达成的最终目标；③必须是与自然的会话交流拥有同样的认知需求和认知过程的活动（松村，2009：110）。

　　至于怎么设定 TBLT，Long 提出了 TBLT 的开发步骤：①对作为决定目标任务的任务基础进行需求分析；②对目标任务进行分类；③设定教育层面上的任务；④设立以任务为基础的课程大纲；⑤选择适合的教学流程并把教学大纲编入教学计划；⑥运用以任务目标达成为标准的语言运用能力测试来对学习者加以评价；⑦对整个项目计划进行评价（小柳，2004：137）。在具体操作阶段，教师可以通过这 7 个步骤的循环来设定和完善教学。

　　以此我们可以看出，TBLT 的理论体系为教师提供了该教学法的原则和开发步骤，教师可以根据学校及学习者的具体情况来设计和开发适合于自己专业课程的具体操作方法，而且只要在任务的设置上稍有偏重，就可以适用于听、说、读、写、译各方面的专业课程。

2. 从 TBLT 的实践效果看其可行性

　　对于 TBLT 的实践效果，国内外学者已经进行了很多的实证研究。在此笔者想介绍几个 TBLT 应用于国内高校日语教育中的实证研究。

　　周晓冰（2012）在对大学日语听力课的现状进行调查的基础上，对 TBLT 在听力课上的应用对策进行了探讨，认为 TBLT 在提高学生独立学习的积极性上有显著的效果。孙伏辰（2011）把自己管理的班级分为实验班和参照班，用 TBLT 对实验班进行了为期 14 周共 56 节课的精读课的指导，在对比实验班和参照班的期末成绩后证明了 TBLT 较传统教学法来讲的确有优势。秦国和、高亮（2015）做了与孙伏辰（2011）相类似的实验，把 60 名学生分为两班，对其中一班的学生的听力课进行了 TBLT 教学，通过对比分析两班学生的期末成绩发现，接受了 TBLT 教学的学生在听力和口语两方面的成绩都优于接受传统教学法的学生。虽然这些实证研究在方法上以及最后的评价标准上都还有值得商榷和改进的地方，但是它们把 TBLT 实际地运用到了日语专业课，特别是听力课上，并证明了它的教学效果，这说明 TBLT 是可以用到大学日语听力课上的。

· 103 ·

三、从新"国标"要求看其必要性

正如笔者在上文中所提到的一样,随着时代的发展和教育理念的不断推陈出新,现如今的教育是以学生为中心的教育,是需要以培养多样性人才为目的的教育。新"国标"中给日语专业教学提出了"素质""知识""能力"三方面的要求。

"素质要求"要求日语专业的学生应具有正确的三观、良好的道德品质、中国情怀和国际视野、社会责任感、人文与科学素养以及合作精神。TBLT教学法中所需要使用的任务(Task)一定是有语言交流和团队合作的,这样的任务教学,不仅能够从中学到语言知识与运用,更能培养学生的团队合作精神和责任感,对于素质教育方面无疑是加分的。

"知识要求"要求日语专业的学生应掌握日本语言知识、文学知识、日本及相关区域知识,熟悉中国语言文化知识,了解相关专业知识以及人文社会科学与自然科学基础知识,形成跨学科知识结构。如果从这一要求来看,我们就更需要FonF和TBLT,在上文中笔者已经论述了FonF和TBLT对于专业知识是具有较好的指导效果的。而且FonF和TBLT的活动都需要以意思理解为前提,所以当我们把设置的任务主题放在文学或文化或自然科学上的时候,学生在合作完成任务的过程中,在把注意力聚焦到语言知识点之前,就已经学到了其他学科的相关知识,这是传统教学法所无法达到的共赢效果。

"能力要求"要求日语专业的学生应具备外语运用能力、文学赏析能力、跨文化交流能力、思辨能力、一定的研究能力、自主学习能力和实践能力。关于前三个及最后一个能力如何通过FonF和TBLT达成,我们可以通过"知识要求"的分析同理得出。自主学习能力的达成也是先行研究所证明了的。在此笔者想要说的是思辨能力和研究能力。这两个能力一直是日语专业教学的短板,很多学生到了大四要开题写论文的时候才意识到大学四年都在忙着背单词、记语法、应付考试,却从来没有认真思考过自己对什么感兴趣,想要弄明白一些什么问题,当有了课题之后又该如何去调查研究。从这层意义上来讲,TBLT将会为学生们提供一些课题任务,让他们合作完成某个课题,并用口头发表或辩论的形式展示团队的研究结果。在此过程中,学生便能掌握一些基础的研究方法,并为毕业论文以及今后的研究打好基础。所以,不论是哪一方面的要求,FonF和TBLT都是可行的,也是非常有必要的。

结　语

本文探讨了在中国日语教育改革的大背景下，FonF 理论和 TBLT 教学法应用到听力课上的可行性和必要性。认为从听力教学法的变迁和问题点，以及新"国标"的要求上来看，以听力课程为例的日语专业教育都有必要尝试 FonF 理论和 TBLT 教学法；而从 FonF 理论及 TBLT 教学法的实践效果以及 TBLT 的条件与开发步骤来看，该理论及教学法是可以应用到日语听力课程上的。当然，本文只是结合大学日语教育的现状对先行研究进行了分析和论述，证明了其应用于实际教学的理论可能性。今后笔者将会在探讨先行实证研究的研究方法的基础上，对 FonF 理论和 TBLT 教学法的实际指导效果进行进一步的实证研究，以期对日语听力教学法的改革尽绵薄之力。

参考文献：

[1] Brown H. D. Princip les of Language Learning and Teaching [M]. London：Longman，2000.

[2] Long M. H. Second Language Acquisition And Task-Based Language Teaching [M]. Malden：Wiley Blackwell, 2015.

[3] [日] 佐藤慎司, 熊谷由理. コミュニカティブ・アプローチ再考 – 対話，協働，自己実現をめざして [J]. リテラシーズ，2017（20）.

[4] 国际交流基金. 日本语教育国・地域别情报. 中国 2017 年度 [EB/OL]. https：//www.jpf.go.jp/j/project/japanese/survey/area/country/2017/china.html，2017.12.

[5] [日] 小柳かおる. 日本語教師のための新しい言語習得概論 [M]. 東京：フリーエーネットワーク，2004.

[6] 東海大学留学生教育センター. 日本語教育法概論 [M]. 神奈川：東海大学出版会，2005.

[7] [日] 鳥越智美. 思考発話法を活用したフォーカス・オン・フォームの認知プロセスに関する研究 [J]. 熊本大学社会文化研究，2014（12）.

[8] [日] 松村昌紀. 英語教育を知る58の鍵 [M]. 東京：大修館書店，2009.

[9] [日] 村野井仁. 第二言語指導効果研究と英語指導 [J]. JACET 中

央支部紀要．名古屋．一般社団法人大学英語教育学会，2014（12）．

［10］康立新．国内图式理论研究综述［J］．河南社会科学，2011（7）．

［11］秦国和，高亮．任务型教学法在日语听力教学中的应用实证研究［J］．山西煤炭管理干部学院学报，2015，28（1）．

［12］孙伏辰．任务型日语教学法之实证研究［J］．时代教育：教育教学版，2011（6）．

［13］周晓冰．"任务型教学法"在高校日语听力课教学中的应用研究［J］．三门峡职业技术学院学报，2012，11（1）．

李岸，女，硕士，云南大学外国语学院讲师。研究方向：日语教育学、日语语言学。

关于日语专业学生使用礼貌体和普通体的情况调查

李月婷

（云南大学外国语学院日语系）

摘 要：本文通过收集初次见面时日语专业研究生与本科生的谈话，对谈话的句末形式进行礼貌体断言形式、非断言形式，普通体断言形式、非断言形式的分类后，比较日语学习者使用句末形式的特点并分析产生的原因。

关键词：礼貌体；普通体；断言形式；非断言形式

引 言

日语的礼貌体（です体）和普通体（だ体）是日语学习者必须掌握的语法，针对它们的区分使用是学习者最难习得的难题之一（Neustupny，1982）。在用日语进行交谈时，要根据谈话双方的地位、年龄、关系的亲疏远近等因素选择礼貌体或者普通体进行对话。三牧（2013）和伊集院（2004）指出，日语母语者总是能够根据场合正确选择礼貌体或者普通体，并在两者间自由切换。但对日语学习者来说，没有语言环境的熏陶，仅仅依赖自身掌握的日语知识，要做到如母语使用者那样在两者间进行自由切换并非易事。本文通过调查日语专业学生使用礼貌体和普通体的情况，归纳、分析学生实际使用时的特点。

一、语料收集

笔者在 2015 年对云南大学日语专业 7 名 3 年级本科生和 7 名 1、2 年级研究生进行自由组合，共收集了 7 组，每组长度为 15 分钟的对话。因为相对于同级生间的对话，年级有差异的语料提供者在使用日语交流时，需要考虑句末使用礼貌体还是普通体，更容易考察语料使用者对礼貌体和普通体的掌握情况，所以本文的语料提供者为年级有差异的本科生和研究生。本文将以这7组对话作为调查对象，归纳日语专业学生在使用礼貌体和普通体时呈现的特点并分析产生这些特点的原因。

由于外语学院学生构成的特殊性，每组的语料提供者都为女性。礼貌体和普通体的选择大多取决于谈话双方的地位、年龄、关系的亲疏远近，而谈话者是男性还是女性并不是选择礼貌体还是普通体的决定因素，所以本文的语料提供者虽然都是女性，但调查结果适用于所有的学生。

关于礼貌体和普通体的下位划分，三牧（2013）根据礼貌体后是否接"よ/ね"，把礼貌体划分为断言形式和非断言形式，而没有对普通体进行划分。无论是在礼貌体还是在普通体后面接上"よ/ね"，都能削弱说话者的断定语气，转而通过寻求共鸣的方式让听话者参与到谈话中。也就是说，礼貌体和普通体后面是否接"よ/ね"，给听话者的感觉并不相同。本文根据礼貌体和普通体后是否接"よ/ね"，把礼貌体细分为断言形式、非断言形式，把普通体细分为断言形式、非断言形式。对收集到的语音资料进行文字化处理时，礼貌体的断言形式用（+）、非断言形式用（+'），普通体的断言形式用（0）、非断言形式用（0'），以四种符号对谈话进行标注，并统计每项所占比重。

二、礼貌体和普通体的比重

在一个特定的谈话中，谈话的参与者并不是无序地选择句末形式（speech level），而是根据当时的人际关系和场合，通过谈话设定、选择基本的句末形式（三牧，2013：85）。我们把在谈话中出现频率最高的句末形式称为基本句末形式。作为基本句末形式的下位分类大多分为礼貌体和普通体（三牧，2013：86）。

三牧（2013：115，124-130）指出存在上下关系时，基本句末形式的设定既有对称又有不对称。在三牧收集的9组母语使用者的对话中，有5组对话是双方同时选择了礼貌体，还有4组对话是高年级使用普通体、低年级使用礼貌体的不对称句末形式。

本文对7组日语学习者的语料进行文字化处理并统计后发现，没有一组的基本句末形式出现不对称，7名高年级同学都选择了用礼貌体作为基本句末形式，低年级同样选择了礼貌体。日语学习者使用礼貌体和普通体的统计结果如图1。

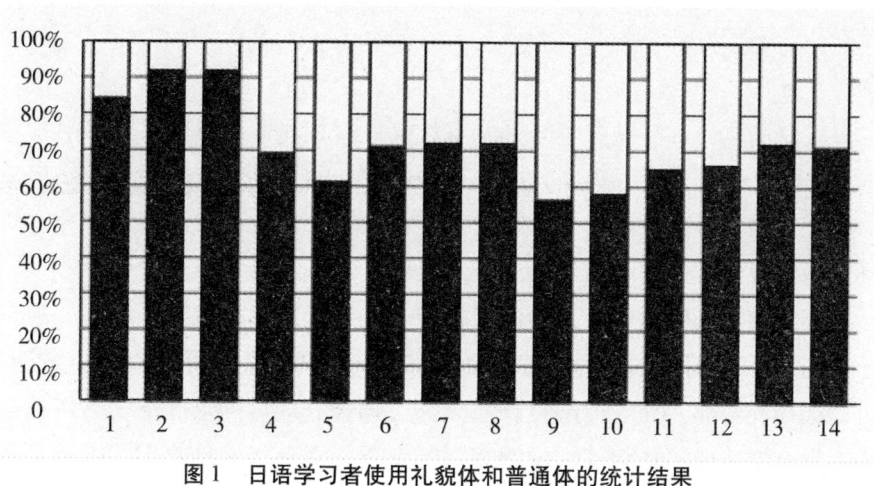

图1　日语学习者使用礼貌体和普通体的统计结果

高年级的日语学习者只选择了礼貌体作为基本句末形式，而日语母语者中有近一半的高年级选择了普通体。在统计结果出来之后，对日语学习者进行了回访，在被问到为什么使用礼貌体而不是普通体时，她们的回答基本都是：因为是第一次见面，虽然对方是低年级的学妹，但因为双方是陌生人的关系，所以礼貌体更适合初次见面的谈话场景。山口（2002：75 - 84）指出，中国人在选择说话方式时，跟日本人注重上下关系相比，更加在意双方的亲疏关系。虽然比对方年长，但高年级的日语学习者更加在意双方还是陌生人的事实，因此忽略了上下关系，选择了拉开双方心理距离的礼貌体。

另外，无论是日本还是国内出版的日语教材，都是在导入礼貌体并进行一段时间的学习之后才开始进入普通体。例如1998年在日本出版，成为在日外国人学习日语首选教材的《みんなの日本語》是先进行礼貌体的学习。被选为"普通高等教育'十一五'国家级规划教材"的《综合日语》，直到第19课才出现全文为普通体的对话。因为礼貌体的优先导入，学习时间长过普通体，让日语学习者对礼貌体的掌握优于普通体。在使用日语进行对话时，潜意识里会优先使用自己掌握得更好的礼貌体。

低年级的日语学习者也都把基本句末形式设定为了礼貌体。在收集到的语料中，有低年级同学使用了普通体后，立即把它纠正成了礼貌体。以下是在第四组对话中，低年级的日语学习者自行把普通体纠正为礼貌体的句子。

TL（高年级）：韓国語、フランス語など勉強したことがありますか。（+）

XX（低年级）：いいえ、勉強したことはない（0）；あっ、ありません。（+）

通过以上谈话，可以看出低年级的日语学习者知道在与年龄地位高于自己的人说话时，应该选择礼貌体。在后期回访时，低年级的日语学习者给出了相同的解释，因为对方是研究生，自己是本科生，年龄、地位都处于下方，所以选择了用礼貌体作为基本句末形式。

在高年级与低年级初次见面的对话中，高年级因为是前辈，年龄、地位都处于上方，所以可以选择普通体。但因为是第一次见面，为了保持双方的距离，也可以选择礼貌体。在既可选择普通体又可选择礼貌体的情况下，高年级的日语学习者全部选择了礼貌体，说明相对于上下关系，他们更看重双方的亲疏关系。另外，由于学习时长和掌握程度不同，高年级的日语学习者也会倾向于选择掌握得更好的礼貌体。根据三牧（2013：115－117）的统计，高年级的日语母语者重视上下关系，选择普通体的人占56%；重视亲疏关系，选择礼貌体的人占44%。在既可选择普通体又可选择礼貌体作为基本句末形式的谈话中，高年级的日语学习者与日语母语者的选择相比，呈现出了单一化的特点。而对于两个选项只有一个最好时，低年级的日语学习者都做出了正确的选择。

把句末形式粗略分为礼貌体和普通体的情况下，当高年级可用礼貌体或者普通体，低年级推荐使用普通体时，日语学习者的选择呈现单一的特点。下面对礼貌体和普通体进行下位分类，考察日语学习者使用时的特点并分析产生这些特点的原因。

三、断言形式与非断言形式

日语中的"ね"用在句尾表示就某一信息向对方进行确认，"よ"则主要是强调或者告诉对方新的信息。相对于不加"よ/ね"的礼貌体的断言形式，非断言形式因为在句尾加了"よ/ね"，特别是加了"ね"之后，缓和了说话语气，避免把自己的想法强加于人。

下面把礼貌体分为断言形式、非断言形式，普通体也分为断言形式、非断言形式之后，统计分析日语学习者的使用情况。

图2　句末形式的详细分布

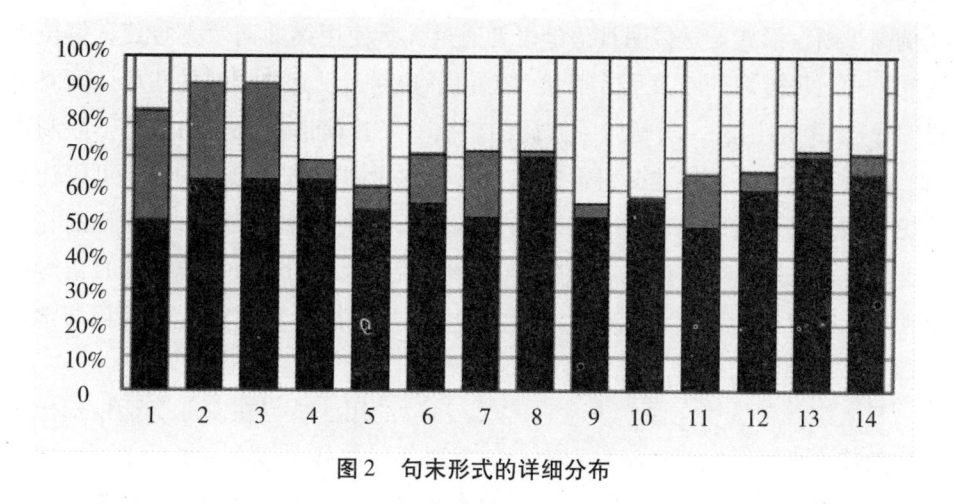

虽然对普通体进行了断言形式和非断言形式的分类，但统计日语学习者的对话后发现在基本句末形式为礼貌体的对话中，虽然出现了普通体断言形式，但普通体非断言形式却一次都没有出现。

（1）WX：先輩は普通、何が好きですか？（+）
（2）SS：小説を読むこと。（0）
（3）WX：小説？ネット小説とか？（0）
（4）SS：なんでもいい（笑）。特に、趣味があるのは推理小説（0）
（5）WX：推理小説？（0）
（6）SS：じゃあ、東野圭吾は聞いたことがありますか？（+）
（7）WX：東野圭吾？はい。（0）
（8）SS：はい。日本、とても有名な推理小説家です。（+）
（9）WX：さすが先輩ですね。（+'）

以上选自图2中（5、6）一组的对话。虽然这组对话的句末形式为礼貌体，但节选部分出现了大量普通体。这些普通体都是在回答对方提问或者是向对方进行提问时，省略名词后的"です"而来。其中，语调下降的句子为回答句，语调上升的为疑问句。现在肯定句中名词在句尾的礼貌体变为普通体，只需把词尾的"です"去掉，并不涉及词形的变化，对日语学习者来说非常容易掌握，所以在收集到的7组对话中，名词在句尾的普通体占了相当大的比例。

根据三牧（2013）针对日语母语者在初次见面时使用礼貌体和普通体的调查发现，在基本句末形式设定为礼貌体的对话中，礼貌体的非断言形式出现的比例高于断言形式。这说明日语母语者通过大量使用终助词"よ/ね",避免因为句子中出现过多的断言形式而给对方留下独断、没有协调性的印象。同时借助"よ/ね"的用法,既确认了彼此的想法,又让谈话在双方的协助下顺利进行。也就是说,礼貌体非断言形式在对话中占比高于断言形式的话,可以让对话更加接近母语者的句末形式的结构。虽然日语学习者没任何一个对话的礼貌体非断言形式超过断言形式,但除了(13、14)这组对话外,高年级日语学习者使用的礼貌体非断言形式比例高于低年级,这说明"よ/ね"的习得与学习年数呈正比例的关系。

日语学习者虽然在课堂上学过"よ/ね"的用法,但在实际会话中却出现使用数量偏少的情况,这跟日语教育侧重语法,忽略实践有很大的关系。国内的日语教材在初级和中级阶段每一课都有会话课文,但是随着学习的深入,到了高级阶段,会话课文被省略,取而代之的是长篇幅的阅读课文。因为日语书面语基本不需要终助词,导致学习者即使已经学过"よ/ね",也不知道在具体会话中应该怎么用,加之日语学习者对普通体的掌握程度不如礼貌体,致使在礼貌体为基本句末形式的句子中完全没有出现普通体非断言形式。

这次的统计说明,在今后的日语教育中,不应该一味强调语法,应该把更多的时间用于学生的会话教育,让日语学习者注意到母语使用者在使用句末形式时表现出来的特点。只有在日语教育中导入包含句末形式在内的会话教育,才能帮助日语学习者把学到的语法运用到实践当中。

结　论

本文通过对初次见面时云南大学日语专业的研究生和本科生的谈话进行录音、文字化处理后,考察了日语学习者使用句末形式呈现的特点。在基本句末形式设定方面,高年级和低年级都把基本句末形式设定为礼貌体,但日语母语者为高年级的情况时,不仅有礼貌体,还有近一半的人使用的是普通体。虽然在后期的跟踪访问中,高年级的学习者回答因为重视亲疏关系,所以选择了礼貌体,但从侧面反映了学习者对普通体的熟练程度比不上礼貌体。

把收集到的语料按照礼貌体的断言形式、非断言形式,普通体的断言形式和非断言形式进行分类后,在基本句末形式为礼貌体的情况下,日语学习者使用礼貌体断言形式的比例远远超过了日语母语者,这说明学习者对非断言形式的用法掌握得并不好。日语教科书在低年级一般是以会话为主,但到了高年级以后，教科书中出现礼貌体、普通体非断言形式的会话课文被只用礼貌体、普通体断言形式的阅读课文取代，再加上平时接触日本人，练习口语的机会过少，导致礼貌体、普通体非断言形式掌握得并不理想。

参考文献：

［1］Neustupny J. 外国人とのコミュニケーション［M］. 东京：岩波新书, 1982.

［2］伊集院郁子. 母語話者による場面に応じたスピーチスタイルの使い分け―母語場面と接触場面の相違―［J］. 社会言語学科, 2004, 6（2）.

［3］三牧陽子. ポライトネスの談話分析［M］. 东京：くろしお, 2013.

［4］山口和代. ポライトネスに応じた言語形式と人間関係の認知［J］. 社会言語学, 2002, 5（1）.

［5］みんなの日本語［M］. 东京：スリーエーネットワーク, 2015.

［6］彭广陆. 综合日语［M］. 北京：北京大学出版社, 2010.

［7］田鴻儒. 中国語を母語とする日本語学習の「同等」の相手に対するスピーチレベルの選択［J］. 大阪大学言語文化学, 2011.

李月婷，女，硕士，云南大学外国语学院讲师。研究方向：语言学。

频次效应下多稿写作对提高学生英语写作质量的影响[*]

赵 镭

(云南大学外国语学院研究生公共外语教研室)

摘　要：国内有关频次效应与二语写作的实证性研究较少，本文以博士研究生为研究对象，在8周的时间内对一篇作文进行重复写作和自我修改，来探讨多稿写作是否有利于提高学生英语写作质量。通过对125篇习作样本的数据进行分析，结果发现在频次效应的影响下，学生对自己的作文进行了多次修改，涉及内容、结构、词汇、语法等方面，作文质量得到了显著提高，在词汇丰富度、平均词长、词汇平均难度、从句数量、段落数量和语法修正率上均有较为明显的改善。

关键词：频次效应；多稿写作；写作质量

引　言

影响学生英语写作水平的因素有很多，而其中比较突出的问题就是写作练习量不足。在传统写作教学中，学生往往缺乏主动性，总是被动等待老师布置作文、批改作文、等待分数，学生往往只看重结果，而忽略了在学习过程中了解自己作文实际存在的问题并加以修改和完善，这实际上也是长期以来以结果法为主的一稿写作教学的主要弊端。目前，写作教学已经逐渐从传统的结果教

---

[*] 基金项目：云南大学人文社会科学青年研究基金项目"写作自动评改系统在研究生英语实用写作教学中的实践研究"（16YNUHSS016）的阶段性成果。

学法转向过程教学法，以学习为主体，强调学习过程，写作频率从一稿转向多稿，鼓励学生不断反思和修改自己的作品，激发学生的写作兴趣，加强学生的写作动机。

另外，近年来兴起的频次效应（frequency effects）和联结主义（connectionism）等基于使用的语言习得理论（usage-based theories）都在重新审视频率效应的作用，认为过去提出的语言先天论（nativism）并不能解释语言习得的全貌（Ellis，2002；Ellis & Larsen-Freeman，2006），这些理论认为："语言习得的关键在于通过语言的使用在语言表征之间建立形式和功能之间的匹配和联系。重复率和接触量是学好语言的至关重要的必要条件。"（周丹丹，2011）Ellis（2002）也指出，频次在语言学习中具有不可替代的重要地位，在语言习得理论中有着决定性的意义。

频次效应提出的对语言材料的重复接触和练习其实和写作过程教学法一贯强调的反复修改和多稿写作的理念是不谋而合的。通过频次的增加，学生可以有充分的机会对作文原稿进行重复写作，对写作内容不断地自我修改完善。

一、文献综述

关于频次效应和二语习得的研究大多集中在口语和听力方面（周丹丹，2004，2006；周卫京，2005；戴劲，2007），但是探索频次与二语写作的实证性研究为数不多。国外 Perin（2002）研究频次与二语写作的关系，结果显示受试者对统一命题的作文进行两次写作后，写作技巧有明显进步。国内研究方面何万贯（2007）针对二语写作过程的研究提出写作过程不应该是一个而应该是多个。贝晓越（2009）探讨了重复写作练习和教师反馈对初三学生英语写作质量和流利度的影响，通过 8 周时间，让受试者进行 3 次写作练习，研究发现 3 次重复写作提高了学生的写作质量和流利度，但教师反馈对写作质量和流利度并没有显著影响。周丹丹（2011）在研究中让 20 名受试者在为期 9 周的时间重复写作 3 次，结果发现受试者在频次效应影响下，对作文的内容、结构、语法等多方面进行了修改，而且作文质量也有显著进步。王焰（2013）对比了多稿写作和单稿写作对英语写作质量的影响，以非英语专业大一学生为研究对象，进行了为期 9 周的教学实验，多稿班进行同一题目的三稿写作，每周一稿；单稿班进行不同题目的单稿写作，每周一篇，结果发现多稿写作使学生英语写作质量有显著提高，而单稿写作却未使学生写作水平呈现显著差异。这些研究都肯定了频次效应下重复写作任务有利于提高学生写作质量和水平，但他们多把频次设定为3次。本研究对频次将不设限定，以本校博士研究生作为研究对象，来考察在频次效应下，学生经过多稿写作和反复地自主修改后英语写作水平能够得到怎样的提升，写作内容各方面会产生怎样的变化。

二、理论基础

（一）过程教学法

徐昉（2012）提出，过程教学法反映了语言学习是复杂的心理认知和语言交际活动的观念，因此教学把重点放在学生的写作过程和写作能力上，重视学生在写作与修改中发现、探索和创造的认知心理过程。这种教学法有利于学生了解自己的写作过程，充分发挥他们的思维能力，整个写作过程就是思考的过程、发现的过程。写作者的观点在这个过程中逐渐得以形成、发展，然后通过组合、反复修改来达到一个满意的预期结果。"所以写作是一个复杂的、相互重叠的认知过程。写作者不可能一开始就能写出好文章，它必须通过长时的、多次的反复才能形成"（张吉生、周平，2002），这其实也就是过程写作教学法强调的多稿写作。

（二）多稿写作

过程教学法强调的是写作的循环性，多稿写作是第二语言写作教学的核心，也是提高学生的写作能力和写作水平的有成效的学习策略。徐昉（2012）提出，二语习得理论中的输出理论和频次效应对多稿写作具有重要的启示意义。第一，二语习得需要有足够的语言输出，在输出过程中了解自己的缺漏，所以从语言的输出角度来看写作过程，多稿写作是非常必要的。第二，二语习得过程有自动化过程和控制过程，自动化过程来自反复操练，只有通过反复多练，写作者才能不断提高写作的流利度。第三，二语习得研究发现频次效应起重要的作用，对二语写作也产生积极影响。在频次作用影响下，写作者对自己的作文进行内容、结构、语法等多方面的修改，从而提高写作质量（徐昉，2012）。

三、研究设计

（一）研究问题

本研究主要回答以下两个问题。

（1）频次效应下的多稿写作是否能提升学生的英语写作质量？

(2) 学生作文内容的各方面改善情况如何？

（二）研究对象

本研究的研究对象为本校两个博士研究生班级的非英语专业学生，都属于自然班，涵盖文学、历史、化学、生物等多个文科、理科专业，共计130人。

（三）研究工具

本研究主要通过写作自动评改系统"批改网"（www.pigai.org）来收集作文样本并分析数据。批改网是智能批改英语作文的在线服务系统，它通过将学生的作文和海量标准语料库进行对比分析，能在1.2秒内对英语作文给出分数、总评、按句纠错的批改反馈。学生在批改网提交作文后可以根据系统给出的点评和反馈进行多次修改和提交，不断完善作文，直到满意为止。作文样本分析是对学生习作提取相关数据来了解学生的自主修改情况，包括修改次数、分数变化、维度数据分值变化、错误修正情况等。

（四）数据收集与分析

习作样本来源于被调查学生在批改网上完成的话题为 *Aging of Population in China* 的125篇作文。此次作文要求学生结合课堂所学的篇章结构和段落写作方面的知识，围绕该话题展开论述，目的是考查学生是否掌握了相应的写作技巧。学生在规定的8周时间内可反复修改多次提交作文，学生完成初稿后提交批改网获取反馈，根据反馈自主进行修改，一周之后教师在课堂上针对全班写作情况进行总结，讲评存在的共性问题，并分享同学范文进行分析讲解，进一步启发学生对自己的文章再做修改和反思。教师也会不定期查看学生作文完成情况，对于存在明显问题的学生作文，教师在批改网上通过教师评阅功能适当给予提示或提醒。教师课堂讲评以及批改网上的教师评阅均只是针对篇章结构和内容给出提示性信息，词汇、语法、句型等教师不作评点，学生可自行参照批改网反馈或其他工具来进行自我修改。在整个实验周期内，学生修改次数、修改时间间隔均不作限制。数据分析来自于由批改网生成的一系列数据，包括学生作文修改次数、作文分数，以及包括词汇、句子、篇章结构、内容相关、语法等多个维度的综合评分。

四、数据分析

（一）频次作用下的自我修改和对写作内容的影响

表1 修改频次

修改次数	1~10	11~50	51~100	101+	平均值
人数	48	61	11	5	26.4
比例	38.4%	48.8%	8.8%	4.0%	

表1显示，在规定时间内所提交的作文每一篇的平均修改次数达到26.4次，修改频次主要集中在11~50次，有5位同学修改次数超过100次。这表明在频次效应影响下，大部分学生在写作过程中都能积极利用批改网进行自主多次修改，完成多稿写作，具有一定的自主学习积极性。

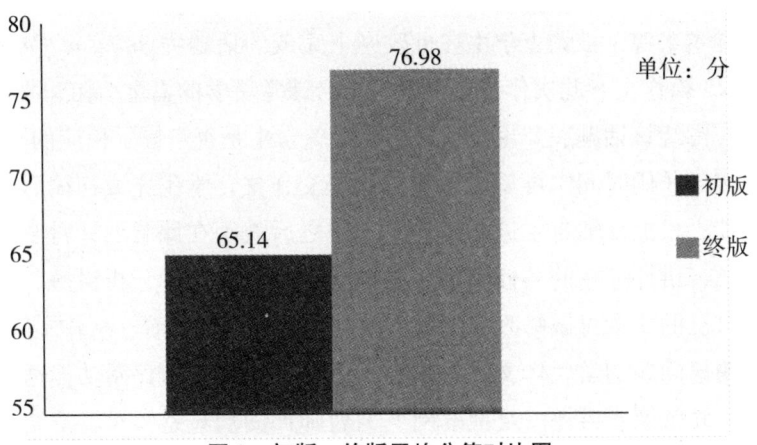

图1 初版、终版平均分值对比图

图1显示，学生的终版作文平均分比最初版有明显提高，在经过使用批改网进行反复修改后，作文分数平均提高了11.84分。这表明在频次效应下，学生多次修改的努力得到了回报，多稿写作是有利于提高写作成绩的。

表2 初版、终版维度变化表

维　度	词汇丰富度	平均词长	词汇平均难度	平均句长	从句密度	段落数	语法正确率
初版	6.19	4.84	5.61	24.71	0.97	3.94	0.94
终版	6.66	4.91	5.77	23.78	1.02	4.40	0.98
差值	0.47	0.07	0.16	−0.93	0.05	0.46	0.04

表2为初版和终版作文在各个维度方面的变化。可以看到，在词汇方面，学生终版作文的词汇丰富度、平均词长、词汇平均难度的测量值均有提升，说明学生在经过修改后，终版作文中的词汇使用比初版作文更加丰富，使用了一些高级词汇从而使得单词的难度略有提升。这表明学生比较注意细节部分的修改，同时也善用手头的资源比如批改网的词汇提示。在句子层面上，终版作文的平均句长略有下降，究其原因，这源自于中西思维方式、句子结构、语法等方面的不同。受此影响，学生在写作中常常弄错英语句子的构成，忽略英文习作的规矩，导致句子过长过乱，从某种程度上来说，平均句长下降可能是学生留意到中文负迁移的影响，不断修正使其更符合英语表达方式的结果（王哲、张跃，2015）。从句密度测量值略有提高，说明学生在不断调整自己的句式结构合理性，根据课堂所学句子结构的知识以及批改网的提示反馈，通过使用复合句和并列句等使得句式更加丰富。段落数的增加，说明学生在修改过程中，有目的性地结合课堂所学的篇章结构和段落结构的写作技巧，不再拘泥于文章只写三段话的模式，逐渐学会根据内容合理安排调整篇章结构。语法正确率略有提升，学生在初版作文中共发生语法错误2 185处，通过自主修改，修正错误1 301处，修正率达到59.5%，已修正的错误大多属于学生可以自主修改并且修改效果较好的，如时态错误、拼写错误，而残留的错误多属于自主修改难度较大的错误，如搭配错误、句子成分缺失。

（二）习作个例数据

为了进一步说明频次效应下重复作文任务进行多稿写作对学生作文内容和质量带来怎样的改变，现抽取一篇习作样本来对比作文从初稿到终稿在内容、分数以及各维度方面发生的变化，以及写作者在修改过程中如何逐步完善作文的各个方面。

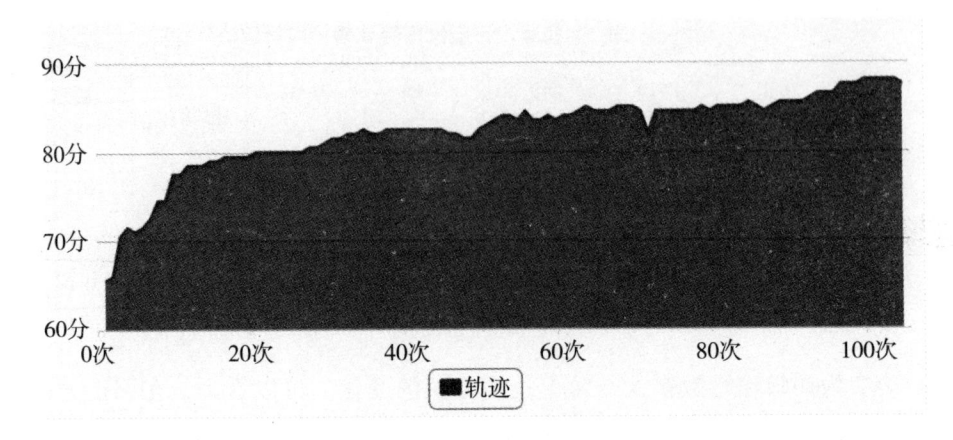

图 2 某同学作文成绩轨迹

表 3 某同学作文维度变化表

项 目	分 数	词 汇	句 子	篇章结构	内容相关
初版	65.5	0.833	0.397	0.676	0.714
终版	88	0.944	0.764	0.839	0.953
差值	22.5	0.111	0.367	0.163	0.239

图 2 和表 3 显示，该同学对本次作文一共进行了 105 次修改，分数从 65.5 分提升到 88 分，在词汇、句子、篇章结构和内容相关度方面均有改进。这反映出在频次效应下，学生对自己作文修改的次数并不受局限，甚至可以远远高于全班的平均修改次数。这种在自觉自愿的情况下不断地审视和修改自己的文章，表明学生极大地调动了自己的主观能动性。

图 3 为习作初稿内容，这一稿作文在篇章结构安排上看起来还算合理，开头 introduction 部分包括了 general statement 和 thesis statement，正文 body part 分两个方面进行论述，结尾有 conclusion。但是从内容细节上看，文章存在多个问题，例如，thesis statement 拟定的篇章主题分为两个方向，一个是 how to support the aged，另一个是关于 the psychological problems of them，先说如何去做，再说存在的问题，本身就存在一个逻辑问题，这直接导致正文论述的两个段落之间也存在先后逻辑混乱的问题。其次，正文两段话的主题句拟定也不是太理想，这就影响了段落扩展句的合理展开。文章第二段主题句太过具体，限定的范围太窄，关于如何帮扶老年人变成了只是讨论在家养老还是送养老院的问题。第

外语教学研究

三段主题句则是显得笼统，只提到了主题（topic）是关于老年人的心理问题，但是没有主题思想陈述（controlling idea）去很好地控制主题展开的方向，所以段落扩展句的组织略显零散。另外，段落句子、段落与段落之间连贯性不够紧凑，缺乏衔接词，部分句子存在逻辑问题，脉络不够清晰，文章部分用词也不够准确，存在一些语法错误。

> The aging of population in China is becoming more and more serious. There will have 1/3 of the population over 60 years old in our country by 2050. Therefore, we should pay attention to the related problems of the elderly from two aspects, which are how to support the aged and the psychological problems of them.
> Should we take care of our parents at home, or send them to a nursing home? As far as I am concerned, I will choose the former style. Obviously, our parents can benefit the most, if they live with me. For one thing, they can obtain more daily necessities. We are familiar with the tastes of our parents and can provide delicious meals. For another thing, my elder sister and I can support them by providing personal expenditures and housing conditions. They can receive not only material support but also spirit comfort. Some people are too busy, so they send their parents to the nursing home. They often argue that a nusing home can provide more quality and comprehensive services, but additional charges must be paid. And the quality of the nursing home staff is also worth exploring, some employees will abuse the elderly.
>
> Psychological problems of the elderly are also very worthy of attention. In recent years, it is not uncommon for the elderly to commit suicide because of loneliness. The only child of the old couple died and they have no one to rely on. Some children do not fulfill their own obligations to support and their parents abandond. There are some old people because of physical illness and mental anxiety. All of these are the causes of mental problems in the elderly.
> Whether it is at home or in the nursing home, we should establish a more perfect supervision mechanism. We must not tolerate abuse of the elderly. They should be concerned by community and village committees. Government should increase investment, especially in the construction of the nursing homes, including the equipment and staff training. Moreover, we hope that more and more psychiatric experts can pay attention to the mental health of the elderly. They can go deep into the community, and actively promote the knowledge of mental health. Communities can also consider the establishment of the old people club and to provide rich and colorful activities of the elderly. CCTV Sunset Glow column is very successful. Everyone will grow old, we should actively support our parents, concerned about the elderly in our life. Only we take action together, the elderly will be warm and easy to finish their life wihout pain and regretful.

图 3　习作初稿内容

　　从第二稿开始，在接下来的连续几稿中，作者都在尝试对一些不当用词以及存在语法错误的句子进行完善。例如，图 4 中标识的句子"There will have is 1/3 of the population over 60 years old in our country by 2050."属于 there be 句型

· 121 ·

的错误使用；词性错误，"spirit"名词误用为形容词；拼写错误，nursing 误拼为 nusing；语法错误，"support and their parents abandond"，等等。这反映出学生在重写作文进行修改时首要考虑的类别是语法和词汇类。本研究的受试者作为非英语专业的学生，英语写作水平一般甚至偏低，所以大部分学生在写作过程中更关注的是基础写作部分的词汇和句型，而对于文章内容和组织结构的关注相对较低（赵镭，2018）。该学生连续多稿都主要是针对部分词汇和语法错误进行更正，这也解释了为什么其修改次数较多且频繁，但分数是呈缓慢而逐渐上升的趋势。

The aging of population in China is becoming more and more serious. There ~~will have~~ is 1/3 of the population over 60 years old in our country by 2050. Therefore, we should pay attention to the related problems of the elderly from two aspects, which are how to support the aged and the psychological problems of them.
Should we take care of our parents at home, or send them to a nursing ~~home?~~ home?
As far as I am concerned, I will choose the former style. Obviously, our parents can benefit the most, if they live with me. For one thing, they can obtain ~~more~~ daily necessities. We are familiar with the tastes of our parents and can provide delicious meals. For another thing, my elder sister and I can support them by providing personal expenditures and housing conditions. They can receive not only material support but also ~~spirit~~ spiritual comfort. Some people are too busy, so they send their parents to the nursing home. They often argue that a ~~nusing~~ nursing home can provide more quality and comprehensive services, but additional charges must be paid. And the quality of the nursing home staff is also worth exploring, ~~some~~ quite a few employees will abuse the elderly.
Psychological problems of the elderly are also very worthy of attention. In recent years, it is not uncommon for the ~~elderly~~ aged to commit suicide due to loneliness. Provided that the only child of the old couple died and they had no one to rely on. Quite a few children do not fulfill their own obligations to support and their parents ~~abandond.~~ abandoned. There are some old people because of physical illness and mental anxiety. All of these are the causes of mental problems in the elderly.

图4 习作中不当用语及语法错误的修改

First of all, should we take care of our parents at home, or send them to a nursing home? As far as I am concerned, I will choose the former style. Obviously, our parents can benefit the most, if they live with me. For one thing, they can obtain daily necessities. We are familiar with the tastes of our parents and can provide delicious meals. For another thing, my elder sister and I can support them by providing personal expenditures and housing conditions. They can receive not only material support but also spiritual comfort. Conversely, some people are too busy, so they send their parents to the nursing home. They often argue that a nursing home can provide more quality and comprehensive services, but additional charges must be paid. And the quality of the nursing home staff is also worth exploring, quite a few employees will abuse the elderly.

Although supporting our parents is very important, it is not the only area we pay attention to. Psychological problems of the elderly are also very worthy of attention. In recent years, suicide due to loneliness in the elderly is not uncommon. Provided that the only child of the old couple died and they had no one to rely on. Quite a few children do not fulfill their own obligations to support and their parents abandoned. There are some old people because of physical illness and mental anxiety. All of these are the causes of mental problems in the elderly.

图 5　某稿中两处明显的修改

从图 5 的两处修改来看，作者从这一稿开始注意文章内容的连贯性问题，修改的两处都增加了段落之间的衔接。这一修改是作者结合课堂上所学的关于篇章结构和段落结构的写作技巧，开始有意识地根据文章内容对结构进行一些调整和修改。应该说，学生对自己的文章始终保持着审视的态度，经过多次的修改之后还能保持比较积极的态度来修改自己的作文，尝试从不同的角度来完善文章。可以看到，频次效应开始起作用时，受试者的注意力主要集中在词汇、语法等细微之处。随着频次的不断增加，受试者的注意力开始转向宏观的内容和结构方面，以求更大限度地对文章进行修改完善。

在图 6 中，作者对开头部分 thesis statement 做了调整，把初稿中提到的较为笼统的 how to support the aged 改成了 the reasons of the aging of population。作文篇章主题改变后，相应的正文第一段原本关于老人应该在家赡养还是送去养老院这个略显偏离主题的部分就可以删除了，转而论述引发老龄化的原因："three elements that include low birth rate, low mortality rate and lengthening of life expectancy together cause the population aging."这样的调整是较为合理的，整篇文章的结构变为：先论述老龄化的原因，再到老龄化引发的问题即初稿中提到的老年人的心理问题，最后论述解决方法，逻辑上显得合乎情理。

在调整了文章内容和结构后，作者又分多次逐步完善了文章的用词，进一步改进了语言的细节，最终完成了修改。

The aging of population in China is becoming more and more serious. There is 1/3 of the population over 60 years old in our country by 2050. Therefore, we should pay attention to the related problems of the elderly from two aspects, which are ~~how to support~~ the ~~aged~~ reasons of the aging of population and the psychological problems of them.

First of all, ~~should we take care of our parents at home, or send them to a nursing home? As far as I am concerned, I will choose the former style. Obviously, our parents can benefit the most, if they live with me. For one thing, they can obtain daily necessities. We are familiar with the tastes of our parents and can provide delicious meals. For another thing, my elder sister and I can support them by providing personal expenditures and housing conditions. They can receive not only material support but also spiritual comfort. Conversely, some people are too busy, so they send their parents~~ according to the ~~nursing home. They often argue~~ science of population, three elements that ~~a nursing home can provide~~ include low birth rate, low mortality rate and lengthening of life expectancy together cause the population aging. The family planning policy is of great importance to this phenomenon. Since 1980s, more ~~quality~~ and ~~comprehensive services, but additional charges must be paid. And~~ more families in China are only one child families. Then, since the reform and opening up, China's economic development is very rapid. The living standards of the people have gradually improved. The quality of people's life has been very greatly improved due to abundant nutrition. 2015 edition of the ~~nursing home staff is also worth exploring, quite a few employees will abuse the elderly.~~

World Health Statistics pointed out that China's population average life expectancy: male 74 years old, female 77 years old.

Although ~~supporting our parents is~~ reasons of aging of population are very important, it is not the only area we pay attention to. Psychological problems of the elderly are also very worthy of attention. In recent years, suicide due to loneliness in the elderly is not uncommon. Provided that the only child of the old couple died and they had no one to rely on. Quite a few children do not fulfill their own obligations to support and their parents abandoned. There are some old people because of physical illness and mental anxiety. All of these are the causes of mental problems in the elderly.

Whether it is at home or in the nursing home, we should establish a more perfect supervision mechanism. We must not tolerate abuse of the elderly. They should be concerned by community and village committees. Government should increase investment, especially in the construction of the nursing homes, including the equipment and staff training. Moreover, we hope that more and more psychiatric experts can pay attention to the mental health of the elderly. They can go deep into the community, and actively promote the knowledge of mental health. Communities can also consider the establishment of the old pensioners club and to provide affluent and colorful activities of the elderly. CCTV Sunset Glow column is more than success. Everyone will grow old, so we should actively support our parents, and concerned about the elderly in our life. Only we take action together, the elderly will be warm and easy to finish their life without pain and regret.

图 6　习作开头部分的调整

The aging of population in China is becoming more and more severe. There is 1/3 of the population over 60 years old in our country by 2050. Therefore, the relevant issues of it should be taken into consideration from two aspects, which are the factors of the aging of population and the dilemma of them.
First of all, according to the science of population, three elements that include low birth rate, low mortality rate and lengthening of life expectancy together give rise to the population aging, which is apparent, being that it is due to the important family planning policy. Since 1980s, a mounting number of families in China are merely one-child families. Furthermore, since the reform and opening up, China's economic development is intensely rapid. Hence, the living standards of the people have gradually improved. Consequently, the quality of citizen's life has been overwhelmingly greatly improved due to plentiful nutrition. To illustrate, the World Health Statistics in 2015 pointed out that China's population average life expectancy: male 74 years old, female 77 years old.
Although factors of aging of population are extremely important, it is not the sole area we pour attention into. Furthermore, psychological issues of the elderly are also worthy of attention. A case in point, that the suicides of the elderly in that loneliness are no longer isolated events surprised us all. Provided that an old couple lost their rarely child, they had no one to rely on, and what man's condition can be worse?
Particularly, there are two aspects of the reasons in the elderly's unstable life. On the one hand, quite a few children do not fulfill their own obligations to support, and as a consequence their parents are abandoned. On the other hand, for the factor that physical illness, quite a few elders suffer from mental anxiety. On the whole, all of these are the causes of mental issues in the elderly.
Whether the elderly have happiness depends on a more perfect supervision mechanism. More important, it is not applicable to adopt an attitude of indifference towards the elderly and it is a must for us not to tolerate abuse of them, and they should be concerned basically by community and village committees. What we should do is making a shift and increasing investment, especially constructing the nursing homes, improving the equipment and training staff. Moreover, we hope that the mental health of the elderly should be respectfully treated by psychiatric experts. To name ~~only~~ solely a few, they can go deep into the community, and emphatically promote the knowledge of mental health. At the same time, the possibility that communities take the establishment of the old pensioners club into account and provide affluent and colorful activities for the elderly is often discussed. In these ways, those sufferers can be rescued from hazards.
In this paper, we have discussed the causes of population aging, the psychological issue of the elderly and how to ameliorate these conditions.

图 7　习作终稿

　　图 7 为习作终稿，虽然最后一稿也并非是完美无缺的，但是经过多稿写作和不断修改后，作文内容相比初稿更加丰富，条理更加清楚，语法、用词等细节的准确性也在不断地提高。

结　论

　　综上所述，在频次效应下进行多稿写作可以让学生关注写作过程，在这个过程中，学生可以不断审视、反思和修改自己的作文，从而提升自主写作修改能力。研究结果表明，多稿写作是有利于提高学生的英语写作质量的。在重复写作任务的过程中，学生对自己的作文做了较多的修改，修改种类涉及内容、结构、句型、语法、词汇等各个方面。通过反复进行修改，学生的写作成绩得到明显提升，在词汇丰富度、平均词长、词汇平均难度、从句数量、段落数量和语法修正率上均有较为显著的提高。本研究通过实证研究的数据验证了频次对二语写作的积极作用，也揭示了在写作中鼓励学生进行不断的自我修改的重要性和可行性。

参考文献：

［1］Ellis N. Frequency effects in language processing［J］. Studies in Second Language Acquisition，2002，24（2）.

［2］Ellis N. & D. Larsen-Freeman. Language emergence：Implications for applied linguistics—Introduction to the Special Issue［J］. Applied Linguistics 2006，27（4）.

［3］Perin D. Repetition and the informational writing of developmental students［J］. Journal of Developmental Education，2002，26（1）.

［4］贝晓越. 写作任务的练习效应和教师反馈对不同外语水平学生写作质量和流利度的影响［J］. 现代外语，2009，32（4）.

［5］戴劲. 输入方式、输入次数与语篇理解［J］. 外语教学与研究，2007（4）.

［6］何万贯. 第二写作过程研究［J］. 现代外语，2007（4）.

［7］王炤. 多稿和单稿写作对英语写作质量的影响［J］. 重庆理工大学学报：社会科学版，2013，27（11）.

［8］王哲，张跃. 大数据方法与外语教学创新研究［J］. 外语电教化，2015（9）.

［9］徐昉. 英语写作教学与研究［M］. 北京：外语教学与研究出版社，2012.

［10］周丹丹. 练习次数对故事复述的影响［J］. 解放军外国语学院学报，2004（5）.

［11］周丹丹. 输入与输出的频率效应研究［J］. 现代外语，2006（2）.

［12］周丹丹. 频次作用对二语写作的影响［J］. 外语与外语教学，2011（1）.

[13] 张吉生,周平. 英语写作教学中"结果法"与"过程法"的对比研究 [J]. 外语与外语教学, 2002 (9).

[14] 赵镭. 写作自动评改系统在研究生英语实用写作教学中的实践研究 [J]. 玉溪师范学院学报, 2018 (2).

[15] 周卫金. 语言输入模式对口语产出的影响 [J]. 解放军外国语学院学报, 2005 (6).

赵镭,女,硕士,云南大学外国语学院讲师。研究方向:英语语言教学。

法语课堂中的法国文化导入

聂云梅

（云南大学外国语学院西语系）

摘 要：语言是文化的载体和组成部分，因此语言教学应该与文化教学相辅相成。法语教学中必须加强对学生进行法国社会文化知识的传授力度，以提高学生在语言交际的实践中对法语的理解能力和运用能力。然而，应该传授什么样的文化内容，通过怎样的方式让这些文化内容走入课堂，这是一个有待法语工作者不断探讨和研究的课题。

关键词：语言；文化；法语教学；课堂

引 言

语言作为社会交际的一个重要手段，必须有其使用规则，否则语法规则就会没有意义。这里的"使用规则"，就是语言系统之外，包括社会文化因素在内的运用语言进行正常交际的使用规则，因为人们所使用的语言只有在一定的社会文化的语境中才能完全被理解（邓炎昌、刘润清，1989）。"交际能力"这一概念的提出，标志着语言观念上的巨大转变。许多语言学家对此从不同角度进行了研究，其中有一共同点：文化能力是交际能力的重要组成部分。培养学生的交际能力是指除了培养和发展学生的语言技能之外，还需培养他们的文化能力，即实际运用法语同讲法语国家的人进行正常交际的能力。

一、语言和文化的关系

马克思关于语言学的基本理论告诉我们："语言是思想的直接现实。""语言是人类主要的交际工具。"人类、社会、语言、文化一开始就是四位一体出现的。每一个人都在一定的社会、文化环境下生活，都用语言进行交际，其生活方式、思想观念、宗教礼俗等无不深深地烙印在历史的轨迹上［张苏、姜云臣，2002（5）：40－42］。语言不是孤立存在的，它深深扎根于民族文化之中，并且反映该民族的信仰和情感；语言是文化的载体，是文化的镜像反射，而文化制约着语言形式，它不断将自己的精髓注入语言中。可以毫不夸张地说，不了解所学语言国家的民族文化，便无法正确理解和运用该国语言。反过来说，越深刻、细致地了解所学语言国家的历史、文化、传统、风俗习惯、生活方式，就越能正确地理解和准确使用该语言。

正因为语言与文化有着如此密不可分的关系，所以，在语言教学中，引入与该语言相对应的文化也就越来越受到语言教师的重视。鉴于地域和空间的距离，在中国进行法语教学，中、法文化间的差异是可想而知的。所以，在法语教学中必须加强对学生进行法国社会文化知识的传授力度，以提高学生在语言交际的实践中对法语的理解能力和运用能力。然而，在法语教学中应该传授什么样的文化内容，又通过怎样的方式让这些文化内容走入课堂，这是一个有待于法语教学者不断探讨和研究的课题。

二、文化教学内容的认定与传授

人类社会学家将文化分为三个层次：高层次文化——包括哲学、文学、艺术、宗教等；大众文化——指习俗、仪式、衣食住行以及人际关系各方面的生活方式；深层文化——指价值观的美丑定义、时间取向、生活节奏、解决问题的方式以及性别、阶层、职业、亲属关系相关的个人角色。文化这三个层次是紧密相连的。高层文化和大众文化都深植入深层文化，而深层文化的一个概念却又以一种习俗或其他生活方式反映在大众文化中，以一种艺术形式或文学主题反映在高级文化中。在外语教学中，要引导学生有意识地去学习深层文化，以便了解人们的行为准则和方式，尽量避免在大众文化层次上产生误解。应当说明的是，文化教学不是使学生记忆一些文化事实，而是培养他们的跨文化交际能力。忽视交际文化的传授，必然会影响学生实际进行语言交际的能力，以致造成交际失误。中法文化差异较大，中国人从小受到的是集体主义教育，而法国人则是在个人主义教育中成长起来的，集中体现在以价值观为中心的文化内核上。语言的使用必然受价值观的制约和影响（方仁杰，2003）。

下面举几个常见的双方容易误解和语言运用错误的例子。

（1）如果为别人做了好事，或送了礼物。中国人和法国人都会表示感谢，但在回答方法上却截然不同。法国人常说："pas de quoi""Je vous en prie""Ce n'est rien""Avec plaisir""C'est un plaisir pour moi de vous aider（不用客气，这算不了什么，能够帮助您我很高兴）"。而中国人却偏偏要谦虚一番："C'est ce que je dois faire（这是我应该做的）"，这会使对方大为不快，认为中国人做好事都是被迫的，出于工作或职责的需要，并非自愿而为。

（2）在同朋友分手时，中国人总说"慢走"。"慢走"译成法语为"Allez tout doucement"，"Circulez lentement"。法国人则无法理解，心想时间宝贵，再说我人也不老，为什么要"慢走"。法国人在这种场合总会说："Bon retour（一路顺风）"，"Vous êtes le bienvenu（欢迎再来）"，"Merci de votre visite（谢谢您的拜访）"，"Nous avons passé ensemble un moment bien agréable（我们在一起度过了一段很愉快的时光）"。

（3）在法国文化中，与人交谈时，不应问对方的年龄，因为年龄属于个人的隐私。而在汉语文化中，这却是一种关切的表现。在法国，特别是女子的年龄是不公开的，也不愿别人提起她们的年龄。尤其是年长的法国妇女不愿意听到别人说起她们的年龄，而她们比青年妇女更注意修饰、打扮，以掩饰额头和眼角上的皱纹。如果在公共汽车或在地铁内给年长的法国人让座只需说"Asseyez-vous，s'il vous plait（您请坐）"，就可以了；如果说"您年龄大了，请坐吧"，对方会说你是画蛇添足。

（4）按照法国人的习惯，得到别人赞扬时，一般会说"Merci（谢谢）"，表示接受，说明自己认为对方的赞扬是诚心诚意的，所赞扬的是值得赞扬的。因此，不装作自卑或故作谦虚。但对中国人来说，一般会谦虚地说："不不，我还有很多缺点，希望多多帮助。"或者说自己的成就不过是由于侥幸或客观条件造成的，而接受赞扬则意味着有骄傲自满的情绪。

三、法语教学中文化教学的方法

大学法语中的文化教学应该因景制宜、因材施教。应该在保证语言教学的同时采取一些简单、易行、有效的方法引入一定的法国文化知识，不断培养学生的文化习得意识及识别文化差异的能力。

（1）介绍背景知识。汉、法民族语言文化的差异往往会影响学生对语言的准确理解和跨文化交际，在教学中有针对性地介绍一些与教学内容有关的文化背景，不仅有助于学生对语言的准确理解，还有助于促进学生的语言运用能力。如在讲解"法国的地理知识"一课时，提及流经法国的四条河流：塞纳河、卢瓦尔河、罗讷河以及加隆河，学生常常将它们的名字混淆，并且将它们所处的地理位置也混淆。所以在讲解这四条河流时，不妨给学生加上如下注释：塞纳河是一条流经巴黎的河流；卢瓦尔河是法国最长的河流，沿途有很多精致的城堡；而罗讷河是法国东部的河流，连接了法国和瑞士两个国家；加隆河则是法国西部的河流，流经葡萄酒的生产基地波尔多，注入大西洋。这样的讲解生动、形象，学生容易记忆，同时也对一些常识性的东西作了补充。这种方法可以应用到讲解法国的山脉、法国的城市等基本知识。当然，教师在讲解这些知识以前，也需要透彻地了解法国的文化背景知识。

（2）课外阅读。由于大学法语的课时极为有限，靠教师在课堂上传授文化知识显然是远远不够的，教师应当引导学生在课外加强法国文化方面的知识学习，引导学生在阅读文学作品、报纸时留心和积累有关文化背景、社会习俗等方面的材料。"文学作品"是一个了解民族的习性、心理状态、文化特点、风俗习惯、社会关系等方面的最生动、最真实的材料，教师应该选择一些能够使学生在短时间内有助于提高交际技能的文学作品以及杂志、报纸等。这里的信息往往是教科书中所缺少的。以此逐渐积累中法文化差异方面的知识，不断拓宽法国文化方面的视野。同时教师还可以利用网络资源，向学生介绍一些知识面广、方便查询信息的法语网站，并通过做读书笔记、归纳文章大意或者口头陈述等互动方式来检查学生是否在阅读过程中有所收获。

（3）进行文化对比。法、汉民族不同的思维方式和文化传统，造成了法、汉文化的丰富多彩。教师可以通过对比两种不同文化现象来丰富学生的文化知识，同时也促进学生的法语综合运用能力。事实上，我们经常面对的问题是：当我们手上有了他山之石，转过身、回过神再看自己的文化，我们茫然无措，不知从何下手。"知人者智，自知者明。"知己知彼才能百战不殆，而不自知的后果就容易自轻自贱，容易自慢自大，始终找不准一个自在舒服的姿态去和他者平等地对话。在中西文化交流这个问题上，走得出去、拿得回来固然重要，但要拿得出去、走得回来也同样重要，甚至在当前的语境里显得尤为重要。懂得内观自省，我们在看外面世界的浮华时才不容易迷失，或者一时走入迷途也找得到回家园的方向。例如，在讲解了法国葡萄酒文化之后，可以让学生思考，葡萄酒对法国人的日常生活和思维方式至关重要，那么，对于中国人而言，什么饮品对中国人的文化有着决定性的意义呢？学生也许会回答茶，这个时候不妨让学生搜集一些关于茶的资料，然后告诉他们这些资料的法语表达是什么样的。这样既增长了学生的法国文化知识，对于自己民族的东西也知道了用法语表达的方式。这是一个很好的教学经验。

四、法语教学中文化教学的原则

法语教学中的文化教学应本着循序渐进、实用以及与教学内容相结合的原则，不能操之过急，也不能只以文化教学为主而忘记语言教学内容。

（1）阶段性。法语教学是由浅入深、由简到繁、循序渐进的过程。文化知识的传授应接近学生的语言水平，应与所学法语水平的等级标准同步进行。例如，在入门阶段，介绍一些像问候语、打电话、去商店购物、到图书馆借书等交际性的文化背景，然后引入一些像法语国家的饮食习惯、民族风俗等相关知识。

（2）实用性。实用性原则要求所讲授的文化内容与学生所学的语言内容密切相关，与日常交际所涉及的主要方面密切相关，同时也考虑到学生今后所从事的职业性质等因素。这一方面不至于使学生认为语言与文化的关系过于抽象、空洞、捉摸不定；另一方面文化教学紧密结合语言交际实践，可以激发学生学习语言和文化的兴趣，产生较好的良性循环效应。

（3）适应性。首先，要适应法语教学的需要，如在基础法语教学阶段，交际文化是主要的。其次，应该考虑到属于主流文化的内容、有广泛代表性的内容，应该详细讲解、反复操练。最后，还应正确处理好文化内容的历时性和共时性之间的关系，重点应放在共时文化上（主要是当代文化上），适当引入一些历史的内容，以利于学生了解文化习俗和传统的来龙去脉等。教学方法上也要适度，协调好教师讲解与学生自学的关系。文化的内容广泛而复杂，教师的讲解毕竟是有选择和有限的，因此，应鼓励学生进行大量的课外阅读和实践，增加文化知识的积累。

结　语

法语学习达到高层次的标志，就是要具备一定的用法语进行跨文化交际的能力。而要培养具有这种能力的学生，法语教学不能只限于语言系统本身，还应该把与法语有关的文化背景知识恰当地、灵活地与语言教学结合起来,使学生较全面地掌握所学的语言,按照语用原则进行交际。作为法语教师,在很好地掌握法国语言的基础上,还应该深入掌握和研究法国语言的社会文化因素。如何更好地培养学生对法国语言的文化意识或文化敏感性,进而深化成为他们的一种文化能力,这是法语教学中一个极其重要的课题。

参考文献:

[1] 方仁杰. 法国社会语言学[M]. 长春:吉林人民出版社,2003.

[2] 赵复萍. 第二语言习得与阅读输入强化[J]. 教学研究,2002(2).

[3] 邓炎昌,刘润清. 语言与文化[M]. 北京:外语教学与研究出版社,1989.

[4] 张苏,姜云臣. 外语教学中文化对比[J]. 山东外语教学,2002(5).

聂云梅,女,硕士,云南大学外国语学院讲师。研究方向:跨文化交际、法国文学。

语言研究

语言研究

越南喃字产生的原因探析

于在照

(云南大学外国语学院南亚东南亚语教学研究部越语系)

摘 要：喃字是古代越南在汉字的基础上创制的。喃字在越南历史上第一次实现了文字与语言的统一、书面语与口头语的统一，是越南文字历史上的一大进步。喃字是为满足越南人记录越南语、表达思想感情的需求而产生的，是为满足越南人学习汉字、注译汉文文献的需要而产生的，是为满足越南通俗文学发展的需要而产生的，并非一些越南学者所谓的"喃字的产生是越南民族意识增强的体现"。

关键词：越南；喃字；汉字；民族心理；原因

引 言

在历史上，越南使用过三种文字：汉字、喃字和拉丁化国语字。汉字、喃字是古代、近代越南使用的文字；拉丁化国语字是现代越南使用的文字，就是现在的国家正式文字——越南语。在古代越南，汉字是官方正式文字，喃字是仅用于汉字学习、文学创作等方面的辅助文字。长期以来，围绕着喃字的产生原因，不少越南学者（杨广翰，1951：100；陶维英，1975：14；阮光红，2008：126）几乎一致认为："喃字的产生是越南民族意识增强的体现。"史实果真如此吗？

笔者根据搜集到的材料，本着客观、历史的态度，从立论和驳论两个方面，深入探析喃字产生的原因。在立论方面，从喃字的创制与使用、文字与语言相统一的需要、汉字学习和汉文文献注译的需要以及通俗文学发展的需要等方面分析喃字产生的原因。在驳论方面，对越南学界流行的所谓"喃字的产生是越南民族意识增强的体现"这一观点进行剖析，正本清源，以正视听。

一、喃字的创制与使用

"Chữ Nôm"（喃字）中的"Nôm"，在越南语中为"通俗"（Nôm Na）之意。"Chữ Nôm"意指"通俗文字"。喃字的"通俗文字"之意，是相对于汉字的"官方正式文字"而言的。有学者认为"Nôm"为"Nam"（南）之变音。因此，"Chữ Nôm"也可理解为"南国文字"。喃字是在汉字基础上，运用形声、会意和假借等方式形成的一种形似汉字的方块文字。

喃字创制于何时、为谁所创，学界迄今尚无定论。根据史料，笔者初步认定：喃字为三国时期的交州太守士燮最早创制。在经历了长期的历史发展演变后，13世纪喃字得以定型。

据史料记载，三国时期的交州太守士燮被认为是喃字最早的创制者："为便利越南人民研习中国典籍，士燮注释中国造字之方法，以汉字拼音成越语。其中形声与会意二法运用最多，如此假借汉字新创之文字称为'喃'字。"（胡玄明，1979：69）《殊域周咨录》记载："汉光武中兴，命马援征交趾女主，立铜柱，而南汉置为交州。时有刺史名仕燮，乃初开学，教取中夏经传，翻译音义，教本国人，始知习学之业。"（严从简，2000：236-237）这里的"教取中夏经传，翻译音义"就是指士燮创制喃字，用与交州当地人语言相一致的喃字注解、翻译儒学典籍，对当地人进行汉文教育。

《指南玉音解义》和《大南国语》两部词典的作者也认为士燮为喃字的创始人。据越南现存最早的一部汉喃字典《指南玉音解义》（皇朝景兴二十二年，1761）的汉文序载："至于士王（士燮）之时，移车就国，四十余年，大行教化，解义南俗以通章句，集成国语诗歌以志号名，韵作指南品汇上下二卷，学者难祥。兹宿禅谨严香玉，音其字，解其义，手写帙成，可谓明览详之要，使其读者，走韵连声。"（陈文岬，1990：12）这里的"音其字，解其义"就是指士燮创制喃字，用喃字标音汉字、注释汉字。

阮朝嗣德33年（1880），阮文珊（Nguyễn Văn San）编写的《大南国语》记载："列国言语不同，一国有一国语。我国自士王译以北音，其间百物犹未详，如雎鸠不知何鸟，羊桃不知何木。此类甚多，是书注以国音，庶得备考，或有易知者，亦不必注。"（陈文岬，1990：21）这里的"注以国音"就是指士燮用喃字标音汉字、注解、命名世间百物。

语言研究

上述史料记载中出现的国音、国语就是指现在中、越两国学界所说的"喃字"。在古代，越南人喜欢用国音、国语来指代"喃字"。如阮廌（Nguyễn Trãi，1380—1442）的《国音诗集》、黎圣宗（1460—1497）与其群臣合写的《洪德国音诗集》、阮秉谦（Nguyễn Bỉnh Khiêm，1491—1585）的《白云国语诗集》等。

士燮开喃字创制的先河，后代人们模仿士燮的做法，不断将喃字系统推向完善。后来佛教由印度、林邑传入越南时，因佛经中尚有浓厚的印度、林邑语音，为弘扬佛法，普及越南广大民众，越南僧人利用汉字，按越语拼音，创造喃字。

到8世纪前后，汉越音体系在安南形成。越南现代学者阮才谨（Nguyễn Tài Cẩn，1926—2011）指出：越南汉字的"汉越读法是源于唐朝汉语的语音体系，具体是约为八九世纪在交州讲授的唐音"（阮才谨，2000：19）。汉越音体系的确立为喃字的发展和完善奠定了一定的基础。因为系统、准确的汉越音体系有助于喃字音、型的确定。

刻于李朝李高宗治平应龙五年（1210）的《报恩禅寺碑文》是目前越南保存的喃字定型最早的文本之一。《报恩寺碑文》中出现了一些喃字如"同翕"（Đồng Háp）、"同纟才"（Đồng Chài）、"同土而"（Đồng Nhe）、"塘山"（Đường Sơn）、"米完"（oản）等。喃字"同"为假借字，为"田野"之意；喃字"塘"也为假借字，为"道路"之意；"纟才""土而""米完"为形声字。越南学者陶维英认为："到李高宗时，喃字的构造可以说是已经定型了。"（陶维英，1975：18）13世纪，越南喃字文学的诞生标志着喃字真正成熟、定型。其后各个朝代，喃字仍处在不断地变化、完善中。

在喃字的演变进程中，由于喃字没有得到越南历代封建王朝的支持和完整规划，而是随个人喜好而随意创造，因此而存在因时代、因人的不同而导致喃字字体多样化的现象。如汉语里的"孩子"，在拉丁化国语里写作"con"，早期的喃字写作"昆"，后来的阮朝时又写作"子昆"；汉语里的"嫩"，在拉丁化国语里写作"non"，喃字则有多种写法："嫩""嫩"。

喃字是以汉字为基础，运用假借、形声等手法而组成的一种复合体的方块文字，每一个字都有一个或几个表音或表意的汉字组成。如喃字"南年"（拉丁化国语为"năm"），左面的"南"字表音，右面的"年"字表意，意思是

· 139 ·

"年"。喃字从构造方式可分为如下几类。

（1）假借字：就是借汉字以表其音。如喃字"没"（môt），意思是"一"；喃字"腰"（yêu），意思是"爱"；喃字"固"（có），意思是"有"；喃字"戈"（qua），意思是"过"；喃字"吏"（lại），意思是"来":

（2）形声字：就是由表音和表意两部构成的喃字。如喃字"𡎢"（ngồi），上面的"坐"字表义，下面的"外"字表音，意思是"坐"；喃字"礼"（trẻ），右边"小"字表义，左边的"礼"字表音，意思是"年轻"；喃字"氵悲"（bơi），右边"氵"字表义，左边的"悲"字表音，意思是"游泳"。

会意字：此类字在喃字中数量很少，其特点是由两个汉字共同表义并且不含表音的偏旁。如喃字"并多"（sánh），意思是"比较"；喃字"天上"（trời），意思是"天"；喃字"地下"（đất），意思是"地"。

喃字具有先天性的文字缺陷：一是喃字作为表音文字来记录越南语的语音，准确性欠佳，难度大；二是喃字在字形上比汉字还复杂，对于普通百姓而言，堪比天书，学习难度超过汉字。一般来说，要学习喃字，必须要先懂汉字才行。因为人们要依据汉字来判明喃字，所以不能离开汉字而学习喃字。虽然喃字历史悠久，适合民用，但由于喃字的复杂及书写的混乱，使得喃字在推行上困难重重。因此，在越南古代文字发展历史上，喃字一直未能取代汉字而取得国家正式文字的地位，使用范围仅限于汉文教育、诗文创作等方面。20世纪初期，随着拉丁化国语的普及，喃字便逐步退出了文字历史舞台。

二、越南喃字产生的原因

笔者认为，喃字的产生是安南、越南社会、文化、教育、语言和文学等多种原因造成的。根据目前笔者掌握的材料，可以主要归结为三个原因：文字与语言相统一的需要，汉字学习、汉文文献注译的需要，通俗文学发展的需要。

（一）越南文字与语言相统一的需要

在古代历史上，越南虽然使用汉字作为官方正式文字，但越南人日常所讲的越南语"国音"与中国人使用的汉语是大相径庭的。越南古人"其诵诗读书、谈性理、为文章，皆与中国同，惟语言差异耳"（汪大渊，1981：50）。《殊域周咨录》记载："中夏则说喉声，本国话舌声，字与中华同，而音不同。"（严从简，2000：236－237）上述两段史料可以说明，中、越两国文字相同、语言不同是一种历史客观存在。

在古代，由于两国语言的不同和汉字读音的差异，中、越两国人士在交流中常以笔谈代替口谈。清朝名士淡如甫在为阮交的《史论》作序中提到了中、越两国人士在交流中的"笔谈"——"操笔张纸申其情愫"："言说通之以译者，口舌所未能罄，操笔张纸申其情愫。"出使中国的越南使者在与中国文人交流过程中也常用"笔谈"——"月下笺谈"："高曲曾闻白雪赓，月下笺谈期后会。"（范熙亮《鸣谢》）1905—1909 年，潘佩珠发动和领导了旨在寻求救国大计、争取外援的赴日留学运动——"东游运动"。在日本期间，潘佩珠曾与梁启超、孙中山等革命领袖交流救国图强大计，他们之间的交流也全用"笔谈"。潘佩珠在悼念孙中山的挽联中提到了他与孙中山的"笔谈"——"两度握谈"："志在三民，道在三民，忆横滨致和堂两度握谈，卓有真神贻后死；忧以天下，乐以天下，被帝国主义多年压迫，痛分余泪泣先生。"

以上叙述说明，在古代，越南人说和写是不一致的：说的是本民族的语言越南语，书写使用的文字是汉字。因此，越南人虽然书面语使用汉字，但大多不能用汉语与中国人进行口语交流。当然，通晓汉语口语的越南人不在其列。

古代越南长期使用汉字，但汉字在越南仅仅是一种书面文字，并没有承担起记录越南语"国音"和表达越南语口语的任务，存在着文字与语言的矛盾、书面语与口语的矛盾，这成为当时越南社会语言领域的突出矛盾。在这种状况下，越南社会就需要一种能记录越南语"国音"的文字，实现文字与语言的统一。因此，越南文字与语言相统一的需求就成为喃字产生的首要原因和根本原因。

（二）越南汉字学习、汉字文献注译的需要

喃字是满足越南人汉字学习、汉字文献注译的需求而产生的。也就是说，喃字是汉字学习、汉字文献注译的辅助工具，是为汉字学习、汉字文献注译服务的。士燮最早创制喃字的目的就是用喃字为汉字注释音义，对当地人进行汉字、汉文教育。据越南现存最早的一部汉喃字典《指南玉音解义》（皇朝景兴二十二年，1761）的汉文序载："至于士王（士燮）之时，移车就国，四十余年，大行教化，解义南俗以通章句，集成国语诗歌以志号名，韵作指南品汇上下二卷，学者难祥。兹宿禅谨严香玉，音其字，解其义，手写帙成，可谓明览详之要，使其读者，走韵连声。"（陈文岬，1990：12）《殊域周咨录》记载：

"时有刺史名仕燮,乃初开学,教取中夏经传,翻译音义,教本国人,始知习学之业。"(严从简,2000:236-237)

越南现代学者胡玄明更是一语道破、一针见血地点明了喃字创制的目的是"便利越南人民研习中国典籍":"为便利越南人民研习中国典籍,士燮注释中国造字之方法,以汉字拼音成越语。其中形声与会意二法运用最多,如此假借汉字新创之文字称为'喃'字。"(胡玄明,1979:69)

为了便于学生学习汉文,越南古代学者编写了各种各样的汉文学习教材和儒学经典注释读物。这些汉文学习教材和儒学经典注释读物都是汉字在前,喃字在后,喃字为汉字注音、释义。如19世纪文人杜辉琬(Đỗ Huy Uyển)编纂的《字学求精歌》、黎直(Lê Trực)编纂的《字学训蒙》、阮朝第四代皇帝阮翼宗(1848—1883)御制的《字学解义歌》《论语译义歌》以及无名氏编纂的《难字解音》等。

为规范汉字学习,越南古代学者编纂了各类工具书。如《指南玉音解义》《三千字解音》《大南国语》和《日用常谈》等。《指南玉音解义》是越南一部成书较早的汉喃字典,它用喃字解释汉字字义,按天文、地理、身体、兵器等40个门类进行编排。《三千字解音》由越南古代学者吴时任(Ngô Thì Nhậm)编纂,全书约有3 000个汉字,每个汉字都用喃字注解。《大南国语》是19世纪文人阮文珊(Nguyễn Văn San)编写的一部汉喃字典,它与《指南玉音解义》体例类似,所列门类以及所收词语要多一些。《日用常谈》由越南古代学者范廷琥(Phạm Đình Hổ)编辑:"因举日用常谈,授之门人,衍译训诂,积九成编,收以遗之。"(陈文岬,1990:18)《日用常谈》是一部小型汉喃字典,按天文、儒教等32个门类进行编排。

(三)越南通俗文学发展的需要

在越南古代文学史上,越南汉字文学多局限在诗、赋等书面语特征很强的文学形式,而话本、传奇等口语特征较强的文学形式,尤其是表达民众思想感情的通俗文学相对欠缺。这是由越南人所用书面语的汉字与越南日常口语脱节而导致的。因此,喃字的产生就成为越南通俗文学发展需求的必然。喃字的创制在某种程度上满足了越南通俗文学发展的需要,为使越南大众文学从口传文学发展到成文文学创造了条件。

在越南古代文学史上,有两种文学形式:汉字文学和喃字文学。汉字文学属于高雅文学,而喃字文学属于通俗文学。喃字文学(Văn Học Chữ Nôm)是指越南古代文人用喃字创作的诗文等。越南喃字文学产生于13世纪。对喃字文学产生于13世纪这种观点,虽有学者质疑,但中越文学研究界基本认同。

据史载,韩诠(Hàn Thuyên)(阮诠)(Nguyễn Thuyên)是越南历史上用喃字撰文、赋诗的第一人。《大越史记全书》记载:"壬午四年(1282)秋8月,时有鳄鱼至泸江,帝命刑部尚书阮诠为文投之江中,鳄鱼自去。帝以事类韩愈,赐姓韩。诠又能为国语赋诗。"(吴士连,1988:188)阮诠之后,用喃字创作的越南文人是阮士固(Nguyễn Sĩ Cố),他生活在13世纪末14世纪初,颇有喃字诗赋创作才能。据《大越史记全书》记载:"(陈英宗)命天章学士阮士固讲五经。士固东方朔之流,善诙谐,能作国语诗赋。"(吴士连,1988:210)从此,越南文人用喃字作诗赋者日渐增多。陈英宗时也有一些诗人创作喃字诗。《大越史记全书》记载了陈英宗时越南诗人作喃字诗、讽喻下嫁玄珍公主于占城国王制旻之事:"丙午十四年……夏六月,下嫁玄珍公主于占城主制旻。上皇游方幸占城而业许之,朝野文人多借汉皇以昭君嫁匈奴事,作国语诗词讽刺之。"(吴士连,1988:210)

喃字文学从13世纪诞生开始,在经历了5个世纪的艰难、缓慢发展后,到18世纪终于开启了一个灿烂辉煌的发展时代,呈现出一派繁荣昌盛的局面。代表性的作品有阮攸的《金云翘传》、段氏点的《征妇吟曲》、阮嘉韶的《宫怨吟曲》、阮辉似的《花笺传》、李文馥的《玉娇梨新传》《西厢传》和大量无名氏的喃字长篇叙事诗以及胡春香、青官县夫人等女诗人的喃字唐律体诗。20世纪初期,随着拉丁化国语文学的兴起和发展,喃字文学完成了它的历史使命,便逐步退出了越南文学的历史舞台。

三、喃字的产生并非越南民族意识增强的体现

在越南喃字研究界,"喃字的产生是越南民族意识增强的体现"这一观点流传甚广,似乎成为一种"事实""真理"。这一观点貌似"无比正确""无懈可击",实则是一大谬论,根本没有历史事实依据,纯属个人的主观推断、臆测。这是典型的以现代越南民族意识推测古代越南民族意识的错误逻辑论断。

在古代,越南与中国关系有两条泾渭分明的路径:在政治上,越南对中国是离心的,就是民族意识高涨,不断斗争,努力摆脱中国的控制;在文化上,

越南对中国是向心的,具有浓厚的崇尚汉字、汉文化的民族心理,不仅不排斥汉字、汉文化,反而将其视为瑰宝。

在使用汉字的历史过程中,古代越南人——从帝王到官吏、文人等都崇尚汉字、汉文化,他们把汉字称为"儒字""圣贤之字",他们把中国汉文化奉为神明。越南现代学者陈重金在《越南通史》中指出:越南人"人人安于什么东西是中国的就好,就比自己的强,从思想直到做事情,什么都以中国为榜样。谁能模仿中国就算有能力,不能模仿就是拙劣。国人对中国文明的仰慕如此,因而不愿权衡优势,不去设法发明优良的东西,总以为人家比自己强,自己只仿效就行了"(陈重金,1992:56)。

越南古代文人对中国文化极其崇尚,他们把以儒学为代表的中国文化视为自己文化的源头:"威仪共秉周家礼,学问同尊孔氏书。"[阮公沆《柬朝鲜国使俞集一李世谨》(其三)]"彼此虽殊山海域,渊源同一圣贤书。"(冯克宽《答朝鲜国使李晬光》)

在越南古代文人眼里,中国是文献之邦,《论语》《诗经》和《楚辞》等儒学、文学典籍都值得他们顶礼膜拜并奉为圭臬:"《庄子》、《淮南》文章之祖,《史记》、《左传》史学之祖,《楚辞》词赋之祖。"(黎贵惇,1972:106)

越南古代文人把汉字文学视为"正统文学""高雅文学",而把喃字文学视为不登大雅之堂的"通俗文学"。越南古人这种"重汉轻喃"的民族心理,无疑是汉文化、汉文学长盛不衰、喃字文学发展不畅的重要因素之一。由于喃字文学"通俗文学"的定位,不少文人的喃字作品不署名,以至于越南文学史上出现了相当多的无名氏喃字作品。

越南古代文人这种"重汉轻喃"的文学审美心理,在文学史上导致的结果就是:汉文作家数量远远超过喃字作家数量,汉文作品数量远远超过喃字作品数量。笔者对越南学者陈文岬(Trần Văn Giáp,1902—1973)的《越南作家略传》中所列的汉喃作家的数量进行了统计:公元10世纪中叶至20世纪初的735位汉喃作家中,94.3%为汉文作家,5.7%为喃字作家。这5.7%的喃字作家,除有喃字作品外,也有汉文作品,属于汉喃兼工型作家。

在古代,喃字长期处于低下的地位,越南人一直抱有"重汉轻喃"的民族心理。在这种历史状态下,实在难以把喃字的产生与越南民族意识的增强联系起来。

另外，还有一个不可忽视的事实，那就是喃字最早的创制者是中国封建统治者派出的治理交州的官吏士燮，而非当地交州人。在士燮之后，喃字不断创制、完善的700余年间，是中国直接统治交州的"郡县时期"。那些不断完善喃字、用喃字标音、注解汉字、进行汉文教育的人，大多是中国统治者派出的官吏以及南下的内地文人。这一事实再一次有力地说明，喃字的产生并不是"越南民族意识增强的体现"。

通过以上分析，可以肯定地说，喃字的产生并非"越南民族意识增强的体现"，而是上述所说的文字与语言相统一的需要，汉字学习、汉字文献注译的需要以及通俗文学发展的需要。

结　语

综上所述，喃字是古代越南在使用汉字的基础上创制的，在越南历史上第一次实现了文字与语言的统一、书面语与口头语的统一，是越南文字历史上的一大进步。喃字是为满足越南人记录越南语"国音"、表达思想感情的需求而产生的，是为满足越南人学习汉字、汉文、注释汉文文献的需求而产生的，是为满足越南通俗文学发展需求而产生的，并非越南学界有些学者所谓的"喃字的产生是越南民族意识增强的体现"。

鉴于喃字产生原因的复杂性，笔者今后将继续阅读史料，搜集更多的材料，努力探索，深入分析，认真研究。

参考文献：

［1］［越］陈文岬．汉喃书籍考（越南书籍志）第二集［M］．河内：社会科学出版社，1990．

［2］［越］陈重金．越南通史［M］．北京：商务印书馆，1992．

［3］（清）大荔马先登伯岸甫．再送越南贡使日记（手抄本）［M］．北京：中国国家图书馆藏．

［4］［越］丁家庆．越南文学（10世纪至18世纪上半叶）［M］．河内：教育出版社，2001．

［5］［越］胡玄明．中国文学与越南李朝文学之研究［M］．大乘精舍印经，台北：台北金刚出版社，1979．

［6］［越］黎贵惇．芸台类语第二集［M］．国务卿特责文化府出版，译术

委员会古文书库, 1972.

[7][越]阮交. 史论（手抄本）[M]. 湘阴李氏清同治13年（1874）. 中国国家图书馆藏.

[8][越]阮才谨. 汉越读法的起源和形成过程[M]. 河内: 国家大学出版社, 2000.

[9][越]阮光红: 文字学概论[M]. 河内: 教育出版社, 2008.

[10][越]陶维英. 喃字: 起源、构造和演变[M]. 河内: 社会科学出版社, 1975.

[11]（元）汪大渊. 岛夷志略校释[M]. 北京: 中华书局, 1981.

[12][越]吴士连. 大越史记全书（内阁官版）[M]. 河内: 社会科学出版社, 1988.

[13]（明）严从简. 殊域周咨录[M]. 北京: 中华书局, 2000.

[14][越]杨广翰: 越南文学史要[M]. 河内: 社会科学出版社, 1951.

于在照, 男, 博士, 云南大学外国语学院教授、博士生导师。研究方向: 越南文学、语言。

日语"配虑"表达浅析

饶琼珍

（云南大学外国语学院日语系）

摘　要：众所周知，语言是文化的载体。任何语言在其语言的表达的背后都隐藏着一定的文化现象。日语的"配虑"表达可以说是日语在日常交际中的显著特征之一。在这个表达特征中，毫无疑问隐含着一定的日本的文化现象。本文拟从"配虑"表达方式这一视角，浅析与其表达方式相对应的文化现象。

关键词："配虑"表达　表达方式　文化现象

引　言

日本和中国同属于汉字文化圈，并且曾深受中国古典传统文化的影响，因此，日本在文化和语言上与中国有一定的相似点。比如在日本文字中占举足轻重地位的日语汉字，在书写上还保留着很多与中文汉字字形相同或相近的汉字，这些汉字在书写上对中国日语学习者来说，毫无疑问确实具有一定的便利性。但中国日语学习者往往只看到日语在汉字书写上以及某些文化现象与中国的相似之处，而忽略了中国与日本在文化方面的差异。这种文化差异由其载体的语言——日语的表达方式直接体现出来。日语"配虑"表达背后所承载的内涵可以说就是日本文化现象的一种体现。日语的"配虑"表达也被称为"気配り、気使い表现"（彭飞，2015：32）。笔者认为，这种表达方式的主要语言功能是日本人在日常生活及工作中与周围的人进行交际、沟通和交流时，为保持与对方的良好关系，给对方留下好的印象而使用的一种表达方式，这种表达方式也可以说是日语在表达上区别于其他语言的显著特征之一。这种表达方式的主要特点是说话者把视点置于听话方,措辞的焦点立足于听话方立场,在话语的措辞和语气上体现对听话方的尊重,把对方置于上位,设身处地地为对方考虑,给对方留有回旋的余地,不让对方感到窘迫、为难、不愉快等的一种语言策略。这种表达方式可以说既维持了与对方的良好关系,又达到了保持自己(说话者)品格的目的,在一定程度折射出了日本文化在交际方面的部分特征。由于日语的"配虑"表达上所隐含的暧昧性、多义性和复杂性,所以学生往往不容易理解和准确使用,这在某种程度上制约了学生与语言对象国——日本人的有效语言交际以及在交流时语言能力的发挥,甚至会产生误会、误解等。之所以如此,一方面是学生语言能力不够熟练,另一方面是学生对隐藏在"配虑"表达后面的文化要素理解不到位,没有充分认识到横亘在中日这两种语言背后的文化差异以及思维方式的不同而导致的。笔者撰写本文的主要目的之一,就是想通过叙述日语"配虑"表达的主要类型,使用的目的、动机,以及在日常交际中使用这种表达方式所隐含的说话方的发话意图和听话方的听语方向所要传递的信息等。根据所使用的类型、场景,分析隐藏在这些语言现象背后的文化要素,以期对中国日语学习者在日语的"配虑"表达的学习和使用上有所帮助,同时也带有抛砖引玉的念头,与日语教育同行者交流。文中如有不当之处,恳请日语界的专家、同行批评指正。

一、日语"配虑"表达研究概况

在日本,"配虑"表达的研究始于20世纪90年代,至今有很多学者对日语的"配虑"表达做过大量的研究,研究成果丰硕。其中最有代表性的研究成果有『配慮表現からみた日本語』(姫野伴子,2004)、『日本語の「配慮表現」に関する研究』(彭飞,2015)、『日本語の配慮表現の多様性』(野田尚史、高山善行、小林隆編,2014)、『日本語の配慮——文法構造からのアプローチ——』(守屋三千代,2003)、『現代人の言語行動における"配慮表現"——「言語行動に関する調査」から』(塩田雄大,2012)、『日本語の配慮表現に関する文法カテゴリー』(牧原功,2012)、『コミュニケーションと配慮表現』(山岡政紀、牧原功、小野正樹,2010)。在国内,也有日语学界的学者进行过有关日语"配虑表现"方面的研究,但研究起步晚,研究成果与日本相比尚属于凤毛麟角,还没有形成一定的规模。据本次对国内关于日语"配虑"表达的先行研究的相关调查和梳理,这方面的研究成果主要集中于部分期

刊论文及少量的硕士学位论文。期刊论文如《日语助言行为中句末出现的"配虑表现"》（杨慧，2016）、《语用学视角下的"配虑表现"教学研究——以礼貌原则系列理论的运用为例》（邢黎，2014）、《日语依赖中的"配虑"表现》（禹永爱，2013）、《从"缓冲语"的使用看日语的"配虑"表现》（严莉，2013）、《基于"配虑表现"规则的日语礼貌用语习得》（金伊花，2013）、《基于"配虑表现"规则的日语导游礼貌用语习得》（金伊花，2012）、《小议日语会话中的"配虑表现"》（谷恒勤、战建丽，2010）等。

在上述所列举的先行研究中，日本学者主要从应用语言学的观点，从语法的角度对日语的"配虑"表达的类型、使用场景、意义等根据礼貌原则进行了深入的研究，其中也有和汉语进行对比研究的。（彭飞）而中国方面的研究主要侧重于"配虑"表达在交际中的礼貌原则的学习和应用。把文化作为切入点进行研究的成果不太多见，因此，笔者在本文中，在先行研究的基础上，尝试立足于日本文化的视点，对日语的"配虑"表达进行一定的浅析。

二、日语"配虑"表达的概念定义

所谓"配虑"表达，"简而言之就是指说话人为了与对方（听话人）保持交际的顺畅，不给听话方和读者产生不愉快情绪的表达方式"（野田尚史，2014：3），或者是指说话人为了达到与听话人之间的顺畅交流的目的，要传达给对方的信息并非原封不动地语言化后传达，而是考虑到听话人的尊严及形象，为维持与听话人之间的关系，使用带有敬语、郑重、亲密或者设定距离等的语言措辞，并把语言中蕴含的上述要素融入语言表达之中，反映说话人立足于听话方，慎重考虑所使用的措辞和语气等的语言表达形式，这种表达方式在日语中被称为"配虑表达"。

　　話し手は聞き手と円滑なコミュニケーションを行うため、伝えたいことをそのまま言語化して伝えるわけではない。話し手の尊厳やその人らしさなどを意志や意向が過不足なく伝わるよう、かつ聞き手との関係を望ましい形で維持できるように、敬意や改まり、親しさや距離感の設定など様々な配慮をし、それを言語表現にこめている。このような配慮を反映した言語表現を配慮表現と呼ぶ。（守屋三千代，2003）

上述关于日语"配慮"表达的定义，分别引用了野田尚史（2004）和守屋三千代（2003）对该概念的定义。把这个概念进行简单归纳，即为所谓的日语"配慮"表达，就是指发话者为了使交际顺利进行，在谈话中避免让对方产生不愉快的心情而留意所使用的措辞、语法构成、语气等的表达形式。笔者认为，这种表达形式的背后所隐藏的是日本文化的部分要素和特征。

三、日语"配慮"表达的语用原则

根据姬野伴子『配慮表現からみた日本語』（月刊《日本語》2004 年 2 月）的文章，把日语"配慮"表达分为「利益・負担、恩恵・迷惑に関して」、「決定権・意志に関して」、「縄張りに関して」、「位置づけに関して」四个原则。本文引用姬野伴子关于"配慮"表达的上述原则，对日语的"配慮"表达进行浅述和分析。

日本人在日常的交流、交际中，通常是把听话人置于上位者立场。说话人对于在谈话中被设定上位者的听话人，根据姬野伴子关于日语"配慮"表达中四个原则中的「決定権・意志に関して」（与决定权・意志相关）原则，作为听话人的决定权・意志，包括属于听话人的个人的私人范畴以及与听话人相关的事物，说话人应使用「です・ます」体、敬语、礼貌用语等，以表示对听话人的尊重，在保持交际顺利进行的前提下，在维系与听话人现有关系的同时，显示自己（说话人）的品格及教养。在对听话人的"配慮"表达的使用上，说话者要遵行以下三个大的原则（『日本語における配慮に関わる表現の指導』，北海道大学教育研究院纪要，第 108 号，2009：88）。

原則 1：聞き手の私的領域に踏み込んではいけない。/不能涉足听话人的私人领地（隐私范围）。

原則 2：話し手は聞き手を対等な関係と位置付けるような表現をしてはいけない。/说话人在表达方式上，不能把听话人定位为与自己对等的关系。

原則 3 の 1：話し手の利益、聞き手の負担は言わなければならない。/在谈话中必须体现出说话人的利益、听话人的负担。

原則 3 の 2：話し手の負担、聞き手の利益は言ってはいけない。/在谈话中不能体现说话人的负担、听话人的利益。

(一) 表示利益・负担、恩惠・麻烦的"配虑"表达

这种类型的配虑表达，主要是体现在说话人向听话人传递请求、委托（依頼）等信息的场合使用的话语。根据"配虑"表达原则，说话人在语言中要把对自己（说话人）来说是有利的（利益），而对话语对象（听话人）来说则是一种负担这样的含义尽量地表达出来。即我的利益最大，而你的负担也最大（私の利益は大きい。あなたの負担は大きい）。对于自己给对方所添的麻烦要有所提及并道歉，从对方那里所受到的恩惠也要提及，并且要向对方表达谢意。相反，如果话语中含有对说话人来说是负担，而对听话人来说是利益的场合，那说话人的负担、听话人的利益尽可能不表现出来。这种表达形式可以说是遵循了"配虑"表达原则（公式）「私の負担が小さい、あなたの利益は小さい」的一种表达形式。

例1，先生が教えました。

例2，先生が教えてくれました。

例3，先生、わざわざお土産を買って来てあげました。

例1仅只是陈述，没有表现出说话人的利益，听话人的负担。而例2在句末添加上「てくれる」之后，就恰当地表现出了「配慮表現」的"说话人的利益，听话人的负担"这层有关原则的含义。例3中的「わざわざ」表达出了说话人的负担，「てあげる」把利益强加给听话人，而违反了尽量不表现出"说话人的负担，听话人的利益"这一语言原则。所以，这句话的表述作为"配虑"的表达是不恰当的，属于误用句。这种误用句可以说是中国日语学习者在日语学习及语言实践中，因为受母语中文的思维模式和表达习惯等因素的影响，经常容易犯的错误之一。

(二) 表示决定权・意志的"配虑"表达

这种场合主要用于征询对方的意见、意志、想法等。说话人在话题中提议做某事，是否愿意做，选择权由听话人决定。姫野（2004）关于「配慮表現」的原则：「話し手の決定権はなるべく表出しない。聞き手に決定権を持たせる。」「話し手の意志をなるべくあらわにしない。聞き手の意志をあらわにさせない」。

例1，先生、週末パーティーに行きましょう。

例2，パーティーに行きませんか。

例3，週末、パーティーに行くつもりですか。

在上述所列举的三个例子中，从「配慮表現」的原则来分析，例1因为没有给听话方提供决定权，虽然在语法上没有任何错误，但日语在日常交际中的一个特点之一就是立足于听话方，所使用的措辞和语气是根据听话方而不同的。对于长辈「先生」，日本人通常是不会使用像例1这种表达方式的，因为这种表达方式既不符合日语的表达特点，也违背了「配慮表現」的原则，所以这个句子在表达形式上欠妥当；例2符合「配慮表現」的原则，即给对方（听话人）提供了选择的权利，所以该句的表达是恰当的；例3违反了「配慮表現」的原则，即「聞き手の意志をあらわにさせない」，因此从以听话人为焦点的谈话中，说话方在话语中要尽量避免涉及表现出听话人意愿的措辞，这个句子和例1一样，从语法的角度上来分析是正确的，但从日语「配慮」表达的原则上来分析则是不够妥当的。

（三）表示听话人私人范畴的"配虑"表达

根据日语「配慮表現」原则，在与人进行交际时，必须遵循不涉足听话人的私人范畴（縄張り），与自己相关的信息，不向听话人寻求一致，不强行让对方认可，即「聞き手の縄張りに踏み込まない。」「自分に関する情報について、認識の一致を求めない。認識を強要しない」。守屋（2003）在「配慮」表达原则中所指的听话人的私人范畴是指与听话人个体相关的事情，如年龄、工资、婚姻、地位、恋爱、孩子的升学等。听话人的内心层面，如欲望、愿望、意志、能力、感情、感觉等。如在话题中涉及听话人属于个人隐私方面的事情，会让听话人感觉到自己的私人领地受到了侵害，说话人的话语缺乏礼貌、教养等。

例1，先生、コーヒーを飲みたいですか。
例2，夏休みは何をするつもりですか。
例3，テニスができますか。
例4，先生、これは宿題ですよ。
例5，先生、これは宿題ですね。

在上述所列举的例子中，虽然从语法层面上看都没有任何问题，但按「配慮表現」原则来分析，可以说这些例子都是欠妥当的。例1、例2属于违反语言表达原则，即侵害属于听话人的私人空间范畴；而例3、例4的问题出在句末

的终助词「よ」「ね」上。例3中的终助词「よ」是单方面向听话人强调共识，例4中的终助词「ね」是向听话人寻求共识，即违反了「自分に関する情報について、認識の一致を求めない。認識を強要しない」的原则，所以从「配慮表現」原则来分析的话，是不恰当的。

（四）评价听话人的"配虑"表达

这种场合的「配慮表現」原则，要注意不能把自己放在与听话人对等的关系上，不能对听话人随意进行评价、激励，因为这种场景类型的话语只有上司对下属，听话方与说话方关系密切的情况下才能使用。

例，先生の授業は、とてもよかったです。

这个例句虽然是对听话人进行正面评价，但因为被评价的对象"先生"是上位者，所以按「配慮表現」原则，这句话对上位者来说，表达方式是不恰当的。也就是说，在日语中，存在着从下位者的立场对上位者进行评价，即使是正面的评价，也可能是不礼貌的语言表达方式。除这个例句外，对上位者使用「あなた」这个人称代词直接称呼，使用「なるほど」等副词，也不符合「配慮表現」原则，通常会被认为是一种失礼的表达形式。

四、日语"配虑"表达的种类

日语"配虑"表达的表现形式和种类繁多。本文关于日语「配慮表現」的分类法主要参考野田尚史、高山善行、小林隆编写的《日本語の配慮表現の多様性》[2014（6）、くろしお出版]一书中的分类法。该书主要从表达形式和语用功能上对日语"配虑"表达进行如下分类。

（一）表达形式上的"配虑"表达类型

日语"配虑"表达从表现形式上可以分为以下六种类型。

（1）敬語/敬语。

（2）文末のモダリティ表現/句末的语气表达。

（3）間接的表現/间接表达。

（4）前置き表現/引子、开场白。

（5）音声/声音。

（6）記号・顔文字・絵文字/记号・面部表情・图画文字。

上述所列举的关于日语"配虑"表达的六种表达类型，本文不全部举例阐释，仅对上述类型中的（1）（2）（3）（4）的表达类型举例浅析。

例1，どちらになさいますか。

例2，一度、ご相談に乗っていただけませんか。

例3，もう少し小さいのがほしいですけど。

例4，すみませんが、先に帰らせてください。

例5，急なことで申し訳ありません。明日こちらに来ていただけませんか。

例6，本当に困っているんですよ―。〔下降イントネーション〕

例7，本当に困っているんですよ。〔上昇イントネーション〕

在上述例句中，例1「なさいます」是敬语动词，向听话人表示敬意（或者出于礼貌）；例2「ていただけませんか」是礼貌地请求听话人，表示说话人受益的一种"配虑"表现形式；例3「ほしいですけど」属于间接表现方式；例4「すみませんが」、例5「急なことで申し訳ありません」属于"配虑"表现中的开场白，即「前置き表現」，但例5「急なことで申し訳ありません」也有学者解释为是对后项叙事内容的补充说明，笔者认为无论是开场白「前置き表現」，是在语气「補足説明」上都是一种缓冲（缓和表现），便于听话人接受后项事件内容，是立足于听话方的一种表达策略。

（二）语言功能上的"配虑"表达的类型

日语的"配虑"表达从语言功能上分为以下几类。

（1）上位待遇/上位待遇。

（2）断定緩和/判断缓和。

（3）共感表明/表明共鸣。

（4）負担表明/表明负担。

（5）謝罪/谢罪。

（6）理由説明/说明理由。

上述类型的使用场景分别举例如下。

例1，これでいいですか。

例2，早く行ったほうがいいかもしれない。

例3，確かにおもしろいですね。

例4，お手数ですが、ご確認お願いします。

例5，すみません。お仕事を増やしてしまって。

例6，急に仕事が増えたので、手伝ってもらえませんかねえ。

例1中的「です」是敬体，是一种抬高对方（听话人、读者），即把对方设定为上位者，或者是把对方作为与自己不太亲近的人一种待遇表达，以达到尊重对方的一种"配虑"表现方式；例2中句末「かもしれません」的语法功能为断定的语气的缓和，即不把自己的主张强加给对方的"配虑"表达方式；例3中的副词「確かに」、终助词「ね」在句中的语法功能为向对方表明"共鸣"，通过共鸣以向对方传递不反对或者否定对方所说的内容；例4中的「お手数ですが」是说话方向听话方表明所说的事项内容对听话人来说是负担，而以此达到向对方致歉的目的；例5中「すみません」的语法功能是"谢罪"；例6中「急に仕事が増えたので」的语法功能是说明理由，为后项叙事作铺垫，说话人通过说明理由，以达到向听话人表明自己的请求「依頼」是不得已而为之的一种"配虑"表达策略。

五、"配虑"表达中的日本文化要素

日语"配虑"表达的原则在语言形式上，尤其是在"配虑"表达中的礼貌原则（丁寧さ）上，受ブラウン（Brown）レヴィソン（Levinson）的ポライトネス（politeness/礼貌）理论的影响，即在日常生活的语言交际中尽量采取不伤害对方面子（フェイス）的语言行为，即FTAを回避するための言語行動。关于这点，在前面内容中有所涉及（"配虑"表达原则）。

日语的"配虑"表达的文化背景可以说是源于日本独特的风土及日本人长期生活在相对封闭的区域，并由此而产生相互之间的强烈共同体意识和同一共同体的归属感意识。通过注意自己日常生活中的语言表达行为方式，维系与周围的邻居、同事等人之间的亲密的人际关系，给对方留下好的印象，同时也通过语言行为体现说话人的良好品格和修养。在前述的"配虑"表达的分类部分已提及过，敬语被划分到"配虑"表达的种类之中，但"配虑"表达中的敬语与纯粹表达纵向人际关系的下级对上级表示敬意的敬语不同。"配虑"表达中的敬语的着眼点并不是因为看中与对方之间存在的上下级关系、权利关系、身份关系等心理因素的表达，而是相互之间，说话人尊重听话人的意愿，不让听话人感觉自己被疏远（「自分が疎外された」），谨言慎行，随时小心翼翼地留意自己的语言措辞及表达方式，以避免由于自己的语言行为不当而伤害到对方的自尊、感情、私人范畴等，在交际中，为保持交际的顺利进行，避免让对方感到不愉快的一种语言策略。

结　语

综上所述，日语"配虑"表达的最终目的，说话人使用的措辞、语气，包括敬语、礼貌等的使用以及发话的意图，主要目的不是疏远对方，而是为维持与对方现有的良好关系，或者为靠近对方。说话方通过这种表达方式，在达到交际目的的同时，也隐含着通过语言表达向听话方显示自己的文雅品格。中国日语学习者的日语学习模式大都是以教材为范本，以语法为框架进行学习的。笔者认为这种模式的学习方式，如果打个比方的话，可以说宛如"纸上谈兵"（畳の上の水練）。在实际的语言实践中，像日语"配虑"表达这种复杂多样的表达方式之所以容易出错，或者碰壁、使用不当等，笔者认为在很大程度上是由于学习者对这种语言表达形式背后所蕴藏的文化背景知识的缺乏，以及对语言对象国的文化了解不够充分而造成的。

本文由于时间关系及文献资料收集尚不够完善等因素，仅只是对日语的"配虑"表达作了概括性的论述和浅显的分析，文中存在不少问题尚需进一步探索和深入分析，这些问题将作为今后继续研究的课题。

参考文献：

[1] [日] 野田尚史. 日本語のは意表表現の多様性 [M]. くろしお, 2014.

[2] 塩田雄大. 現代人の言語行動における"配慮表現"——「言語行動に関する調査」から [J]. 放送研究と調査, 2012 (7).

[3] [日] 牧原功. 日本語の配慮表現に関する文法カテゴリー [J]. 群馬大学国際教育・研究センター論集, 2012 (11).

[4] [日] 牧原功、小野正樹. コミュニケーションと配慮表現 [M]. 明治書院, 2010.

[5] 彭飞. 日本語の「配慮表現」に関する研究. [M]. 和泉书院, 2005.

[6] [日] 姫野伴子. 配慮表現からみた日本語 [J]. 日本語, 2004 (2).

[7] [日] 守屋三千代.「日本語の配慮—中国で作成された日本語教科

書を参考に—」[J]．日本語日本文学，第 13 号，創価大学．

[8] 杨慧．日语助言行为中句末出现的"配虑表现"[J]．科教文汇：中旬刊，2016．

[9] 邢黎．语用学视角下的"配虑表现"教学研究——以礼貌原则系列理论的运用为例 [J]．黑龙江教育（高教研究与评估），2014（4）．

[10] 禹永爱．日语依赖中的"配虑"表现 [J]．沈阳工程学院学报：社会科学版，2013（3）．

[11] 严莉．从"缓冲语"的使用看日语的"配虑"表现 [J]．延安职业技术学院学报，2013（10）．

[12] 金伊花．基于"配虑表现"规则的日语礼貌用语习得 [J]．语文学刊（外语教育教学），2013（7）．

[13] 谷恒勤，战建丽．小议日语会话中的"配虑表现"[J]．菏泽学院学报，2010（1）．

饶琼珍，女，硕士，云南大学外国语学院副教授。研究方向：日语语言学、日语翻译。

泰语新闻的语言特点及翻译对策

陈 宇

(云南大学外国语学院南亚东南亚教学研究部泰语系)

摘 要：本文通过对泰国主流媒体《民意报》（มติชน）、《泰叻日报》（ไทยรัฐ）、《每日新闻》（เดลินิวส์）、《泰国新闻》（Thai news）、《泰国邮报》（ไทยโพสต์）、《暹罗日报》（สยามรัฐ）的网站文字新闻进行语言学分析，分别对其词汇、句式、修辞、语篇四个方面的语言特点进行阐述和分析。通过研究发现，泰语新闻语言有其不同于汉语、英语的显著特点，泰语新闻的语言力求简洁和夺目。从语言结构上看，泰语新闻语言不大使用量词这一语言单位，大量使用俚语和缩略语，逻辑关系的标记词没有汉语明显；从语言内涵上看，政治、经济等硬新闻语言表达突出调侃、批判的意味，通过直呼国家领导人的绰号、披露幕后事件等方式对当局进行批判和嘲讽。通过对泰语新闻的语言进行词汇语法、语篇结构等语言学分析，归纳出对应的汉译策略。

关键词：泰语新闻；语言特点；翻译对策

引 言

在当今信息爆炸时代，新闻翻译已成为传媒事业中不可或缺的一个热门领域，新闻翻译从业人员也成了众多媒体争夺的紧缺人才。由于新闻本身的特点决定了新闻语言的新颖性和专业性，从而更让学习外语的学生在阅读外语报刊新闻，或是收听收看广播电视新闻时，常常因为语言的时代性和独特性而显得力不从心，总是大概看懂或听懂了新闻的内容，但是如果要在短时间内用语言表达出来，就会觉得无从组织。泰语新闻也是如此，其语言在文字运用上非常注重别致、流畅、优美等处理方式。与汉语新闻相同，泰语新闻文体经过长期的发展形成了自己鲜明、独有的特点，从词汇到语篇都有自己固定的模式和表达方法，因此对应的翻译策略和方法就不完全等同于英语新闻的汉译方法。

目前，学者们对于外语新闻语言的研究及对应翻译方法的研究已经十分广泛和成熟，尤其是英语新闻语言和翻译的研究更加成熟深入，但泰语新闻翻译的研究却还十分少见，几乎是研究空白。在英语新闻翻译研究方面，学者们利用结构语法、功能语法等语法理论对英语新闻的语言特点进行了全方位的分析，并归纳总结了很多实用的翻译对策。但是在国内，泰语新闻的语言研究、泰语新闻的汉译对策研究却几乎是研究空白；在泰国，对于泰语新闻的语言特点研究也很少且不系统，主要是对泰语新闻的题目、导语进行分析，缺乏对泰语新闻的句式和语篇的分析研究。而对于泰语新闻的汉译方法策略的研究，无论是中国还是泰语都是空白。

因此，本文将以结构语法理论、新闻翻译理论的框架为视角，对泰国的主流媒体《民意报》（มติชน）、《泰叻日报》（ไทยรัฐ）、《每日新闻》（เดลินิวส์）、《泰国邮报》（ไทยโพสต์）、《暹罗日报》（สยามรัฐ）中新闻的词汇、句式、语篇三个语言层面进行系统研究，分析其语言特点和规律，并提出对应的翻译策略和在翻译时应该注意的问题，以期对该领域的相关研究提供一些参考。

一、词汇特点及其翻译

（一）词汇特点

1. 使用双声叠韵的词语

使用双声叠韵的词语，即使用辅音相同或元音押韵的词语，这个特点一般表现在新闻标题的语言使用中。例如：

（1）โครงการนับร้อยรุม*ทึ้งทำแลทอง*

　　ทึ้งทำแลทอง：/$t^h ɯ ŋ^{55}\ t^h am\ l æ^{33}\ t^h ɔ:ŋ^3$/

（2）ตร.ตามไปล้อมจับเลย*ตื่นตระหนกตกใจ* เชือดคอเหยื่อแม่เฒ่าทิ้ง

　　ตื่นตระหนกตกใจ：/$t ɯ: n^{21}\ t r a^{21}\ n o k^{21}\ t o k^{21}\ tɕ\ ai^{33}$/

2. 使用四字格重叠词

使用四字格重叠词，即使用四个音节的词语，有些词语中间两个音节押韵，有些词语既押韵又重叠，也有些词语不押韵只重叠，这个特点一般表现在新闻的主体内容中。例如：

（1）มีแก๊งหลอกลวงเยาวชนสตรีไปทำงานที่ญี่ปุ่น　บอกว่าให้เงินเดือนสูง
สุดท้ายไปขายตัว　ตกระกำลำบาก　*ไม่ได้ผุดไม่ได้เกิด*

ไม่ได้ผุดไม่ได้เกิด：/mai^{51} d ai^{51} p^h u d^{21} mai^{51} d ai^{51} k: d^{21}//

（2）เขาอาจถูกเพื่อนตำรวจด้วยกันมองว่า　เป็นการสาวไส้ให้กากิน
หรือแหสวงหาความ*มีหน้ามีตา*　ข่มเพื่อนตำรวจด้อยกัน
และ *ได้หน้าได้ตา*ไปคนเดียว

ได้หน้าได้ตา：/d ai^{51} n a:^{51} d ai^{51} t a:^{33}/

3. 使用简短词或省略词

在新闻标题中，为了节省篇幅和吸引受众注意，经常使用省略了原词中某个音节的词语，或省略前面的音节，或省略后面的音节，或省略中间的音节，而使用一些单音节的简短词。例如：

*มหา'ลัย มะกัน*ล่าตัวเงือกไทย

มหา'ลัย（音标：/m a^{55} h a:^{215} l ai^{33}）来自于原词 มหาวิทยาลัย（音标：/m a^{55} h a:^{215} w i^{55} t^h a^{55} j a:^{33} l ai^{33}/）。

มะกัน(音标：/m a^{55} k a n^{33})来自于原词อเมริกัน(音标：/a^{21} m e:^{33} r i^{55} k a n^{33}/）。

4. 使用缩略词

在泰语词汇中，有些词汇或词组音节很长，人们往往使用这些词语的缩略形式，即用词语当中的某个或某几个辅音字母与"·"这个符号组合起来，代替原词。尤其在泰语新闻的标题和正文内容中，为了节省篇幅，大量使用缩略词。有些缩略词是人们经常使用的，已经约定俗成，但有些缩略词却是不常用的，如果只看标题不仔细阅读正文内容，很容易产生歧义。例如：

(1) *ส.ส.แฮปปี้ เพิ่ม ๓ รมต. คุม "ก.แรงงาน"*

ส.ส.来自于原词สมาชิกสภาผู้แทนราศฎร。

รมต.来自于原词รัฐมตรี。

ก.来自于原词กระทรวง。

(2) โครงการส่ง *น.ร.* ทุนวิทย์ศึกษาต่อ *ตปท.*ฝอ

น.ร.来自于原词นักเรียน。

ตปท.来自于原词ต่างประเทศ。

5. 不使用量词

泰语中的物量词一般不能单说，要与数词结合组成数量短语或与其他短语组成中定结构，放在它所修饰的中心语的后面，说明中心语的数量、性质、状态、属性等。泰语中，由物量词组成的数量短语结构为：名词＋数词＋物量词，例如：เด็กชาย（名词）๒（数词）คน（量词）、เจดีย์（名词）๗（数词）องค์（量词）、เสื้อ（名词）๔（数词）ตัว（量词）。但是，在泰语新闻中，常常会将这些修饰中心语的物量词省去，而用"数词＋名词"的结构来代替，如下面三个例子，在泰语新闻中，尤其是新闻标题中表达为：๒（数词）เด็กชาย（名词）、๗（数词）เจดีย์（名词）、๔（数词）เสื้อ（名词）。如泰语新闻常常会这样表达：

ลงโทษหนัก ๓โรงงานน้ำตาล(โรงงานน้ำตาล๓แห่ง)

๒ค่ายนม โก่งคอท้ารับศักราชใหม่(ค่ายนม๒ค่าย)

๔ชีวิตมีเวลาซ้อมอีก๔๕วัน(ชีวิต๔ชีวิต)

๕๐พระฝรั่ง บินมาร่วมงาน(๕๐พระฝรั่งรูป)

6. 使用具有引申义的词语

使用具有引申义的词语，就是使用一些除了表面意思外，还具有引申含义或深层含义的词语。这些词语大都具有象征意义、比喻意义，在阅读时要结合上下文语境来分析它们的真正含义。例如：

（1）๔๕ยิง*ขาใหญ่*ดับข้างถนน

ขาใหญ่的原意是"大腿"，引申后的含义是"有影响力的人"（ผู้มีอิทธิพล）。

（2）นับว่าเป็นข้าราชการ*มือสะอาด*ความสามารถสูงเมื่อรับตำแหน่งนี้จึงไร้ข้ออครหา

มือสะอาด的原意是"干净的手"，引申后的含义是"勤政廉洁"（มีความซื่อสัตย์สุจริต）。

（3）ชาวบ้านอาจนินทาเอาได้ว่า*ม่านสีม่วง*หรือสีอื่นใดก็ล้วนปิดตาได้ทั้งนั้น

ม่านสีม่วง的原意是"紫色幔子"，引申后的含义是"500泰铢面值的纸币"（ธนบัตรใบละ๕๐๐บาท）。

7. 使用俚语

泰语中的俚语是一种不太规范的语言，不属于规范泰语，但是在新闻报道中，尤其是报刊新闻中，却被广泛使用，因为它通俗易懂，适合普通老百姓的口味。需要注意的是，俚语不是随时随处都能使用，俚语的使用要根据新闻的具体内容、场合来决定，而俚语也不是一成不变的，它会根据人们的使用频率和关注程度的慢慢减少而消退。例如：

（1）ถ้ามีเจ้าหน้าที่กองสลาก*มีเอี่ยว*เก๋งต้มตุ๋น*ฟัน*ไม่เลี้ยง

มีเอี่ยว是指与某人或某事有关联（มีส่วนเกี่ยวข้อง）。

ฟัน是指处罚、惩罚（ลงโทษ）。

（2）คนในวงการโล่เงินเมืองเพชรบูรณ์ทำตัวกัน*เฟอะฟะ*

เฟอะฟะ是指不规矩、邋遢、缺乏知识（ไม่อยู่กับร่องกับรอยหรือขาดสติ）。

8. 使用外语借词

泰语中所使用的外语借词，是将该外语原词用泰语拼写出来，大部分来自于英语，在新闻写作中同样被广泛使用。例如：

（1）เอ.ซีมิลานแกร่งป่าแปงช่วย*ซัลโว*

ซัลโว来自于英文 salvo，意思是（一起）射门。

（2）จาก*เครดิต*ที่ผ่านมาของเขาบวกกับความสามารถและความตั้งใจอย่างเต็มที่ทำให้ผมมั่นใจว่าหนุ่มคนนี้*บอร์นทูบีเอ็นเตอร์เทนเนอร์*

การโฟนอินของพันตำรวจโททักษิณ来自于英文 credit，意思是守信、信用。

บอร์นทูบีเอ็นเตอร์เทนเนอร์来自于英文短语 born to be entertainer，意思是天生的表演家。

9. 使用新词

随着社会的不断发展、新事物的不断出现，新词汇必然应运而生。在泰语新闻中，新词汇也得到充分地体现。一些在词典中查不到的词汇，在新闻内容中却时时出现。例如：

（1）ตำรวจตั้งด่านจับ*เด็กแว้น*พราะขี่มอเตอร์ไซค์เสียงดังรบกวนชาวบ้าน

เด็กแว้น的意思是指骑摩托车故意把声音弄得很大的那些男孩子，也指喜欢玩"漂移"的青少年（开车或骑车超快）。

（2）*เด็กแนว*อย่างเราจะให้เสื้อผ้าหน้าผมขเหมือนคนอื่นได้อย่างไร

เด็กแนว是指打扮另类的青少年。

（二）翻译策略

1. 直译法

由于中国和泰国两个国家的人都有很多相同或相似的生活感受和人生经验，在译语条件许可时可以按照字面翻译。例如：

（1）ชักใบแดง 罚红牌（指政治家在政治竞选中因舞弊而被警告）

（2）ญัติการอภิปรายไม่ไว้วางใจ 不信任辩论议案

（3）ดัชนีความสุข 幸福指数

2. 意译或直译加补充说明

源文和译文中两种语言使用的主体、时间地点、讨论对象，特别是民族特点等均有差异，必须在不影响原文意义的基础上，增添必要的解释。由于新闻篇幅的限制，这样的解释不可能像文学作品那样采用注脚的形式，而必须将其有机地融入整篇译文之中。因此，在对新闻词汇翻译增添解释性文字时，可以采用增加定语来为原词作适当的补充说明；或者根据原文意思，用意义相同的词语来翻译原词。例如：

（1）กลุ่มคนเสื้อแดง红衣集团（反独裁民主联盟支持者红衫军）

分析：由于反独联的支持者都是穿红色衣服进行集会，因此把这个组织的支持者称为红衫军。

（2）การโฟนอินของพันตำรวจโททักษิณ他信的电话（他信与支持者进行的电话连线）

分析：โฟนอิน这个词实际上是来自于英文 phone in，意思是打进电话。由于他信流亡海外，在与其支持者进行交流联系时，就用这样的电话连线。

二、句式特点及其翻译

（一）句式特点

1. 混用句子成分

在泰语新闻句子中，有时会出现混用成分的现象，如将本应该用名词成分的地方却用动词来代替，省略一些起修饰作用的副词等。例如：

หนาวนี้แนะผู้เฒ่าดูแลผิวพรรณ ลดเสี่ยงจากโรคร้าย（《民意报》，2008年10月11日）

在这个新闻标题中，"หนาวนี้"中间省略了副词"ขนาด"，应该表达为"หนาวขนาดนี้"才完整。另外，"ลด"是个动词，后面要跟上名词组成动宾短语，但这里却用了"เสี่ยง"这个动词，正确的表达应该为"ความเสี่ยง"，组成"ลดความเสี่ยง"，才是"降低风险"的意思。

2. 泰语新闻中频繁使用包孕句

在泰语新闻导语和主体中，由于新闻事件表述的需要，尤其是在政治新闻、经济新闻、突发事件等硬性新闻内容的表述中，经常使用大量的包孕句。例如：

ผศ.ดร.เกศรา ธัญลักษณ์ภาคย์ กรรมการและกรรมการบริหารบริษัท เสนาดีเวลลอปเม้นท์ จำกัด(มหาชน)ผู้นำในการพัฒนาโครงการอสังหาริมทรัพย์เพื่อตอบแทนสังคม เพื่ออยู่อาศัย และเพื่อการลงทุน ที่ดำเนินธุรกิจมายาวนาน กว่า30ปี เปิดเผยว่า

ผลกระทบจากเงินบาทแข็งค่าขึ้น และข่าวการปิดโรงงานใน อุตสาหกรรมที่เกี่ยวข้องกับภาคการส่งออก มีแนวโน้มทำให้การซื้อขายชะ ลอตัว เนื่องจากผู้บริโภคเห็นว่าปัญหาดังกล่าวจะยิ่งทำให้เศรษฐกิจชะลอตัวลง

และอาจกระทบกับรายได้อนาคต ทำให้ไม่กล้าตัดสินใจซื้อบ้าน (《泰国新闻》,2007 年 8 月 2 日)

在这则新闻中,前半段是由三个包孕句组合而成的:ผศ.ดร.เกศรา ธัญลักษณ์ภาคย์、**กรรมการและกรรมการบริหารบริษัท เสนาดีเวลลอปเม้นท์**、**จำกัด (มหาชน)**ผู้นำในการพัฒนาโครงการอสังหาริมทรัพย์เพื่อตอบแทน、สงคมเพื่ออยู่อาศัย และเพื่อการลงทุน ที่ดำเนินธุรกิจมายาวนานกว่า30ปี เปิดเผยว่า。我们来分析一下这个复杂的句子。

第一个包孕句:小句 **กรรมการและกรรมการบริหารบริษัทเสนาดีเวลลอปเม้นท์จำกัด (มหาชน)**是充当主语ผศ.ดร.เกศราธัญลักษณ์ภาคย์ 的定语,用来修饰、补充说明主语ผศ.ดร.เกศราธัญลักษณ์ภาคย์。

第二个包孕句:小句ผู้นำในการพัฒนาโครงการอสังหาริมทรัพย์เพื่อตอบแทนสงคมเพื่ออยู่**อาศัยและเพื่อการลงทุนที่ดำเนินธุรกิจมายาวนานกว่า30ปี** 又是充当บริษัทเสนาดีเวลลอปเม้นท์จำกัด(มหาชน) 的定语。

第三个包孕句:在上述充当定语的小句ผู้นำในการพัฒนาโครงการอสังหาริมทรัพย์เพื่อตอบแทนสงคมเพื่ออยู่อาศัยและเพื่อการลงทุนที่ดำเนินธุรกิจมายาวนานกว่า30ปี 中, การพัฒนาโครงการอสังหาริมทรัพย์เพื่อตอบแทนสงคมเพื่ออยู่อาศัยและ**เพื่อการลงทุนที่ดำเนินธุรกิจมายาวนานกว่า30ปี** 这一连串小句都是为了修饰ผู้นำ。

(二)翻译策略

1. 逐级划分包孕句中的定语成分,分开翻译

前面就泰语新闻中经常使用的复杂包孕句作了详细分析,正因为泰语包孕

句的定语成分较多，因此一定要厘清到底这个定语成分修饰的是哪个主语，这样翻译出来的译文才不会张冠李戴。例如：

เมื่อเวลา14.00น.ที่กองบัญชาการกองทัพบก พล.อ.จิรเดช คชรัตน์รองผู้บัญชาการทหารบกให้สัมภาษณ์ถึงการรักษาความปลอดภัยกรณีที่|กลุ่มเสื้อ

（中定）

แดงเคลื่อนพลไปปิดล้อมทำเนียบรัฐบาลว่าขณะนี้สถานการณ์ยังเรียบร้อย ||ส่วนทหาร

（分述）

|อยู่ในฐานะผู้ช่วยเจ้าพนักงาน|ซึ่ง ได้มีการเคลื่อนกำลัง เข้าไปช่วยสนับสนุนกำลังเจ้า

（中定）

หน้าที่ตำรวจ|ที่เป็นผู้รับผิดชอบหลักจะรักษาความสงบเรียบร้อยภายในทำเนียบรัฐบาลกี่

（中定）

วันนั้น ยังตอบไม่ได้||เพราะต้องขึ้นอยู่กับสถานการณ์ ว่า จะคลี่คลายเมื่อไร（下午

（因果）

2点，陆军副总司令吉拉德·卡查叻上将在陆军司令部，就反独联支持者红衫军包围总理府的行为接受记者采访时表示，目前红衫军的示威行为仍然是以和平方式进行，而军方出动的兵力仅仅是作为警方的后备力量，警方依然是负责安保工作的主力。至于安保力量将在总理府驻扎多少天，吉拉德·卡查叻上将表示目前还不能确定，要根据红衫军示威的形势来决定。)

2. 理解上下文逻辑关系，增加适当的成分补充说明

在翻译句子时，要先纵观整篇新闻，在理解意思并掌握其逻辑顺序后，再按照中文的语言习惯来组织语言。例如：

เมื่อเวลา22.00น.วันที่27สิงหาคมศาลแพ่งได้อ่านคำสั่งคุ้มครองชั่วคราวคดีที่เจ้าหน้าที่ทำเนียบรัฐบาลฟ้องจำเลยทั้ง6ว่า **ขอสั่งให้จำเลยทั้ง 6** พาพวกผู้ชุมนุมออกจากบริเวณทำเนียบรัฐบาล และตัวอาคารพร้อมทั้งรื้อถอนเวทีสิ่งปลูกสร้างที่กีดขวาง และเปิดถนนพิษณุโลกถนนราชดำเนินนอกให้นายกรัฐมนตรีคณะรัฐมนตรี และข้าราชการเข้าออกทำเนียบโดยสะดวกและให้มีผลทันที

(8月27号晚上10点整，民事法院宣读了关于总理府工作人员上诉6名民盟领导人带领其支持者占领总理府的审判决定，6名被告必须在判决宣读之后，即刻带领所有民盟支持者撤离总理府大院，并且拆除演讲台、路障以及临时房屋，清理总理府周边的道路，让总理、内阁部长以及总理府工作人员能够正常进出总理府。)(《民意报》2008年8月27日)

在这则新闻中，说到ฟ้องจำเลยทั้ง6，是"上诉6个什么被告"，文中没有具体说明，但是在翻译的时候不能也像原文那样直接译成"上诉6名被告"，必须将什么被告解释清楚。在了解了当时泰国的情况后就可以知道，是"人民民主联盟"的领导带领支持者占领了总理府，影响了总理府的正常办公，因而被总理府工作人员告上民事法院。

三、语篇特点及其翻译

(一)语篇特点

1. 衔接性

泰语新闻中，在表现语篇的衔接性时，往往使用很多衔接词来完整表达新闻内容，如常用的衔接词有ทั้งนี้อย่างไรก็ดีอย่างไรก็ตาม。例如：

นายสุเทพ เทือกสุบรรณ รองนายกรัฐมนตรี และเลขาธิการพรรคประชาธิปัตย์ ระบุว่า ยังไม่ได้หารือกับนายกรัฐมนตรี หลังมีกระแสข่าวว่านายกฯ จะขอให้นายวิฑูรย์ นามบุตร รัฐมนตรีว่าการกระทรวงพัฒนาสังคมฯ แสดงความรับผิดชอบต่อเหตุการณ์แจกปลากระป๋องเน่า *แต่ทั้งนี้*ยอมรับว่าเรื่องที่เกิดขึ้นกระทบความรู้สึกประชาชนค่อนข้างมาก ซึ่งจะแตกต่างกับกรณีของนายบุญจง วงศ์ไตรรัตน์ รัฐมนตรีช่วยว่าการกระทรวงมหาดไทย ที่แจกเงินพร้อมนามบัตร เพราะเป็นเรื่องที่เกิดขึ้นบ่อยและคนรับก็ทราบว่าไม่ใช่เงินของรัฐมนตรี จึงเป็นหน้าที่ขององค์กรที่เกี่ยวข้อง ที่จะต้องวินิจฉัย *อย่างไรก็ตาม*นายสุเทพยอมรับว่ามีแนวโน้มที่จะมีการปรับคณะรัฐมนตรี โดยเรื่องนี้ให้ขึ้นอยู่กับการตัดสินใจของนายกรัฐมนตรี ที่จะเป็นผู้พิจารณา(泰国电视3台晚间新闻，2009年2月3日)(副总理、民主党秘书长素贴·特素班表示，还没有就社会发展与人类安全部部长维吞·喃布发放变质鱼罐头的事件，与总理进行商讨，但是这件事情比起内政部部长助理汶忠·翁黛叻发名

片并夹带钞票的事件来说,更加伤害民众的感情,因为发名片并夹带钞票的事情时有发生,并且接受者也明白这不是发放者自己的钱,而是相关机构的钱。不管怎样,素贴依然表示说,政府有意调整内阁,但是需要由总理来研究决定。)

在这则新闻中,由于有好几名主事者,因此作者在表述时每一个语义段都有明确的主语,在翻译时可以按照原文的表述顺序,并参照原文中明显的几个衔接词(原文中斜体标明)来组织译文的表达顺序将事件表述清楚。

2. 连贯性

在泰语新闻中,如果整篇新闻只有一个主事者的话,一般在开头就交代清楚了主语(主事者的名字),而在以后的各个复句中不再出现该主语。但是,中文的表达习惯是要求每个复句都要有明确的主语,尤其是在较长的句群中,如果不指明主语,读者在阅读时就会一头雾水,弄不清楚到底是谁在做这些事或说这些话。因此,这就要求译者在翻译时,必须按照中文的表达习惯,对每个语义句加上对应的主语。例如:

นายไพบูลย์ วราหะไพฑูรย์ เลขาธิการสำนักงานศาลรัฐธรรมนูญ เปิดเผยว่าสำนวนคำร้องยุบพรรคมัชฌิมาธิปไตย และพรรคชาติไทยที่ทางอัยการสูงสุดได้ส่งมาให้ศาลรัฐธรรมนูญพิจารณานั้น ตนไม่ทราบว่าจะเริ่มพิจารณาเมื่อไร เพราะยังไม่ได้กำหนดวันเข้าที่ประชุมขณะนี้อยู่ในส่วนของฝ่ายรับเรื่อง ซึ่งจะมีตุลาการประจำคดีเป็นผู้ตรวจเอกสารหลักฐานต่างๆ ก่อนที่จะเสนอเรื่องให้กับประธานศาลรัฐธรรมนูญเป็นคนดูแลกำหนดว่าจะนำเข้าสู่ที่ประชุมเมื่อไร||คาดว่าสัปดาห์นี้ยังไม่น่าจะมีการพิจารณาคดีเรื่องยุบสองพรรคนี้ และตนไม่สามารถบอกได้ว่าจะใช้เวลาเท่าใดในการพิจารณา ขึ้นอยู่กับตุลาการศาล รัฐธรรมนูญ

(宪法法院办公室秘书长派汶·瓦拉哈派吞表示,自己还不知道何时开始审理最高检察院转交宪法法院的关于解散中庸民主党和泰国党的案件,因为还没有接到召开会议的通知,并且目前负责该案件的法官还在审查相关资料和证据,审查完毕后才会交给宪法法院院长,并由宪法法院院长决定召开会议的时间。派汶·瓦拉哈派吞还表示说,估计这个星期之内不会审理解散这两个政党的案件,同时也表示不知道将用多长时间来审理该案,审理事件的长短取决于负责该案的法官。)(《民意报》,2008年8月1日)

在这则新闻中，前半段如果按照原文顺序直译的话，可能会使译文混乱难懂，因此在翻译的时候必须纵观全局，并按照中文的叙事顺序将原文的意思翻译表达清楚。如原文的第一个复句 **นาย ไพบูลย์ วราหะไพฑูรย์ เลขาธิการ สำนักงานศาลรัฐธรรมนูญ เปิดเผย ว่าสำนวนคำร้องยุบพรรค มัชฌิมาธิปไตย และพรรคชาติไทยที่ทางอัยการสูงสุดได้ส่งมาให้ศาลรัฐ ธรรมนูญพิจาร ณานั้น ตนไม่ทราบว่าจะเริ่มพิจารณาเมื่อไร เพราะยัง ไม่ได้กำหนดวันเข้าที่ประชุม**，如果按照原文顺序直译，就是："宪法法院办公室秘书长派汶·瓦拉哈派吞表示，最高检察院转交宪法法院的关于解散中庸民主党和泰国党的案件，自己不知道何时开始审理，因为还没有定下会议召开的时间。"这样的翻译方法虽然能够读懂，但是显得不够紧凑和清晰，因此如果换译为："宪法法院办公室秘书长派汶·瓦拉哈派吞表示，自己还不知道何时开始审理最高检察院转交宪法法院的关于解散中庸民主党和泰国党的案件，因为还没有接到召开会议的通知"，就会更加容易理解，也更加通畅。

此外，这则新闻的后半段**คาดว่าสัปดาห์นี้ยังไม่น่าจะมีการพิจารณาคดีเรื่องยุบสองพรรคนี้และตนไม่สามารถบอกได้ว่าจะใช้เวลาเท่าใดในการพิจารณาขึ้นอยู่กับตุลาการศาลรัฐธรรมนูญ**（估计这个星期之内不会审理解散这两个政党的案件，同时也表示不知道将用多长时间来审理该案，审理时间的长短取决于负责该案的法官）没有写明主语是谁，因为前面所讲的内容太长，如果翻译的时候不将"谁估计"加进去，就会使受众产生混乱的感觉，不清楚到底是谁做的估计。

（二）翻译特点

在翻译泰语新闻语篇时，首先必须进行语篇分析。站在语篇的高度对篇章全盘进行审视和考虑，注意主体的前后贯穿、表达的上下衔接、原文语言和译文语言的表达习惯的异同，译文才有可能发挥和原文一样或几乎一样的表达效果，才会有更好的可读性和可接受性，读者也才会更好地把握文章。根据泰语新闻语篇中表层表形的衔接性和深层表意的连贯性，在翻译时必须先纵观全篇新闻内容，理解清楚意思，并掌握事件发生顺序和逻辑之后，再按照中文的叙事表达习惯,将整篇内容完整地翻译出来。可以采取以下三种翻译方法。

1. 省略或改变衔接词

例如:

นายอิสระเปิดเผยว่าจะเข้ามาเร่งรัดนโยบายของรัฐบาลใช้ในการหาเสียง โดยเฉพาะเรื่องเบี้ยยังชีพผู้สูงอายุ และจะตรวจสอบเรื่อง ปลากระป๋อง ไม่ได้คุณภาพให้เกิดความกระจ่างโดยเร็ว*ทั้งนี้*นายกรัฐมนตรี จะได้เสนอชื่อ นายอิสระ ขึ้นทูลเกล้าทูลกระหม่อมเป็นรัฐมนตรีภายในคืนนี้ *ส่วน* กรณีที่นายบุญจง วงศ์ไตรรัตน์ รัฐมนตรีช่วยว่าการกระทรวงมหาดไทย ยืนยันจะไม่ลาออก โดยอ้างว่าไม่มีความผิด(依萨拉表示,将加快促进政府在选举宣传中的政策,尤其是老年人生活费的政策措施,同时还将尽快调查清楚"变质鱼罐头事件"的真相。而总理将于今天晚上奏请国王陛下提名依萨拉为部长候选人。至于内政部部长助理汶忠·翁黛叻则强调坚决不会辞职,并解释说没有犯错。)(泰国陆军7台午间新闻,2009年2月3日)

这段话中的衔接词ทั้งนี้在翻译时省略了。根据整段语篇的语义,如果将ทั้งนี้翻译为"因此"或"这些"或"对此",都不符合整篇新闻内容的逻辑语义,因此将该词的意思省略了。但为了语义的连贯,使用"而"来连接上下文。

2. 增加衔接词

例如:

มรสุมตะวันตกเฉียงใต้ยังคงพัดปกคลุมทะเลอันดามัน ประเทศไทยและอ่าวไทย ‖ ทำให้บริเวณประเทศไทยมีฝนฟ้าคะนอง และ

(因果)

มีฝนตกหนักบางแห่งเกิด ขึ้นได้ในระยะนี้สำหรับประชาชนที่มีบ้าน เรือนอาศัยอยู่ใกล้พื้นที่ลุ่มแม่ น้ำโขงและลุ่มแม่น้ำสาขาต่างๆในภาคะวันออกเฉียงเหนือเช่นจังหวัดอำ นาจเจริญ และอุบลราชธานี ‖ ขอให้ระ

(因果)

มัดระวังอันตรายจาก สภาวะน้ำล้นตลิ่งและน้ำท่วมฉับพลันในระยะ 1 - 2 วันนี้ (17 - 19 ส.ค.) ไว้ด้วย [由于西南季风仍然控制着安达曼海泰国一侧和泰国湾，因此使得泰国大部分地区在近期内仍将有雷阵雨和暴雨。由于持续的暴雨天气有可能引发山洪暴发和洪水决堤，因此提醒居住在湄公河沿岸和湄公河分支河沿岸的居民，在未来3天内（8月17日至19日）注意防洪抗涝。]（《民意报》，2008年8月17日）

原文中用"‖"隔开的上下文之间是一个因果的逻辑关系。原文虽然没有使用明显的表示因果关系的衔接词，但是在翻译的时候，要将因果关系词去掉，才能体现语篇的完整性和逻辑性。

3. 改变篇章结构

泰语新闻语篇表现呈现出直线性。所谓直线性，就是先表达出中心思想，然后由此展开，后面的意思由前面的意思自然引出，泰语包孕句的结构就是典型的直线性逻辑思维。而汉语的新闻语篇则表现为螺旋式，即以"起、承、转、合"的顺序先表述主体的重要性，然后再展开反复的论述，最后回到主题。因此在翻译泰语新闻时，必须掌握泰语新闻语篇的这个特点，才能准确流畅地用汉语表达出来。例如：

นายพุทธิพงษ์ ปุณณกันต์ รองผู้ว่าราชการกรุงเทพมหานคร (กทม.) เปิดเผยว่าได้สั่งการให้โรงเรียนวัดสมณานัมบริหาร และโรงเรียน เบญจมบพิตร เขตดุสิตซึ่งอยู่ใกล้พื้นที่การชุมนุมของกลุ่มพันธมิตรประชาชน เพื่อประชาธิปไตยเปิดทำการเรียนการสอนได้ตามปกติในวันที่ 24 มิถุนายนหลังจากปิดการเรียนการสอนมาตั้งแต่วันที่ 20 มิถุนายน ที่ผ่านมา โดยประสานไปยังสน.ดุสิตนำแผงเหล็กมากั้นเพื่อใช้เป็นเส้นทางเดินเข้า-ออกโรงเรียนอย่างเป็นสัดส่วนไม่ปะปนกับกลุ่มผู้ชุมนุมเพื่อความสะดวก และปลอดภัยกับนักเรียน

（曼谷市副市长普提蓬·汶那甘表示，由于民盟占领公共地点进行集会，严重影响周边学校的正常教学，因此自6月20日以来，附近的沙弥学校和律实区本乍莫披学校被迫停课，日前曼谷市政府已经要求这两所学校恢复正常教学。此外，曼谷市政府还与曼谷市警署协商，用铁质路障将学校和民盟集会区域隔开，避

· 171 ·

免发生安全隐患。)(《民意报》,2008 年 6 月 23 日)

四、泰语新闻翻译策略小结

对于词汇翻译,尤其是新词,要先理解全文意思,再来判断该词的真正含义。此外,对于简短词,可以先看新闻主体中是否有相应的已经展开的原词,如果没有展开的原词,就要根据该简短词本身的意思来看是否可以引申或经常与其搭配的合成词。

对于句子翻译,首先应该根据句子的层次,逐层翻译。然后按照汉语的语序和表达习惯组织句子。最后是在不改变原文意思的情况下,通过增词法、减词法来重新梳理句子,使句子逻辑严密、语言简练、通俗易懂,并按照汉语新闻写法来使译文语言新闻化。较长的句子或句群必须分段来理解,译者首先要分析句子结构,弄清楚各句子成分之间的关系,然后将新闻原文用能够让以汉语为母语的受众接受的语言表达习惯和顺序来进行翻译。

对于语篇翻译,则必须首先纵观全篇,在理解了整体意思的基础上,用容易接受的逻辑顺序、汉语的表达习惯和方式来重组译文顺序,使译文能够达到受众易于接受、通俗易懂的效果。

总之,不论从语言的哪个层面对泰语新闻进行汉译,都必须建立在对整篇内容的背景、语境的理解基础之上,才能准确地将泰语信息传递给读者。

参考文献:

[1] นววรรณ พันธุเมธา. ไวยากรณ์ไทย.กรุงเทพฯ โรงพิมพ์แห่งจุฬาลงกรณ์มหาวิทยาลัย ๒๕๐๒.

[2] พระยาอุปกิตศิลปสาร. หลักภาษาไทย. บริษัทโรงพิมพ์ไทยวัฒนาพานิช จำกัด ๒๕๔๖.

[3] กำชัย ทองหล่อ. หลักภาษาไทย. กรุงเทพฯ. บริษัทรวมสาส์น (1977) จำกัด ๒๕๕๐.

[4] เจตษ์ วิทุวัต. คำทับศัพท์ภาษาต่างประเทศในไทย.กรุงเทพฯ สำนักพิมพ์สยาม ๒๕๕๐.

[5] ตะวัน ทักษณา, นาวิตรี ทักษณา.ปทานุกรมอักษรย่อ.กรุงเทพฯ ชมรมเด็ก ๒๕๕๐.

[6] พจนานุกรมคำใหม่เล่ม๑.กรุงเทพฯ.บริษัทสำนักพิมพ์แม็ค จำกัด ๒๕๕๐.

[7] เดโช สวนานนท์.พจนานุกรมศัพท์การเมือง.บริษัทดวงกมลสมัย จำกัด ๒๕๔๕.

[8] คุณหญิงผะอบ โปษะกฤษณะ.ลักษณะเฉพาะของภาษาไทย.รวมสาส์น (1977) จำกัด ๒๕๓๘.

[9] 段业辉, 李杰, 杨娟. 新闻语言比较研究 [M]. 北京：商务印书馆, 2007.

[10] 冯庆华, 张健. 报刊新闻翻译 [M]. 北京：高等教育出版社, 2008.

[11] 黄伯荣, 廖序东. 现代汉语（下册）[M]. 北京：高等教育出版社, 2002.

[12] 刘宓庆. 当代翻译理论 [M]. 北京：中国对外翻译出版公司, 1999.

[13] 李良荣. 新闻学概论 [M]. 上海：复旦大学出版社, 2008.

[14] 芒迪, 杰里米. 翻译学导论——理论与实践 [M]. 李德凤, 等, 译. 北京：商务印书馆, 2007.

[15] 裴晓睿. 泰语语法新编 [M]. 北京：北京大学出版社, 2001.

[16] 张健. 新闻翻译教程 [M]. 上海：上海外语教育出版社, 2008.

[17] 张培基, 喻云根, 李宗杰, 彭谟禹. 英汉翻译教程 [M]. 上海：上海外语教育出版社, 1995.

[18] 朱德熙. 语法讲义 [M]. 北京：商务印书馆, 1982.

[19] 朱依革. 英语新闻的语言特点与翻译 [M]. 上海：上海交通大学出版社, 2008.

陈宇, 女, 亚非语言文学方向文学硕士, 云南大学外国语学院讲师。研究方向：泰汉翻译、语用学、话语分析。

中日语言中数词"一"的对照研究

——以惯用句中的用法为中心

张 蔚

(云南大学外国语学院日语系)

摘 要: 关于数的研究,在文化、文学、哲学等诸多领域都有着举足轻重的地位,而数词的研究在语言学研究中也是不可忽视的一部分。在中日语言的对照研究中,数词也多次被作为研究对象。在《关于日汉语中数词"一"的对照研究》(张蔚,2017)一文中,用籾山洋介(2002)提出的多义词分析的方法对照分析了中日语言中的数词"一",明确了"一"的意义扩张关系网,从认知语言学的角度解释了日汉语言中与"一"相关的表达有所区别的原因。本文作为其后续研究,主要以日汉语中惯用句为中心,继续对"一"的用法进行对照分析。

关键词: 数词;惯用句;对照分析

引 言

笔者在《关于日汉语中数词"一"的对照研究》一文中,从认知语言学的角度,用籾山洋介(2002)所提出的多义词分析的方法分析了中日语言中的数词"一",即完成了三项任务:①多项意义的认定;②原型意义的判定;③明确多项意义之间的关系。通过分析,明确了中日语言中数词"一"的意义扩张关系网,并从意义扩张的角度解释了为何日语中「一から頑張りましょう!」这样的句子在翻译成汉语时不能译为"从一(yī)开始努力吧"这一问题。本文作为后续研究,将主要以与"一"相关的惯用句为对象,对照分析中日语言中数词"一"的用法。

一、相关研究

关于"数"的研究在哲学、文化、文学、语言等诸多领域都已经成果颇丰，涌现出了许多优秀的著作。例如，饭仓晴武的『日本人数のしきたり』（《日本人关于数的规矩》）一书中，从日本人节日、日常生活中关于"数"的各种现象举例说明了日本人关于"数"的规矩以及其中所蕴含的智慧和传统。辻本政晴的『数詞の発見』（《数词的发现》）中，以数词为中心，探究了日语的语源、数词的诞生及变迁。野崎昭弘的『一』（《一》）主要探讨了数词"一"的基本意义、概念特质及为何"一"有如此广泛的意义范畴这三个问题。

叶舒宪、田大宪的《中国古代神秘数字》、武立金的《数文化鉴赏辞典》等著作从古代中国人的宇宙观、世界观、审美观、数字信仰及对数字的好恶来窥探中华民族的民族文化、民族心理等。张延成的《说"七"道"八"——略论由数目字"七"、"八"构成的词语》中详细分析了关于"七八式"的表达及其扩张意义。但还少有研究从认知语言学的角度去对数词加以阐释和分析。笔者完成了籾山洋介（2002）所提出的多义词分析的三项任务，明确了中日语言中数词"一"的意义扩张关系网，并根据分析得出结论：由于日语中的"一"独立性相对较强，制约性较小，特别是在做"序数"意义使用时这一特征更为明显。

例如，日语中有「一姫二太郎」这样的用法，单独用"一"就可以表示"序数"的意思。因此，在意义扩张上更具条件，从序数"第一"的意义扩张到了"事物的开端"这一义项。而在汉语中，"一"的独立性相对较弱，制约性较大，做序数用的时候，只能以"第一""练习一""一楼"等的形式使用，与其他的语言要素一起来体现"序数"之意。因此，在意义扩张上相对受限，也就没有扩张到"事物的开端"这一义项。所以，日语中有「一から頑張りましょう！」这样的表达，而在汉语中，"从一（yī）开始努力吧"这一表达就不成立。

此外，张蔚（2017）主要以「明示的意義」[①]（词典意义）为对象，分析

[①] 明示的意義は辞書での記述の対象となるような形態素の内容；暗示的意義は形態素の内容でも辞書の記述の対象とならないような要素。（渡辺実，2001）

判定了数词"一"的原型意义，以及明确了多项意义之间的扩张关系。在本文中，笔者将用对照研究中常用的对译法，以惯用句中的用法为中心，来对照分析中日语言中与数词"一"相关的惯用句，并且也将用多义词分析的方法来对其他数词稍加阐述。希望能明晰中日语言中数词的异同，特别是数词"一"的用法的异同，为今后的日语教学及数词研究提供一定的参考。

二、与数词"一"相关的惯用句的中日对照

数词"一"在中日语言中不仅有很多义项，与"一"相关的惯用句也有很多。在日语的众多惯用句中，有如「一姫二太郎」「一か八か」这样的单独使用"一"来表示一定的意义的用法，也有如「一葉落ちて天下の秋を知る」「一寸の光陰軽んずべからず」这样的把"一"作为构词成分，和其他的词语组合在一起（在以上两个例子中是"一+量词"的形式）来表达一个完整的意义的用法。在此，主要以单独使用"一"来表达某个意义的用法作为考察对象。

在表达相同或类似的意义之时，中日两种语言中，关于"一"的惯用句既有类似的表达方式，也有不同的表达方式。在表达同一意义时，中日两种语言中，既有都用数词"一"来表达的惯用句，也有在某一方的语言中换用其他的数词来表达的惯用句。

例1，先方の気持はどうでも、こうなったら<u>一押し二押し</u>ねばり強く頼みこもう。①

例2，同样的事情<u>一而再、再而三</u>地重演，不能不引起我们的重新思考和评判。

在例1和例2使用的两个惯用句「一押し二押し」和"一而再，再而三"中，"一"都是"一次、一回"的意思，在汉语和日语中都同样用了"一"来表达，但这两个惯用句在意义上又稍有不同：「一押し二押し」具有"他动"意义，表示「状況や形勢がどうであっても、自分の考えや望みを無理にも押し通そうとすること。」（无论状况、形势如何，都要固执坚持自己的想法和愿望。）这个表达的背后是动作实施者的意志在起作用。而汉语里的"一而再，

---

① 日语例句出自『成語林』(1992)，汉语例句出自北京大学中国语言学研究中心 CCL 语料库检索系统（网络版），后同。

再而三",从例2来看,是"自动"的用法,其中没有包含动作实施者的意志。但也有如"她一而再,再而三地阻挠施工"这样的表现动作实施者意志的"他动"用法。

例3,一押し二金三男。

例4,友谊第一,比赛第二。

例3和例4中,"一"都是序数的意思,但在日语里就可以仅用"一"来表达"第一"之意,而汉语里则只能用"第一"来表达,单独使用"一"就难有序数的意思。在序数的意义"第一"前景化的时候,汉语里的"一"在用法上制约性较大,需要借助其他的构词成分来表达。这一点在与"一"相关的惯用语中也得到了体现。汉语中的"一"独立性较弱、制约性较大,而日语中的"一"则独立性较强、制约性较小(张蔚,2017)。在日语中,不需要修饰要素就可以使"第一"的意义得到体现,因此单独使用"一"来表达"第一"之意的惯用句在日语中屡见不鲜。除了例3的「一押し二金三男」之外,还有「一姫二太郎」「一富士二鷹三茄子」「一工面二働き」「一麹二もと三造り」「一樫二茱萸三椿」「一にも二にも」等。而在汉语里就难有这样的表达。

例5,成功か失敗かは時の運、一か八かスクイズをやってみよう。

例5中的惯用句「一か八か」是「結果がどうなるか予想が見通せないまま、運を天に任せて思い切ってやってみること」(虽不知结果如何,但把决断、运气交给上天,不管三七二十一下决心去做)之意。其语源出自纸牌游戏。「一」和「八」是「丁か半か」之中「丁」字和「半」字的上边部分。在这个惯用句中,"一"的意思可以说是「暗示的意義」(引申义),而非「明示的意義」(词典意义)。

在日语中,还有「一の裏は六」也是与之类似的用法,表示「(さいころの目の一の裏は六であることから)悪いことのあった後には良いことがあるということのたとえ」〔祸兮福之所倚(从骰子上一点的背面是六点而来)〕。像这样的,出自赌博游戏从而成为与"一"相关的惯用句的表达在汉语里很少见。但如以下例子这样的,出自计算或珠算口诀,以固定形式被大家所使用,表达不同于计算口诀的另一意义的惯用句,在汉语中却很常见。

例6,人们只要听说是股票,便不管三七二十一,先买下再说,买得越多越好。

例7,他站起身,一五一十,做了详细汇报。

· 177 ·

如例 6 和例 7 这样的惯用句在日语里反而找不到对应的与数词相关的表达。

例 8，いくら子供だからと言って、そう一から十まで、手とり足とりめんどうを見ることはあるまい。

「一から十まで」是"从最开始到最后""所有"之意，这个惯用句中的"一"是"事物的开端、最开始"的意思。在汉语里，"一"并没有扩张到"事物的开端"这一意义，因此像日语里这样的用法当然也是没有的。在汉语里，只能用"从头到尾""从始至终"等来表达。

例 9，一と言って二と無い。

这一惯用句的意思是「一番であって、二番に下がらない。あとに続く者がいないくらい、すばぬけてすぐれている」（稳居第一，后无来者，非常的出众优秀）之意，其中的"一"是"第一、最好"的意思。同样的，在汉语里，"一"并没有扩张到"最好"的意义，所以像这样的没有修饰要素而单独能体现"最好"的意义的用法也是没有的。

例 10，一も二もなく一同は賛成した。

例 11，被告の罪状は一も二もなく人々が認めるところである。

从例 10 和例 11 能够得知，「一も二もなく」有不同的义项。例 10 中的「一も二もなく」是「否応なしに。そのまま。すぐに」（不容置可否。立即）之意，与汉语里的"二话不说"相对应。而例 11 中的「一も二もなく」是「寸分の疑う余地のないほどに明白である」（没有丝毫质疑的余地，很明显）之意，与汉语里的"一清二楚"相对应。

据『成語林』（1992），「一も二もなく」还有一个义项，是「話し合うこともなく興味がいっこうにわかない」（没有交谈商量，完全没有兴趣）。因此，日语中的「一も二もなく」具有多义性，其中的"一"具体是什么含义要依据语境情况而定，不好一言以蔽之。

在日语中，还有一种与"一"相关的惯用句，就是出自中国的古典文学作品，和汉语里的说法一致。例如，出自《论语》的「一を聞いて十を知る」，出自《荀子》的「一を以て万を知る」等，汉语中的说法也相同："闻一知十""以一知万"。

从以上对照分析可知，在日语中与"一"相关的惯用句多有"一"用作"第一"和"事物的开端"等序数意义的例子。但在汉语里，"一"在用作序数意义"第一"的时候制约性较大，没有扩张到"第一""最好""事物的开端"

之意，因此"一"用作这些意义的惯用句也较少，更不可能出现单独用"一"来表达"第一""最好""事物的开端"之意的惯用句。这与"一"的意义扩张关系网里的分析是一致的。

三、其他数词①的对照分析

除"一"之外，"二、三、四、五、六、七、八、九、十、百、千、万"等数词除了表示实际的数的意思，也有其他的抽象化意义。虽然其引申义不像"一"那么多，但也通过词典意义和在具体的语境中表达的引申义体现了其多义性。例如，在日语中，「七転び八起き」中的「七」和「八」，可以理解为词典意义中没有「度々」（多次、屡次）的意思。而汉语中的"三思而后行"中的"三"，则是词典意义中"多"的意思。与之相对的，"八宝菜"中的"八"，则是词典意义中没有列出的"多，杂，全"之意。因此，若要利用多义词分析的方法分析其他数词，不仅要考虑到词典意义，还要考虑到词典中没有列出的其他引申义。

把"二、三、四、五、六、七、八、九、十、百、千、万"的词典意义总结起来，如表1、表2。

表1 「十」以内の数詞（「一」を除く）及び「百、千、万」の意味カテゴリー

数　詞	意味カテゴリー
二	①数の名。ふた。ふたつ。②ふたつめ。つぎ。③同一でないこと。異なること。④ふたたび。⑤「二の糸」の略。
三	①数の名。みつ。みっつ。②みたび。たびたび。③「三の糸」の略。
四	①数の名。よつ。よっつ。②よたび。たびたび。③よっつの方角。よも。
五	数の名。いつつ。いつ。
六	数の名。むつ。むっつ。
七	数の名。なな。ななつ。
八	数の名。やっつ。やつ。
九	①数の名。ここのつ。②数の最上位から、多数の意に用いる。

---

① 这里主要是指除了表达实际的数的意义之外，还有其他扩张意义的"十"以内的数词以及有"多"之意的"百、千、万"。

续 表

数　詞	意味カテゴリー
十	①数の名。とお。②数の多いこと。すべて。
百	①数の名。10の10倍。もも。②多くのもの。
千	数の名。百の10倍。また、数の多いこと。
万	①数の名。千の10倍。②数のたいへん多いこと。よろず。

表2　"十"以内的数词（除"一"以外）以及"百、千、万"的意义范畴

数　词	意义范畴
二	①一加一后所得的数目。② 两样。
三	②二加一后所得的数目。② 表示多数。
四	三加一后所得的数目。
五	四加一后所得的数目。
六	五加一后所得的数目。
七	①六加一后所得的数目。② 旧时人死后每隔七天祭奠一次，直到第四十九天为止，共分七个"七"。
八	七加一后所得的数目。
九	①八加一后所得的数目。② 从冬至起每九天是一个"九"，从一"九"数起，二"九"，三"九"，一直数到九"九"为止。③ 表示多次或多数。
十	①九加一后所得的数目。② 表示达到顶点。
百	①十个十。② 表示很多。
千	①十个百。② 表示很多。
万	①十个千。② 表示很多。③ 极；很；绝对。

表1和表2所显示的是各个数词在词典中的明确意义，即「明示的意义」。据表1列出的义项可以完成「二、三、四、九、十、百、千、万」这几个数词多义词的判定，但「五、六、七、八」这四个数词单从词典意义上来看，只有一个明确的词典义，所以难以完成多义词的判定，这就需要之前所述的，要考虑其在具体语境中的引申义。例如，把「七転び八起き」中「七」和「八」的"屡次"这一引申义也考虑在内的话，就可以判定其为多义词。

从表2来看，能够完成"二、三、七、九、十、百、千、万"的多义词的判定，但从表中的词典意义就难以判定"四、五、六、八"为多义词。汉语中有"五湖四海""六亲不认""七上八下""八宝粥"等说法，因此，这些数词除了表示实际的数的意义之外，不可否认还有其他的引申义。因此，在用多义词分析法分析除"一"之外的其他数词时，不局限在「明示的意義」（词典意义），将其在具体语境中的引申义也考虑在内是很有必要的。

以"二"为例来看，其意义最基本的是作为数的"2"的意思，那么这个表示数的意义可以考虑是其原型意义。"二"是人类在意识到"一"之后的第二个数，"二"的意义也在很大程度上与"一"相关。在日语中，"最开始的""开端"等的意义属于"一"的意义范畴，那么"接下来的""之后的"就属于"二"的意义范畴，因此用作"第二"这一意义的表达在日语中很常见。例如，「二番煎じ」「二の次にする」「二の舞」等。这些表达中的"二"都是"第二"的意思。另外，"一"表示「純粋であること、一途であること」（纯粹、专心）等的意义，与之相对的，"二"就有「相反するものが併存すること、表裏があること」（相反的事物并存、有两面性）等的意义。又如，「二心を抱く」「武士に二言はない」等，这些用法中的"二"都有负面、贬义之感。而在汉语里，"二"的负面、贬义之感更为强烈。"二流子""二奶""二愣子""二百五"等与"二"相关的骂人的表达不在少数。近年，甚至在年轻人的用语中，出现了直接用"二"来形容一个人"傻"的表达方式。总之，不论是在日语中还是在汉语中，"二"的使用及其引申义都与"一"有很大的关系。

由于本文是在张蔚（2017）一文的基础上，以惯用句中"一"的用法为中心做中日对照分析，对于其他数词的具体分析就不再赘述。其他数词同样可以运用多义词分析法进行分析，明确其意义范畴、意义扩张的关系，这对于学习日汉语中的数词及相关表达，以及理解中日语言中数词在用法上的异同是有积极作用的。这样的不局限于词典意义的对照分析，还能够从语境中对照分析中日语言中数词的意义和用法上的异同。笔者将作为今后的课题进一步进行详细的讨论和研究。

结　语

笔者在《关于日汉语中数词"一"的对照研究》（2017）一文的基础上，用对照研究中常用的对译法，以惯用句中的用法为中心，对照分析了中日语言中与数词"一"相关的惯用句，并用多义词分析的方法对其他数词也稍作了阐述。于康（2007）曾指出：「対訳の方法はさほど有意義なことではない。」（对译法并没有多大的意义。）但在第二语言习得的过程中，通过译文来理解原文，加深对原文的理解是很重要的一环，对译法在对照分析两种语言时并非是毫无意义的。本文主要就与"一"相关的惯用句做了中日语之间的对照分析。通过分析得知，日语中与"一"相关的惯用句多有单独用"一"表达"第一""事物的开端"等序数意义的例子，但在汉语中，"一"在用作序数意义"第一"的时候制约性较大，没有扩张到"第一""最好""事物的开端"等义项，因此"一"用作这些意义的惯用句也较少，更不可能出现单独用"一"来表达"第一""最好""事物的开端"之意的惯用句。这与"一"的意义扩张关系网里的分析是一致的。

同时，还对其他数词简单地进行了多义词分析。由于其他数词不像"一"有很多的词典意义，因此，在进行多义词判定的时候需要考虑到其在具体语境中的意义，从而进一步分析。

笔者希望通过本文的分析能进一步明晰中日语言中数词用法的异同，特别是数词"一"的用法的异同，为今后的日语教学及数词研究提供一定的参考。并将"一"之外的数词的具体分析和研究作为今后的课题。

参考文献：

[1] [日] 林四郎，松冈荣志．日本の漢字・中国の漢字．「一」という字の用法—漢字が運ぶ日本語 [M]．东京：三省堂，1995．

[2] [日] 石绵敏雄，高田诚．対照言語学 [M]．东京：樱枫社，1990．

[3] クラウン中日辞典 [Z]．东京：三省堂，2001．

[4] クラウン日中辞典 [Z]．东京：三省堂，2010．

[5] [日] 松村明．大辞林 [Z]．东京：三省堂，1995．

[6] [日] 籾山洋介．認知意味論のしくみ．語の意味—意味の拡張 [M]．研究社，2002．

[7] [日] 野崎昭弘．一語の辞典"一" [M]．东京：三省堂，1998．

[8] [日] 新村出．広辞苑 [Z]．东京：岩波书店，2008．

[9] [日] 成語林 [Z]．东京：旺文社，1992．

[10] [日] 渡辺実．日本語概説・第Ⅱ部・意義—意味論— [M]．东京：

岩波書店，2001.

[11]［日］于康. 意味拡張モデルと中日両言語の対照研究—中国語の"听"と日本語の「聞く」を手掛かりに－［A］// 日中対照言語学研究論文集［C］. 大阪：和泉書院，2007.

[12] 徐一平. 日本语言［M］. 北京：高等教育出版社，1999.

[13] 新华词典（修订版）［K］. 北京：商务印书馆，2001.

[14] 中国社会科学院语言研究所词典编辑室. 现代汉语词典（第六版）［Z］. 北京：商务印书馆，2012.

[15] 张蔚. 关于日汉语中数词"一"的对照研究［J］. 文教资料，2017（15）.

[16] 北京大学中国语言学研究中心 CCL 语料库检索系统［EB/OL］. http：//ccl.pku.edu.cn：8080/ccl_corpus/index.jsp?dir=xiandai.

张蔚，女，硕士，云南大学外国语学院讲师。研究方向：语言学。

泰语中英语音译词的转写特点及音变规律探析

赵 娟

（云南大学外国语学院南亚东南亚语教学研究部泰语系）

摘 要：泰语中有大量的英语外来词，而以音译方式借入在泰语中的英语外来词数量众多。本文将在笔者前期收集的语料基础上，对泰语中的英语音译词转写特点和音变规律进行分析，试图找出泰语对英语辅音、元音以及声韵母结构的改造和适应的部分规律，并对英语音译词转写成泰语的突出词汇形态特点进行总结描述。

关键词：泰语；英语；音译词；转写特点；音变规律

引 言

泰国历史上经历了素可泰王朝、大城王朝、吞武里王朝和曼谷王朝。曼谷王朝拉玛四世（1851—1868）时期是泰国西方化的开端，皇室及政府官员开始学习英语。曼谷王朝拉玛五世（1868—1910）时期英语开始被广泛使用。拉玛六世至八世期间，泰国的国民教育中出现英语（易朝辉，2008：60-63）。1932年，泰国通过改革将君主专制变为民主政治制度，开始向西方学习科学文化，与西方国家与泰国建立贸易往来，伴随着宗教传播、文化交流、移民杂居等，必然要引入大量外来新概念和新事物，为英语借词进入泰语提供了良好背景。曼谷王朝拉玛九世至今，泰国已经形成较为包容的社会形态，英语外来词已经成为泰语外来词中非常重要的一部分。

音译词是词义源自外族语中的某词，语音全部或部分借自相对应的该外族词所构成的词（叶蜚声、徐通锵，1997：198）。泰语在吸收英语外来词时，由于音译法的方便快捷而成为泰语主要的借词手段之一，因此泰语中出现了大量的英语源音译词。一般认为泰语属于汉藏语系壮侗语族（裴晓瑞、薄文泽，2017：2）。在音译外来词时，英语借词的音译规范经历了19世纪初用泰语初步模仿撰写英语，19世纪末至20世纪初步发展形成社会规范，21世纪英语转写引起泰国相关部门的重视，并由泰国皇家学术院出台了明确的规范。

本文将以笔者收集到的泰语英语音译词语料为基础，通过对这些词汇的转写特点及音变规律的分析，找出其中存在的普遍规律，并试图对同类型泰语中英语外来词的转写特点、音变特点进行总结描述。

一、英语元音转写特点和音变现象

（一）元音不匹配现象

英语外来词音译部分的读音虽然来自于英语，但在整体上必须服从于泰语音系，因而多多少少会与英语原词有所不同。一部分泰语中英语外来词的音译，在语音和词形上都有非常明显的特征，主要表现为泰语语音和词汇转写与英语原词大相径庭，泰语元音与英语元音出现不对应的情况。

表1 元音不匹配现象

英　　语	泰　　语
captain /ˈkæptin/	กัปตัน /kap^{21}tan^{33}/
badminton /ˈbædmintən/	แบดมินตัน /bæ：t^{21}min^{33}tan^{51}/
fashion /ˈfæʃən/	แฟชั่น /fæ^{33}cʰan^{51}/
America /əˈmerikə/	อเมริกา /a^{21}mɛ：^{33}ri^{45}ka：^{33}/

英语元音/æ/、/ə/、/ɔ/在泰语语音体系中有与之完全对应的元音，但在某一部分泰语音译词中，并没有严格用泰语的元音与英语元音对应。表1例词中，英语元音/æ/、/ə/、/ɔ/在泰语中都变成了短元音 -ั/a/，这种泰语元音和英语元音不匹配的英语外来词在泰语中占有一定数量的比例。这些泰语中的英语外来词语料大部分来自于泰国早期出现的英语文字材料中，从一定程度上反映了语

言在早期接触时，英语外来词的借入受到口语及其他因素的影响，出现了元音不匹配的情况。

（二）元音变更现象

由于英语和泰语的语音体系的区别，一部分英语元音在泰语中无法找到与之匹配的元音。因此，在泰语中无法找到匹配的英语元音，就采用了元音变更的方式，用泰语中发音与之最接近的音对其进行语音改造。

表2　元音变更现象

英　语	泰　语
application/ˌæpliˈkeiʃn/	แอพพลิเคชั่น /ʔep^{21}bli^{33} c^{h}ɛː^{33} c^{h}an^{51}/
game/geim/	เกม /kɛːm^{33}/
canberra/ˈkænbərə/	แคนเบอร์รา /k^{h}æn^{33}bəː^{33}raː^{33}/
strawberry/ˈstrɔːbəri/	สตรอเบอรี่ /sa^{21}trɔː^{33}bəː^{33}riː^{33}/
party /ˈpɑːti/	ป้าร์ตี้ /paː^{33}tiː^{51}/
battery /ˈbætəri/	แบตเตอรี่ /bæːt^{21}təː^{33}riː^{51}/

表2中，英语的元音/ei/在泰语中无法找到与之对应的元音，在音译到泰语中时只能用/ɛː/代替。此外，英语中发短音的元音/ə/、/i/在泰语中则按照泰语的发音特点改造为长音/əː/、/iː/、/aː/，这种元音变更现在在英语-ra、-ry、-ty的音节中尤为明显。

二、英语辅音的转写和音变现象

（一）辅音变更

英语辅音系统与泰语辅音系统在发音上有很多不同。英语的某些辅音在泰语中无法找到与之对应的辅音时，一般是通过辅音变更的方法，通过用泰语中发音接近英语的辅音对英语进行改造，这就造成了泰语中的英语外来词在发音上的很大变化。

表3 辅音变更现象

英　语	泰　语
card/kard/	การ์ด /kaː t⁴⁵/
vitamin /ˈvitəmin/	วิตามิน /wi³³ taː³³ min³³/
thyroid /ˈθairɔid/	ไทรอยด์ /sai³³ rɔː i³³/
Zone/zon/	โซน /soː n³³/
show/ʃəu/	โชว์ /cʰoː³³/
cheque/tʃek/	เช็ค /cʰɛk⁴⁵/
jacket/ˈdʒækit/	แจ็คเก็ต /cæk²¹ kɛt²¹/
jelly/ˈdʒel/	เยลลี่ /jɛː n³³ liː⁵¹/

从表3可发现，英语辅音/g/、/v/、/θ/、/z/、/ʃ/、/tʃ/、/dʒ/进入泰语中后，泰语辅音系统中没有与之相同或接近的发音，只能通过辅音变更，把它们改造成/k/、/w/、/s/、/s/、/cʰ/、/c/或/j/等音。这些英语辅音，在泰语的英语外来词中具有明显的改造特点，是泰语对英语外来词辅音音译和改造的典型例子，其音译方式和转写方法也揭示了同类型泰语中的英语外来词的一般转写规律。

（二）英语复合辅音后加元音 -ะ/a/

泰语在借入英语借词时，还有一种辅音适应现象，就是在泰语辅音后加元音 -ะ/a/。英语中的复合辅音/sp/、/st/、/sl/、/sk/等，在泰语中都在/s/的后面规律性地加元音/a/。

表4 英语复合辅音后加元音 -ะ/a/

英　语	泰　语
sponsor/ˈspɒnsə（r）/	สปอนเซอร์ /sa²¹ pɔː n³³ səː⁵¹/
style/stail/	สไตล์ /sa²¹ tai³³/
slogan/ˈsləugən/	สโลแกน /sa²¹ loː³³ kæː n³³/

· 187 ·

续 表

英　语	泰　语
scan /skæn/	สแกน /sa²¹kæːn³³/
spring /sprIŋ/	สปริง /sa²¹priŋ³³/

在表 4 的单词中我们可以发现，英语中的复合辅音/sp/、/st/、/sl/、/sk/等，借入到泰语之后，都要在/s/的后面加元音/a/，把英语的复合声母模式变成泰语的声韵母音节模式，使这一类带有/s/开头的英语辅音被改造为泰语中ส/s/开头的复合声母拼读模式。这种类型的英语复合辅音变为辅音音节的转写特点，是泰语特有的对英语辅音变更现象，造成这种现象的根本原因是泰语的前引字（อักษรนำ）拼读规则套用在了英语复合辅音结构上。

三、英语尾辅音的转写和音变现象

（一）英语双尾辅音、多尾辅音的转写和音变

英语语音体系和泰语语音体系都存在双辅音或多辅音类的韵尾。英语的双尾辅音在实际发音时有两个音，而泰语的词形因受梵语和巴利语外来词影响，泰语双尾辅音在实际发音时只有一个尾音，而不发音的尾音则要在其上方标注泰语的不发音符号。这就产生了一个现象：英语单词借入到泰语中时，英语的双尾辅音还是用与之匹配程度最大的泰语辅音转写，但其发音则最大限度满足泰语的拼读规则和发音方法。

表 5　英语双尾辅音、多尾辅音的转写和音变

英　语	泰　语
Lift /lift/	ลิฟท์ /lip⁴⁵/
Electronics /ilekˈtrɒniks/	อิเล็กทรอนิกส์ /ʔi³³lɛk⁴⁵tʰrɔː³³nik⁴⁵/
Film /film/	ฟิล์ม /fim³³/
Phoenix /ˈfiːniks/	ฟินิกซ์ /fi³³nik⁴⁵/

通过表5中例词发现，由于英语的尾辅音连缀发音在传统泰语中不常见，在转写时通常会省略一个音，以符合泰语的拼读和发音规律。英语单词中的双辅音韵尾或多尾辅音，如－kt、－ns、－st、－pt、－lk、－lm、－ft、－lv、－tʃ、－kst等，借入到泰语中后，会用泰语中与之最匹配的辅音转写，同时也会按照泰语的发音和构词特点对其进行改变，主要表现为泰语发音时会省略当中的某一个音，变成－k、－n、－t、－p、－n、－m、－p、－w、－t、－t。值得注意的是，英语中发音被省略的尾辅音字母在泰语中依然保留，只是在其上方加了泰语的不发音符号。

（二）英语双尾辅音的简化转写和音变

英语某一部分双尾辅音，在借入泰语时，泰语对其进行了改造和简化，以适应泰语的拼读。主要表现为用泰语转写英语双尾辅音时，没有用泰语辅音严格对应英语辅音。

表6　英语双尾辅音的简化转写和音变

英　　语	泰　　语
jeans /dʒi：nz/	ยีนส์ /jin^{33}/
motor /ˈməutər/	มอเตอร์ /mɔ：^{33} tə：^{51}/
computer /kəmˈpju：tə（r）/	คอมพิวเตอร์ /kʰɔ：m^{33} pʰiu^{33} tə：^{51}/
apple /ˈæpl/	แอปเปิ้ล /ʔa：p^{21} pə：n^{51}/

泰语中对英语双尾辅音的改造适应，一方面是对英语单尾辅音的改造，一方面是对英语部分双尾辅音的改造，而对英语双尾辅音的改造方法主要是变更和删除。通过表6我们可以看出，英语的尾辅音－ns/nz/、－le/pl/在泰语中被改造为/n/，而尾音/r/直接被删除。

（三）英语单尾辅音的转写和音变

泰语对英语辅音的转写和改造，除了对英语双尾辅音的转写和改造之外，对英语单尾辅音－s/s/、－sh/ʃ/、－ch/tʃ/的改造也有显著的特点。由于英语和泰语语音体系的区别，泰语中没有与－s/s/、－sh/ʃ/、－ch/tʃ/相匹配的尾辅音，在意译转写时只能用发音音位最为接近的/t/代替。

表7 英语单尾辅音的转写和音变

英语	泰语
gas /gæs /	แก๊ส /kæt⁴⁵/
fresh /freʃ/	แฟรช /fræ:t⁴⁵/
sandwich /ˈsænwitʃ/	แซนด์วิช /sæn³³wit⁴⁵/
club /klʌb /	คลับ /kʰlap⁴⁵/
load /ləud /	โหลด /lo:t²¹/
jog /dʒɔg /	จอก /cɔ:k²¹/

泰语的塞音韵尾只有/k/、/t/、/p/三种,英语单尾辅音 -s/s/、-sh/ʃ/、-ch/tʃ/等音借入到泰语后,泰语中没有与之直接匹配的尾音,就按照音位最接近的音匹配,用/t/对其进行改造。此外,泰语语音系统里有塞音韵尾/p/、/t/、/k/,因此英语的塞音韵尾/p/、/t/、/k/借入泰语时可以对应同一音位,但是发音的清浊有所不同。从表7可以看出,英语的不送气浊塞音/b/、/d/、/g/借入泰语后变为不送气清塞音/p/、/t/、/k/,这是由于英语的这三个塞音韵尾在泰语中没有对应音位,就从浊塞音变为了清塞音。

四、英语字母 r 的改造及泰语不发音符号的使用

英语辅音 r 是齿龈近音,泰语用辅音 ร/r/与之匹配,但泰语的 ร/r/在发音上属于舌尖颤音。泰语中的英语借词在转写和音译方面有一个突出的特点,泰语单词的构词保留或者参照了英语词汇的构词结构,但也不影响泰语单词的构词和拼读。泰语中的英语借词之所以能保留这个特点,泰语的不发音符号在当中起到了很大作用。

表8 英语字母 r 的改造及泰语不发音符号的使用

英语	泰语
furniture /ˈfɜːnitʃə(r)/	เฟอร์นิเจอร์ /fə:³³ni³³cə:⁵¹/
computer /kəmˈpjutə/	คอมพิวเตอร์ /kʰɔ:m³³pʰiu33ə:⁵¹/

续 表

英 语	泰 语
frank /fræŋk/	แฟรงค์/fræŋ⁴⁵/
free /fri:/	ฟรี/fri:³³/
work /wəːk/	เวอค์/wə³³/
link /lIŋk/	ลิงค์/liŋ³³/

　　泰语不发音符号的用法最早是受到泰语中梵语、巴利语借词的影响，英语借词用泰语转写之后，泰语的不发音符号既可以出现在辅音结构中，也可以出现在元音结构中。泰语不发音符号在转写英语外来词时如何使用，则要根据英语的构词和发音决定。如表 8 所示，英语中的一些元音如 – ure/ə（r）/、– er/ə（r）/、– or/ə（r）/、– air/ɛər/、– eer/iə（r）/等，其中的 r 用泰语转写时一般用ร与之对应，但都要标注为不发音的เฟอร์นิเจอร์，在实际发音中/r/的音不读。此外，英语中作辅音的 r，用泰语转写后，英语 r 的发音则从齿龈近音变为舌尖颤音。不发音符号除了大量在英语带 r 的单词转写中使用，不仅会出现在其他英语结构中，还会出现在尾辅音部分。在英语中以 k 结尾的辅音，英语辅音 k 的发音一般会用泰语คอมพิวเตอร์标注为不发音。

五、英语典型音节的转写特点和音变

　　英语中某些常见的以音节结尾的结构，如 – tain /tən/、– shion/ʃən/、– ty/ti/、– py/pi/、– ry/ri/等，有这些音节的英语单词借入到泰语时，音译的方式和语音音变也有其固定的规律，已经形成固定的方式和特点。

表9　英语典型音节的转写

英 语	泰 语
corruption /kəˈrʌpʃən/	คอร์รัปชั่น/kʰɔː³³rap⁴⁵cʰan⁵¹/
fashion /ˈfæʃən/	แฟชั่น/fæ³³cʰan⁵¹/
captain /ˈkæptən/	กัปตัน/kap²¹tan⁵¹/

续 表

英　语	泰　语
party /ˈpɑːti/	ปาร์ตี้/pɑː:³³ti:⁵¹/
happy /ˈhæpi/	แฮปปี้/hæp⁴⁵pi:⁵¹/
sorry /ˈsɒri/	ซอรี่/sɔː:³³ri:⁵¹/

在表 9 中，- tain /tən/、- shion/ʃən/和 - ty/ti/分别对应泰语的ตัน/tan⁵¹/、ชัน/chan⁵¹/和ตี้/ti:⁵¹/，- py/pi/、- ry/ri/分别对应ปี้/pi:⁵¹/、รี่/ri:⁵¹/，而且都规律性地发泰语的第 3 调。这类英语音节的转写和泰语发音已经形成固定的模式和规律，在其他同类型结构的英语借词中一般也按此方法转写，泰语读音也统一读第 3 调。

结　语

泰语中的英语音译词在用泰语转写时基本保留了英语的构词形态，但由于两个语言的辅音、元音并不能完全匹配，就出现了泰语对一部分英语元音和辅音的改造与适应。主要表现为：英语的不送气浊塞音一般被改造为泰语的不送气清塞音；英语的双尾辅音或多尾辅音被改造成泰语的单尾辅音形态，一部分英语声韵母结合的音节在泰语中已经形成了规律且固定的转写方式。对于英语 r 的转写，泰语中最大的特点是融入梵语、巴利语借词的构词方法。泰语属于汉藏语系壮侗语族，英语属于印欧语系日耳曼语族，两种语言之间的语音特征差异，造成英语外来词借入泰语时，必然要用泰语的发音特点和构词特点来改造英语音译词。泰语和英语都是拼音文字，但两个语言的辅音、元音体系并不能完全匹配，一部分英语单词借入泰语之后，泰语中的英语音译词发音与英语源词的发音大相径庭，其根本原因就是用泰语的语音模式和拼读规则对英语单词进行了改造并使之产生音变，以适应泰语的发音规则和语音特征。英语 r 作为声母时，其音译词的发音要从英语的齿龈近音变为泰语的舌尖颤音。

参考文献：

[1] 叶蜚声，徐通锵. 语言学纲要 [M]. 北京：北京大学出版社，1997.

［2］裴晓瑞，薄文泽．泰语语法［M］．北京：北京大学出版社，2017．

［3］易朝辉．泰语中的英语源意译词初探［J］．洛阳外国语学院学报，2008，31．

赵娟，女，硕士，云南大学外国语学院讲师。研究方向：泰语语言文学。

《华盛顿邮报》与《每日电讯报》社论态度资源对比研究[*]

刘 衍

(云南大学外国语学院英语系)

摘 要：社论作为新闻评论的一种形式，代表报社、通讯社及其所代表的机构对各类新闻事件发表评论，表达立场。本文以系统功能语言学的语篇语义为理论框架（尤其是评价系统），对比美、英两国的代表性报刊《华盛顿邮报》和《每日电讯报》，旨在探索两组社论态度资源使用频率有何差异，并探讨差异产生的原因。研究表明，两组社论各类态度资源出现的比例从高到低依次为判断、鉴赏、情感。这说明社论作为机构话语，最重要的作用不是宣泄情感，也不是对事物的某种鉴赏，而是从社会尊重或社会认可方面对社会事件进行评估。同时，在表达态度意义时，两组社论作者在撰写社论时在一定程度上把评价者背景化程度等因素也考虑在内。

关键词：社论；态度；评价；语篇语义

引 言

简单说来，态度是言语交际的重要组成部分，是人根据自己的价值观对特定的人或事物等所作出的评估。从系统功能语言学的语篇语义（discourse semantics）看，态度是人们参照情感反应或文化制约下的价值对参与者和过程进行主体间性评价的意义资源（李响，2016）。

社论作为新闻评论的一种形式，代表报社、通讯社及其所代表的机构对各

---

[*] 基金项目：云南大学人文社科校级科研项目青年研究基金项目"英语文学作品改写的系统功能语言学探索"（16YNUHSS015）。

类新闻事件发表评论，表达立场。Fowler（1991：1）认为，"报刊'内容'不是关于世界的现实，笼统地说是'观点'"。在 van Dijk（1988：124）看来，社论的观点既明显又主导，是根据报刊或主编的角度构思出来的。这些观点通常由一系列论点来支持，这也使得社论有论证结构。这些论证不仅是防御性的，还是劝诱性的：社论的意图是使读者形成对当下新闻事件的见解。

从系统功能语言学语篇语义学的评价系统（appraisal）探索社论中态度的研究不少：一部分针对特定报刊的社论（如李国庆、孙韵雪，2007；刘立华、孙炬，2008；Liu，2009；黄莹，2006，2011；刘悦明，2012；Mayoa & Taboada，2017），一部分则对比两国报刊社论（如陈晓燕，2007；刘婷婷，2017），很少关注两个主流英语国家的报刊社论。

本研究以评价系统的态度子系统（attitude）为基础，采用语言描写、定量法对美国《华盛顿邮报》（*Washington Post*）和英国《每日电讯报》（*Daily Telegraph*）中态度资源的使用情况进行对比研究，具体说来是对这两份报纸社论如何充分调用情感、判断、鉴赏资源来表达态度。

一、理论框架

笼统地说，本研究的理论框架为系统功能语言学。这一理论有多个模式，主要是 Halliday 和 Martin 两个模式。前一个模式是 Halliday 构建的，他把语言看作是意义系统，更确切地说是社会意义系统，强调语言建筑，重视语言中的语境、层级、系统、语篇等概念。从 20 世纪 60 年代开始，系统功能语言学逐渐发展为适用于描写各语言系统的普通语言理论，同时也成为以问题为导向的理论（Halliday，2009；黄国文、辛志英，2012；刘衍，2015；黄国文、刘衍，2015）。

具体说来，本研究的理论框架是系统功能语言学的 Martin 模式，它以前一模式为基础，提出"语篇语义"，并对语境进行了改造（Martin，1992；Martin & Rose，2003，2007，2008）。语篇语义包含了多个话语系统。Martin（1992）提出的篇章语义只包含磋商、识别、联结、概念这四个系统，后来 Martin & Rose（2003）才增加了评价、语篇格律两个子系统，但并未对磋商系统进行说明。Martin & White（2005）专门对评价系统进行了深入研究。Martin & Rose（2008）基于六个子系统进行了更加全面的研究。它们可以这样理解：磋商是讲话者之间的交际；识别对参与者进行追踪；联结是活动之间的相互关联；概念是语篇的主旨大意；评价探讨评估问题；语篇格律聚焦于语篇的格律特征。

评价探讨的是"评估是如何被建立、扩大、发挥影响力、获得"（Martin & White，2005：9）。评价是"语篇的作者/说话者主体的存在，而这种存在源于他们对人或事物以及交际对象所采取的站位"（Martin & White，2005：1）。作为评价系统的子系统，态度提供"对英语语篇中识解的感受进行映射的框架"（Martin & White，2005：42）。它包含情感（affect）、判断（judgement）、鉴赏（appreciation）三个意义的区间，与传统的情绪、伦理学、美学相对应。这三个子系统还可以细分：情感识解有意识的生物的感受，可以分为幸福、安全、满意三方面。判断对行为作评估，可细分为社会尊重（包括行为规范、做事才干、坚忍不拔）、社会评判（包含诚实可靠、正当）。鉴赏涉及反应（包括影响、质量）、组成（包括平衡、复杂）以及价值。

二、研究方法

本节将从语料和研究路径两个方面考察两组社论如何巧妙地运用态度资源来构建社论。

（一）语　料

为了对比英、美不同报刊社论如何利用态度资源，本研究选择《华盛顿邮报》（代号 A）和《每日电讯报》（代号 B）作为研究对象，即语料。

《华盛顿邮报》以美国首都华盛顿为中心发行，是美国领先的报纸之一；作为大版面的报纸，其主要围绕白宫开展报道，发行量虽然不大，但能迅速占领大都市；对于国际关系与经济问题，其主要采取保守的政治立场（The Washington Post，2012）。

《每日电讯报》总部位于伦敦，每天早上出版大版面报纸后，分发到英国其他地区和其他国家，发行量在英国数一数二，属于当地较有影响力的报纸。从政治上说，该报纸一味地支持英国保守党，被外界戏称为"《英国保守党电讯报》"（The Daily Telegraph，2012）。

从每份报纸中选择 10 篇社论，时间范围为 2012 年 3 月中旬到 5 月中旬，社论发表时间为每月上、中、下旬，语场（field of discourse）方面并未有任何限制。每份报纸的社论按照时间先后顺序分别记为 A1～A10、B1～B10，具体语料参见表1。

表 1　语料一览表

社论编号	社论标题	社论编号	社论标题
A1	Two Maryland inmates worthy of mercy	B1	Budget planning needs clarity, not kite-flying
A2	Boosting the economy through natural gas exports	B2	One warlord down...
A3	Iran sanctions don't require drawing on strategic petroleum reserve	B3	Blackburn rover
A4	The EPA's (very small) step on carbon emissions	B4	The dangers of drift and fudge
A5	Should D.C. lift height restrictions on buildings?	B5	Are you drinking what we're drinking?
A6	The time for real postal reform is now	B6	A Tory party at odds with its own voters
A7	Harry Thomas doesn't deserve leniency	B7	Top of the class
A8	A Dream Act that Republicans should take up	B8	Re-elect Boris-then give him more powers
A9	Taking air safety complaints seriously	B9	Getting to grips with the nation's welfare
A10	Ukraine's windfall offers freedom from Russia	B10	Pirates beware

（二）研究路径

本研究的研究路径有语言描写法、定量研究法、对比研究法。

本研究的第一种研究路径是语言描写法。它源于美国描写语言学，语篇分析采用的就是这种路径（桂诗春、宁春岩，1997）。系统功能语言学是话语分析的研究路径之一，语料的收集和分析采用的也是这种路径。本研究将会根据 Martin & White（2005）提供的态度资源标记方式在包含社论内容的 Microsoft Word 中进行手动标记。

本研究的第二种研究路径是定量研究法。在对态度资源进行标记后，用 Microsoft Word 中的"查找"功能统计出相关态度资源的使用次数，最后以表格的形式反映出来。

本研究的第三种研究路径是对比研究法。对比法的使用能更好地凸显 A、B 两份报纸态度资源的构建模式。

三、研究结果与讨论

本节将根据前面提到的理论框架和研究方法对两份报纸社论中的态度资源进行分析。更确切地说，本节探索的主要是两组社论作者如何巧妙地使用情感、判断、鉴赏三类资源来构建社论的态度。

（一）两组社论态度资源总体分布情况

通过态度的分析可知，A 和 B 两份报纸社论态度资源总体分布如表2、表3所示。从情感、态度和判断这三种态度意义的比例可知，两份报纸社论最重要的态度意义是判断，其次是鉴赏，最后才是表达情感。

这与我们对社论这一代表编辑部就某一重大问题发表的权威性评论的认识相吻合，即社论是话语的一种表现形式，受制于特定的社会因素，并构建某种现实，构建受制于某一意识形态框架的社会群体。评价传递的主要是价值与信仰，社论的作者对某一新闻事件传递了某种信仰与价值，这对公共舆论与行为具有重要作用（刘立华、孙炬，2008）。因此，A、B 两份报纸的社论最重要的功能是判断和鉴赏，在情感的宣泄方面表现并不突出。

表2 《华盛顿邮报》社论语篇中态度资源的总体分布

态度 社论编号	情感总数及比例	判断总数及比例	鉴赏总数及比例	单个语篇中态度子类型的总数及比例
A1	21（21.4%）	62（63.3%）	15（15.3%）	98（100.0%）
A2	9（11.4%）	32（40.5%）	38（48.1%）	79（100.0%）
A3	25（25.0%）	34（34.0%）	41（41.0%）	100（100.0%）
A4	5（4.7%）	55（51.4%）	47（43.9%）	107（100.0%）
A5	12（10.9%）	56（50.9%）	42（38.2%）	110（100.0%）

续 表

态度 社论编号	情感总数及比例	判断总数及比例	鉴赏总数及比例	单个语篇中态度子类型的总数及比例
A6	18（17.3%）	45（43.3%）	41（39.5%）	104（100.0%）
A7	32（34.4%）	36（38.7%）	25（26.9%）	93（100.0%）
A8	27（25.7%）	47（44.8%）	31（29.5%）	105（100.0%）
A9	28（20.6%）	79（58.1%）	29（21.3%）	136（100.0%）
A10	17（16.0%）	59（55.7%）	30（28.3%）	106（100.0%）
所有语篇中态度子类型的总数及比例	194（18.7%）	505（48.7%）	339（32.7%）	1 038（100.0%）

表3 《每日电讯报》社论语篇中态度资源的总体分布

态度 社论编号	情感总数及比例	判断总数及比例	鉴赏总数及比例	单个语篇中态度子类型的总数及比例
B1	24（22.4%）	39（36.4%）	44（41.1%）	107（100.0%）
B2	9（11.0%）	59（72.0%）	14（17.0%）	82（100.0%）
B3	12（29.3%）	25（61.0%）	4（9.8%）	41（100.0%）
B4	10（12.7%）	36（45.6%）	33（41.8%）	79（100.0%）
B5	5（13.2%）	17（44.7%）	16（42.1%）	38（100.0%）
B6	35（19.8%）	102（57.6%）	40（22.6%）	177（100.0%）
B7	8（11.0%）	43（58.9%）	22（30.1%）	73（100.0%）
B8	36（18.9%）	99（52.1%）	55（28.9%）	190（100.0%）
B9	27（22.5%）	52（43.3%）	41（34.2%）	120（100.0%）
B10	21（23.9%）	46（52.2%）	21（23.9%）	88（100.0%）
所有语篇中态度子类型的总数及比例	187（18.8%）	518（52.1%）	292（29.3%）	997（100.0%）

从表2中不难发现，有社论语篇（即A2、A3、B5）在态度资源的使用上

有些违反常规,更倾向于表达鉴赏,而不是作判断。无论如何,把情感意义的表达放到了最不重要的位置上。然而,即便有这三个特例,两组社论对态度资源选择的倾向没有变化,这可以从表2、表3最下方的一栏看出。下面将对两组社论各类态度资源的使用作更深入的研究。

(二) 两组报纸社论判断资源对比

两组社论中占据最显著地位的态度子资源是判断,它是评估人及其行为的词汇语法手段。在此,"行为"指的不是某人对待他人的方式,而是他行动的方式。在分析社论语篇时,有一点需要指出:评价术语被用于评估某个已知的人的特定行为,有时这个人是未知的。无论此人是已知还是未知,我们评价的都是其行为。

Martin & White (2005) 区分两类判断:社会尊重和社会认可。社会尊重与行为规范(人或其行为有多不寻常)、做事才干(人有多能力干)、坚韧不拔(人有多坚定),而社会评判又分为诚实可靠(人有多诚实)、正当(人的行为有多合理)。社会尊重与社会评判的区别在于两者在社会中的功能和解决办法:前者更多地用于口头交际,对社会关系的建立有重大作用;后者常出现规定行为善恶的书面语中,与责任、义务关系密切。

在 A 和 B 的所有社论语篇中,判断资源使用比例最高。表4、表5是判断资源在两份报纸中的情况。对于判断资源,两组社论都倾向于使用更多的社会尊重,其次才是社会评价。这表明,从判断的角度看,两组报纸社论最重要的是构建社会关系,其次才是规定行为规范。

表4 《华盛顿邮报》社论语篇中判断资源的总体分布

	判 断					每个语篇中各类判断资源的总数和比例
	社会尊重			社会评价		
	317 (62.8%)			188 (37.2%)		
	行为规范	做事才干	坚韧不拔	诚实可靠	正 当	
A1	0 (0%)	14 (22.6%)	6 (9.7%)	5 (8.1%)	37 (59.7%)	62 (100.0%)

续 表

	判 断					每个语篇中各类判断资源的总数和比例
	社会尊重 317 (62.8%)			社会评价 188 (37.2%)		
	行为规范	做事才干	坚韧不拔	诚实可靠	正 当	
A2	1 (3.1%)	10 (31.3%)	14 (43.8%)	6 (18.8%)	1 (3.1%)	32 (100.0%)
A3	3 (8.8%)	12 (35.3%)	6 (17.6%)	4 (11.8%)	9 (26.5%)	34 (100.0%)
A4	2 (3.6%)	28 (50.9%)	13 (23.6%)	2 (3.6%)	10 (18.2%)	55 (100.0%)
A5	0 (0%)	27 (48.2%)	13 (23.2%)	12 (21.4%)	4 (7.1%)	56 (100.0%)
A6	4 (8.9%)	22 (48.9%)	14 (31.1%)	4 (8.9%)	1 (2.2%)	45 (100.0%)
A7	0 (0%)	17 (47.2%)	0 (0%)	5 (13.9%)	14 (38.9%)	36 (100.0%)
A8	1 (2.1%)	15 (31.9%)	7 (14.9%)	9 (19.1%)	15 (31.9%)	47 (100.0%)
A9	0 (0%)	49 (62.0%)	7 (8.9%)	1 (1.2%)	22 (27.8%)	79 (100.0%)
A10	1 (1.7%)	19 (32.2%)	12 (20.3%)	6 (10.2%)	21 (35.6%)	59 (100.0%)
所有语篇中每类判断资源的总数和比例	12 (2.4%)	213 (42.2%)	92 (18.2%)	54 (10.7%)	134 (26.5%)	505 (100.0%)

表5 《每日电讯报》社论语篇中判断资源的总体分布

	判　　断					每个语篇中各类判断资源的总数和比例
	社会尊重			社会评价		
	358 (69.2%)			159 (30.8%)		
	行为规范	做事才干	坚韧不拔	诚实可靠	正　当	
B1	4 (10.3%)	12 (30.8%)	4 (10.3%)	9 (23.1%)	10 (25.6%)	39 (100.0%)
B2	1 (1.7%)	24 (40.7%)	5 (8.5%)	4 (6.8%)	25 (25.4%)	59 (100.0%)
B3	5 (20.0%)	13 (52.0%)	4 (16.0%)	3 (12.0%)	0 (0%)	25 (100.0%)
B4	2 (5.6%)	18 (50.0%)	8 (22.2%)	2 (5.6%)	6 (16.7%)	36 (100.0%)
B5	1 (5.9%)	9 (52.9%)	3 (17.6%)	4 (23.5%)	0 (0%)	17 (100.0%)
B6	14 (13.7%)	31 (30.4%)	17 (16.7%)	11 (10.8%)	29 (28.4%)	102 (100.0%)
B7	0 (0%)	31 (72.1%)	6 (14.0%)	1 (2.3%)	5 (11.6%)	43 (100.0%)
B8	6 (6.1%)	66 (67.4%)	6 (6.1%)	14 (14.3%)	6 (6.1%)	98 (100.0%)
B9	2 (3.8%)	23 (44.2%)	13 (25.0%)	3 (5.8%)	11 (21.2%)	52 (100.0%)
B10	0 (0%)	18 (39.1%)	12 (26.1%)	2 (4.3%)	14 (30.4%)	46 (100.0%)
所有语篇中每类判断资源的总数和比例	35 (6.8%)	245 (47.4%)	78 (15.1%)	53 (10.3%)	106 (20.5%)	517 (100.0%)

在社会尊重方面，两组社论最倾向于选择做事才干，其次是坚韧不拔，最后才是行为规范。当然也有反例：在 A2 社论语篇中，使用比例从高到低分别是坚韧不拔、做事才干、行为规范。在社会评判方面，两组社论最倾向于选择正当，其次才是诚实可靠，但 A2、A5、B5、B8 中社会评判子资源呈现相反的趋势。

假如忽略社会尊重与社会评判这两个类型，只考虑判断的五类子资源（行为规范、做事才干、坚韧不拔、诚实可靠、正当），那么两组报纸社论语篇并未遵循一定的判断模式。社论语篇 A3 到 A9 侧重于做事才干，而 A8 侧重于做事才干与正当，A 中 10 个语篇中排第二的判断资源差异较大。在 B 中，只有 B2 倾向于使用正当，其他语篇则倾向于使用做事才干，B 中 10 个语篇中排第二的判断资源差异较大。

（三）两组报纸社论鉴赏资源对比

除了情感、判断，鉴赏是评价系统的第三个子系统。情感识解人的情绪，判断是对人或其行为的态度，而鉴赏则是对事物在某一领域的评价。事物在此是一个综合的概念，涵盖意义事物（人所做的事和行动）和自然现象。这些意义可以分为三类：对事物、事物组成及事物价值的反应。对事物及其复杂程度的反应又与两个因素相关：对事物的反应涉及影响（它是否有吸引力）和质量（我们对它是否喜爱），而事物组成与平衡（它是否一致）和复杂（它是否复杂）相关。第三个类别价值识解的则是事物是否有价值（Martin & White, 2005）。

鉴赏资源的分布如表 6 所示。鉴赏（A 中为 32.7%，B 中为 29.3%）的使用频率虽然不如判断（A 中为 48.7%，B 中为 52.1%），但它比情感的使用频率（A 中为 18.7%，B 中为 18.8%）高。

表 6 《华盛顿邮报》中鉴赏资源的分布情况

	鉴 赏			鉴赏各子类型的总数及比例
	反 应	组 成	价 值	
A1	3 (20.0%)	2 (13.3%)	10 (40.0%)	15 (100%)

续 表

	鉴赏			鉴赏各子类型的总数及比例
	反 应	组 成	价 值	
A2	5 (13.2%)	7 (18.4%)	26 (68.4%)	38 (100%)
A3	7 (17.1%)	7 (17.1%)	27 (65.9%)	41 (100%)
A4	11 (23.4%)	7 (14.9%)	29 (61.7%)	47 (100%)
A5	11 (26.2%)	14 (33.3%)	17 (40.5%)	42 (100%)
A6	5 (12.2%)	6 (14.6%)	30 (73.2%)	41 (100%)
A7	7 (28.0%)	3 (12.0%)	15 (60.0%)	25 (100%)
A8	9 (29.0%)	6 (19.4%)	16 (51.6%)	31 (100%)
A9	11 (37.9%)	4 (13.8%)	14 (48.3%)	29 (100%)
A10	11 (36.7%)	5 (16.7%)	14 (46.7%)	30 (100%)
鉴赏各子类型的总数及比例	80 (23.6%)	61 (18.0%)	198 (58.4%)	339 (100.0%)

表7 《每日电讯报》中鉴赏资源的分布情况

	鉴赏			鉴赏各子类型的总数及比例
	反 应	组 成	价 值	
B1	12 (27.3%)	11 (25.0%)	21 (47.8%)	44 (100.0%)

续 表

	鉴 赏			鉴赏各子类型的总数及比例
	反 应	组 成	价 值	
B2	5 (35.7%)	1 (7.1%)	8 (57.1%)	14 (100%)
B3	2 (50.0%)	1 (25.5%)	1 (25.5%)	4 (100%)
B4	14 (42.4%)	7 (21.2%)	12 (36.4%)	33 (100%)
B5	8 (50.0%)	0 (0%)	8 (50.0%)	16 (100%)
B6	3 (7.5%)	5 (12.5%)	32 (80.0%)	40 (100%)
B7	9 (40.9%)	2 (9.1%)	11 (50.0%)	22 (100%)
B8	20 (36.3%)	5 (9.1%)	30 (54.5%)	55 (100%)
B9	14 (34.1%)	3 (7.3%)	24 (58.5%)	41 (100%)
B10	4 (19.0%)	4 (19.0%)	13 (61.9%)	21 (100%)
鉴赏各子类型的总数及比例	91 (31.4%)	39 (13.4%)	160 (55.2%)	290 (100.0%)

在 A 和 B 中，价值的使用比例最高，反应其次，组成最低。价值在 A 中高达 58.4%，在 B 中高达 55.2%；反应在 A 中使用比例为 23.6%，在 B 中则为 31.4%；组成在 A 中比例为 18.0%，在 B 中则为 13.4%。

在 A 中，A4 使用了大部分的反应与价值，A5 使用了大部分的组成与价值。除 A4、A5 外，A9、A10 中反应资源的使用率也较高。在 B 中，反应与价值使用频率最高的为 B8，价值使用率最高的为 B6，组成使用率最高的为 B1。

（四）两组报纸社论情感资源对比

态度系统很重要的子系统是情感，即与情绪相关的意义域，或者说是对行为、语篇或过程、现象做出的反应。情感是通过许多语法配置来体现的。前面的分析指出，A、B两组社论中的情感资源是态度三类子资源中使用频率最低的。

下面主要根据修改的情感子系统对A、B两份报纸社论进行分析，但需要强调的是，本文主要考虑幸福、安全、满意这三大维度，对积极/消极、现实/非现实不太关注。具体如表8、表9表所示。

表8 《华盛顿邮报》中情感资源分布情况

	情感总数及比例				每个语篇中情感子类型的总数与比例
	欲望总数与比例	幸福总数与比例	安全总数与比例	满意总数与比例	
A1	4 (19.0%)	6 (28.6%)	6 (28.6%)	5 (23.8%)	21 (100.0%)
A2	6 (66.7%)	0 (0%)	2 (22.2%)	1 (11.1%)	9 (100.0%)
A3	7 (28.0%)	0 (0%)	10 (40.0%)	8 (32.0%)	25 (100.0%)
A4	2 (40.0%)	0 (0%)	3 (60.0%)	0 (0%)	5 (100.0%)
A5	4 (33.3%)	1 (8.3%)	4 (33.3%)	3 (25.0%)	12 (100.0%)
A6	5 (27.8%)	0 (0%)	9 (50.0%)	4 (22.2%)	18 (100.0%)
A7	14 (63.6%)	4 (18.2%)	4 (18.2%)	10 (45.5%)	22 (100.0%)
A8	11 (40.7%)	0 (0%)	7 (25.9%)	9 (33.3%)	27 (100.0%)

续 表

	情感总数及比例				每个语篇中情感子类型的总数与比例
	欲望总数与比例	幸福总数与比例	安全总数与比例	满意总数与比例	
A9	4 (14.3%)	0 (0%)	14 (50.0%)	10 (35.7%)	28 (100.0%)
A10	5 (29.4%)	5 (29.4%)	3 (17.6%)	4 (23.5%)	17 (100.0%)
所有语篇中情感子类型的数量与比例	62 (32.0%)	16 (8.2%)	62 (32.0%)	54 (27.8%)	194 (100.0%)

表9 《每日电讯报》中情感资源分布情况

	情感总数及比例				每个语篇中情感子类型的总数与比例
	欲望总数与比例	幸福总数与比例	安全总数与比例	满意总数与比例	
B2	9 (37.5%)	1 (4.7%)	8 (33.3%)	6 (25.0%)	24 (100.0%)
B2	1 (11.1%)	2 (22.2%)	2 (22.2%)	4 (48.8%)	9 (100.0%)
B3	2 (16.7%)	4 (33.4%)	2 (16.7%)	4 (33.4%)	12 (100.0%)
B4	1 (10.0%)	1 (10.0%)	2 (20.0%)	6 (60.0%)	10 (100.0%)
B5	0 (0%)	0 (0%)	0 (0%)	5 (100.0%)	5 (100.0%)
B6	10 (28.6%)	0 (0%)	11 (31.4%)	14 (40.0%)	35 (100.0%)

续　表

	情感总数及比例				每个语篇中情感子类型的总数与比例
	欲望总数与比例	幸福总数与比例	安全总数与比例	满意总数与比例	
B7	5 (62.5%)	0 (0%)	1 (12.5%)	2 (25.0%)	8 (100.0%)
B8	10 (27.8%)	2 (5.6%)	4 (11.1%)	20 (55.6%)	36 (100.0%)
B9	9 (33.3%)	8 (29.6%)	4 (14.8%)	6 (22.2%)	27 (100.0%)
B10	6 (28.6%)	2 (9.5%)	6 (28.6%)	7 (33.3%)	21 (100.0%)
所有语篇中情感子类型的数量与比例	53 (28.3%)	20 (10.7%)	40 (21.4%)	74 (39.6%)	187 (100.0%)

即使每个语篇的单词数变化大，情感资源在两份报纸社论中的次数也比较接近，其中 A 中出现 194 次，B 中出现 187 次。这在某种程度上说明 A 和 B 在情感意义的使用上有相似之处，但在情感子类别上却存在差异。A 中情感子类型使用比例从高到低依次是安全、欲望、满意、幸福，而 B 中使用最多的则是满意。这种差异是可预测的，因为在选择语料时，每个语篇语域并没有太多限制。

结　语

本文基于态度系统这一值得信任的分析工具，对 A、B 中的态度意义构建进行了探索。社论中态度资源的总体分布表明，作为机构话语的社论语篇是由各种作用各异的态度资源（即情感、判断、鉴赏）构成的。

在 A 和 B 中，情感、判断、鉴赏子类型方面呈现出一定的特征。A 和 B 中使用的判断子类型比例高低分别是做事才干、正当、坚韧不拔、诚实可靠。在 A 和 B 的鉴赏资源中，价值的使用比例最高，反应其次，组成最低。A 中情感子类型使用比例从高到低依次是安全、欲望、满意、幸福，而 B 中使用最多的则是满意。

即便如此，A 和 B 作为不同的机构，在态度意义的构建方面总体趋势是一致的。在 A 和 B 的各类态度资源中，判断比例最高。这说明社论作为机构话语，最重要的作用不是宣泄情感，也不是对事物的某种鉴赏，而是从社会尊重或社会认可方面对社会事件进行评估。当然，情感、鉴赏资源也是社论态度资源的重要组成部分，辅助社论判断意义的构建。

同时要指出的是，在表达态度意义时，情感、判断、鉴赏资源中，评价者的背景化程度最高的是鉴赏，其次是判断，最低的是情感。这就是说，这三类资源涉及的主观化、个人化程度从低到高（陈晓燕，2007：44）。由此可见，A、B 社论作者在撰写社论时一定程度上是把评价者背景化程度等因素也考虑在内的。

不可否认，本研究存在一些局限性。分析中，由于无法使用数字化的工具处理评价意义，只能依靠手动分析。此外，分析中的理论框架也有待进一步完善，因而研究带有一定的主观性。本研究虽然都使用量化分析和描写方法，但注重前者多于后者。这些都是未来对这方面研究须考虑的问题。

参考文献：

[1] Fowler R. Language in the News [M]. London：Routledge，1991.

[2] Liu L. Discourse construction of social power：Interpersonal rhetoric in editorials of the China Daily [J]. Discourse Studies，2009（1）.

[3] Martin J. R. English Text：System and Structure [M]. Amsterdam：John Benjamins Publishing Company，1992.

[4] Martin J. R. Evaluation in Language：Appraisal in English [M]. London：Palgrave Macmillan，2005.

[5] Martin J. R. & D. Rose. Working with Discourse：Meaning beyond the Clause [M]. London：Continuum，2003.

[6] Martin J. R. & D. Rose. Working with Discourse：Meaning beyond the Clause (2nd ed) [M]. London：Continuum，2007.

[7] Martin J. R. & P. R. R. White. The Language of Evaluation：Appraisal in English [M]. Basingstoke：Palgrave Macmillan，2005.

[8] Mayoa M. A. & M. Taboadab. Evaluation in political discourse addressed to women: Appraisal analysis of Cosmopolitan's online coverage of the 2014 US midterm elections [J]. Discourse, Context & Media, 2017.

[9] van Dijk T. A. News Analysis: Case Studies of International and National News in the Press [M]. New York: Routledge, 1988.

[10] 陈晓燕. 英汉社论语篇态度资源对比分析 [J]. 外国语, 2007 (3).

[11] 黄国文, 刘衍. 语言复杂性的功能语言学研究——《爱丽丝漫游奇遇记》原著与简写本难易程度比较 [J]. 外语教学, 2015 (2).

[12] 黄国文, 辛志英. 绪论: 解读"系统功能语言学" [A] //黄国文, 辛志英编. 系统功能语言学研究现状和发展趋势 [C]. 北京: 外语教学与研究出版社, 2012.

[13] 李国庆, 孙韵雪. 新闻语篇的评价视角——从评价理论的角度看社论的价值取向 [J]. 广东外语外贸大学学报, 2007 (6).

[14] 黄莹. 我国政治话语体裁中人际意义的变迁——基于《人民日报》元旦社论的个案研究 [J]. 广东外语外贸大学学报, 2006 (2).

[15] 黄莹. 表征中国社会的话语: 基于《人民日报》元旦社论的历时研究 [M]. 上海: 上海外语教育出版社, 2011.

[16] 李响. 基于语料库的英语报刊社论态度研究 [J]. 当代外语研究, 2016 (6).

[17] 刘立华, 孙炬. 社论体裁中评价的社会建构功能研究——以《中国日报》为例 [J]. 山东外语教学, 2008 (3).

[18] 刘婷婷. 英汉政治社论语篇态度资源对比研究——基于评价理论的新闻语篇分析 [J]. 河北民族师范学院学报, 2012 (3).

[19] 刘衍. 机构与系统功能语言学 [J]. 外语研究, 2014 (4).

[20] 刘悦明. 《人民日报》元旦社论语篇评价手段历时分析 [J]. 西安外国语大学学报, 2012 (2).

刘衍, 男, 博士, 云南大学外国语学院讲师。研究方向: 功能语言学、语篇分析、生态语言学。

从"三"和"ba"探析中越数字文化异同

金 敏

(云南大学外国语学院南亚东南亚语教学研究部越语系)

摘 要: 中、越两国都是喜欢数字的国家,都对数字有着崇拜心理,给数字赋予了神秘色彩,都有禁忌数字和幸运数字。然而因为各种各样的缘由,两个国家的数字文化却各具千秋。本文主要通过对汉语中的"三"和越南语中的"ba"对比研究来分析中、越两国的数字文化异同,旨在帮助中越学习者加深对中越数字文化的了解,更好地学好中越语言,以期为中、越两国人民的跨文化交流提供一定的启示和帮助。

关键词: 越南语;汉语;数字文化;对比研究

引 言

每一种语言都有相当一部分数词来描写周围丰富多彩的生活以及人们由此引发的联想(王凯丽,2012:11)。数词既有物理属性,又有着丰富的文化含义和延伸意义,其词汇意义和象征意义都反映了不同的文化及文化背景。在漫漫历史长河中,由于宗教信仰、文化教育、生活习俗、风土民情等众多原因,数字被赋予了许多非数量的、神秘的、丰富有趣的文化意蕴。相同的数字在不同的国家和地区却代表着千差万别的文化现象。"我们把这种被人为主观赋予的、对数字的使用所体现出来的、反映不同民族价值取向的、代表不同文明的文化色彩,称之为数字文化。"(吴慧颖,2013:15)

与世界上其他语言一样,数词也存在于越南语和汉语之中。中、越两国人民生活中的各个方面都有数字的踪影。从成语、俗语到文学作品,从日常生活到政治场合，从千家万户到各方各地，都有数字文化妙趣横生的景象。目前，国内学者关于越南语数词的研究成果不多，李雪宁的《浅析汉越数词的异同》(2008)中对比了几个汉语和越南语中的数词，认为不同的风俗习惯和语言特点导致了中、越两国不同的数字文化。关于中越数文化的比较研究，黎巧萍的《浅论越南数字文化与中国数字文化比较的视角》考察了汉语和越南语中的数词4、6、7、8、9等的文化内涵，多采用民间数字文化的阐述来进行对比研究。祁广谋的《越语文化语言学》(解放军外语音像出版社2006年版)中有一小节描写了越南语中的几个数词的文化内涵。

本文以汉语中的数字"三"和越南语中的"ba"为研究对象，分别举例分析这两个数词在汉语和越南语这两种语言中的文化含义，并进行比较研究。

一、汉语中"三"的文化含义

数字"三"是一个非常活跃、能量很大的数字。数字"三"在与个位数配伍中，它是全能冠军。在中国文化中，"三"代表着吉祥、尊贵，广泛受到人们的尊崇与喜爱，在中国的历史上就有广泛使用"三"的习俗。人们生活的方方面面都离不开它：敲门敲三下，敬酒敬三巡，作揖作三下，磕头磕三下，探病要三问，做事要三思而后行，为人三十而立，不孝有三，刘备三顾茅庐，松竹梅为岁寒三友，"三只手"为扒手，"三脚猫"形容徒有其表以及技艺不精的人，"三脚蛤蟆"比喻无处可寻的事物，"三个鼻子管"比喻多管闲事……各种各样有关"三"的内容涵盖了人们生活的各个领域，由此可以透露出中国人民爱用三、常用三，以及"三"在汉族人民心中的崇高地位。

（一）文学中的"三"

从古代书籍来看，我国人民很爱用三。《史记·律书》中说道："数始于一，终于十，成于三。"说明数能数到三，是数的认识史上的一个飞跃和突破，因为在原始先民的思维中，"三"已经是最大的数了，隐藏着终极、完善、极多的意思（吴慧颖，2013：216）；老子说的"三生万物"，指世界上千差万别的事物是由新生的"三"与原有的"二"相互作用生成的；南宋陆九渊道："天地人为三才，日月星为三辰，封三画而成，鼎三足而立。"三足鼎立是指三点决定一个平面，象征平安和稳定。"联合国成立50周年时，江泽民同志代表中国人民赠送给联合国一只世纪宝鼎，祝愿未来世界和平、发展、稳定、繁荣、昌盛。"（王红旗，1993：68）由以上种种可以看出，"三"在中国传统文化中是极其尊贵的。

我们耳熟能详的南宋王应麟的《三字经》，全篇都是以三字短句组成，而《易经》中用得最多的数字也是"三"，其中置于时间名词前的有"三岁""三年""三日"，可见自此用"三"称年称日已成习惯，如三年之丧、三年五载。《论语》中不少流传至今的名言也含有"三"，如"三人行，必有我师焉""三思而后行""吾日三省吾身"等。

（二）生活中的"三"

在生活中，"三"的影子无处不在，它可以表示"多""大""长""久"的意思。如三人成虎、货比三家、垂涎三尺、一问摇头三不知等。相反，它还可以表示"少""小""短"的意思，如三寸金莲、三寸不烂之舌等。此外，它在政治生活中也有不寻常的地位：礼教里有三纲五常；封建社会有三跪九叩；佛、法、僧为佛教中的三宝；部队里有海、陆、空三军；人分三六九等；科举考试有三试，录取前三甲；民主革命时期的三民主义和三大作风；等等。在民俗生活中，封建社会提倡妇女"三从四德"和"三贞九烈"；旧社会让女子裹小脚的"三寸金莲"；新婚媳妇结婚三天后回门；婴儿出生的第三天要"洗三"；烧香烧三炷；敲门敲三下；敬酒敬三巡；等等。不过有时候"三"也有贬义，如"瘪三"和"三脚猫"等。

（三）趣谈"三"

从汉字的结构来看，三个相同字形的字结合在一起表示"多"的意思，如三木为森（表示树木众多）、三人为众（表示人多）、三火为焱（表示旺盛）、三石为磊（表示石头多）、三日为晶（表示发光的物体多）、三水为淼（表示水多）、三口为品（表示人口多）等。

另外，东北人还有言："女大一，不是妻。女大三，抱金砖。"《金瓶梅词话》也有"女大三，黄金积如山"的说法，可见"三"在中国传统文化中还有吉祥之意。

二、越南语中"ba"的文化含义

和中国人民一样，越南人民也很重视"三"，认为"三"是一个玄数，是个神秘的数字。越南人民对"三"的认识，除了来自中国的《易经》以外，还来自于佛教的概念：Tam bảo (Phật- Pháp - Tăng) 为三宝（佛、法、僧）；tam giới (dục giới- sắc giới- vô sắc giới) 为三界（欲界、色界、无色界）；tam sinh (kiếp trước- kiếp này- kiếp sau) 为三生（前世、今生、来生）。自此，"三"俨然成了神秘、神圣的数字。

此外，"三"还蕴含着很多意思，有关"三"的词语比比皆是。具体如下：

（1）表示"完整"的意思。由于受到天、地、人为三才观念的影响，越南人民对事物的看法经常三分，认为凡事都要具备三个要素才算完整，人有三魂，道教中认为人要有精、气、神。因此，常常带着三分思维来看待问题，例如：ba mặt một lời（三面一词），意思是当需要确切的证据时至少需要三个证人；ba gian hai trái（三间房两个果），用来比喻家庭贫困潦倒，这里指的是一个完整的家应该有三间房，但是只有两个果，显得很贫穷。

（2）表示"全面、完美"的意思。如Ba vuông bảy tròn（三圆七方），比喻一切都很完美；ba lo bảy liệu（理三料四），比喻收拾得干净妥当。

（3）表示"多、杂""快速"的意思。如ba chìm bảy nổi（三沉七浮），比喻生活多坎坷；một đời cha, ba đời con（父亲一代，子孙三代），表示父母的行为会影响到未来几代；Ba hồn chín vía（三魂九魄），这里为什么会有三魂七魄和三魂九魄呢？这是源于越南古人对灵魂的认识，按迷信来讲，男有七魄符合人体的七窍，女有九魄符合人体的九窍。"三魂七魄"是道家认为灵魂一旦离开了人体人就死亡了，现还指过度恐惧和烦恼。此外，越南人喜欢把"三"和"七"连用表示多的意思（Trần Gia Anh，2006：80）。例如，"三村七市"表示"处处"的意思；"三妻七妾"形容妻妾成群。

（4）表示"少"的意思。如ba cọc ba đồng（三块定金三块钱，形容收入少）；hai dạ ba lòng（三心二意）；ba bề bốn bên（三面四方）；ba điều bốn chuyện（三言四语），表示话少而不精。

（5）表示"变化"的意思。如tháng ba đau máu, tháng sáu đau lưng（三月出血，六月腰疼），表示有些人总为自己偷懒找借口；ba ừ tứ gật（三四都行），意为没有主见，说什么都行；mặt tam mày tứ（三面四脸）表示两面三刀，诡辩无常。

（6）表示"统一""和谐"的意思。如 Dù ai nói ngã nói nghiêng, Lòng ta vẫn vững như kiềng ba chân"（不管别人说三道四，我们的心都如鼎一

· 214 ·

样坚定);"Một cây làm ch6ẳng nên non, Ba cây chụm lại nên hòn núi cao"(独木不成林,三树汇成高山)。这里用"ba"来表示团结就是力量,万众一心就能成功。

(7)表示"财"的意思。由于 tam 和 tài(才)谐音,越南人民认为有"三"就会发财,如 983(久发财)意味永远发财的意思,36 表示财禄的意思。

(8)表示"不成"的意思。在越南民间文化中,"ba"也有一些不好的意思,有些事情被认为是不好的,应该禁忌的。尤其是指人与人的关系时常常表示"不成"。在越南神话故事中,"三"常常分为两个层面来阐释:一是关系密切;二是事物之间紧密相连。描述三人关系的有:山精—水精—媚娘(山精水精的故事);哥哥—弟弟—嫂子(槟榔的故事)。这两个故事都印证了一句古话:"tam nhân bất đồng hành(三人不同行)。"这些三人关系都预示着,不统一将导致最终的分裂和解体。自此越南人民还引申了"三人不共事"的理念,即三人一起办事,结果是谁都不服谁,最后导致关系破裂。另外,还有 chụp ảnh kiêng chụp ba người(三人不合影)也是越南人民的一大特色,他们忌讳三人一起合影,认为其中一个人会倒霉,遇到很多不好的事情,有时甚至连摄影师也在劫难逃。为了保全自身,当摄影师给不明情况的人照相时,会要求他们拿个布娃娃之类的东西来凑足"四个人"。还有许多类似的情况都认为,只要与"三"有联系的人和人或人和事似乎都没什么好事发生(Trần Gia Anh,2006:120)。

另外,从某些与"ba"有关的词语可以看到越南民族有趣的具象思维。如 ba hoa(三朵花)指"天花乱坠",这里用花开得多来比喻夸夸其谈的人、ba chỉ(三条线)用线条来比喻肥瘦分明的"五花肉",ba phải(三对)用三个对来形容那些唯唯诺诺的"应声虫"。这些词语都很形象生动地展现出独具特色的越南文化。

三、汉语中的"三"和越南语中的"ba"的异同

以上分别分析了现代汉语"三"和现代越南语"ba"的文化内涵,我们发现,两者的象征功能既有共性,也有差异。

(1)"三"与"ba"都可以象征"多""大"的意思,两者的使用范围也大致相当。在汉语中,"三"还可以表示"终极"的意思。

（2）"三"与"ba"都可以表示"少""小"的意思，两者的使用范围也大致相当。在汉语中，"三"还可以表示"短"的意思。

（3）由于汉字的特殊结构，三个相同字形的字结合在一起可表示"多"的意思。此外，"三"在中国传统文化中还有吉祥之意，这是越南语中没有的义项。

（4）"ba"可以表示"完整""全面""完美"的意思。

（5）"三"与"ba"都可以表示"变化""统一""和谐"的意思。

（6）由于越南语音的特殊性，"ba"可以表示"财"的意思，而在汉语中表示"发财"义项的词多为"八"。

（7）"ba"表示"不成"的意思。在越南民间文化中，"ba"这个数字被认为是不好的，是应该禁忌的，而汉语中没有这个意思。

通过考察汉语"三"和越南语"ba"的象征义表达功能的异同，我们可以发现：两者异多同少。其中最大的差异在于：汉语"三"多带积极的象征义，中国人喜爱它、爱用它，它在汉族人民心中占有崇高的地位。在越南语中，"ba"的象征义也多为积极义，它广泛得到越南人民的使用，象征的义项也更多，但在越南民间文化中"ba"也有一些不好的意思，有些事情被认为是不好的，是应该禁忌的，尤其是指人与人的关系时常常表示"不成"。人们避讳它，也不爱用它。

四、中越文化中数词"三"的文化内涵差异的历史文化根源

中国与越南在地理、历史、文化各方面条件长期的互相影响下，表现出既有相同、相近之处，也存在着一些差异。通过以上对中越语言数词"三"象征功能的描写，我们发现其中既有相同的方面，也存在着不少差异。下面我们将进一步探讨这种异中有同、同中有异的历史、文化根源。

（一）中越数词象征功能的异中有同

中越数字文化相同的主要原因在于汉语对越南语的深刻影响。越南与中国是山水相连的友好邻邦，在两国人民长达两千余年的交往中，中国文化对越南文化产生了全方位的影响，作为中国文化最重要载体的汉语也深深地影响了越南语。由于深受中国文化的影响，越南封建朝廷开始模仿中国封建制度的礼制、吸收儒家思想，把汉字作为官方文字，学习中国封建朝廷的礼仪。

（二）中越数词象征功能的同中有异

由于各民族所生活的地理环境和历史背景不同，因此在不同的民族文化观中，同一个数词表达不同的文化心理，具有不同的文化内涵。数词属于"文化限定词"，具有强烈的民族文化特征，每个民族都有自己的数字观。多种因素交织导致了数词的文化内涵差异。

1. 地理、自然条件的不同引起的差异

越南文化学家陈国旺认为："越南的自然特点是越南文化的出发点。文化是对大自然的适应和变化过程。"越南是个传统的农业大国，人们的生活与自然息息相关，稻作文化是人民生产生活的重要内容，稻作物的生长与收成关系着人们最直接的生活幸福。越南有句俗语是"tháng ba ngày 8"（三月八号），专门用来作为人们"饥饿"的预警。这句谚语的意思是："三月早稻歉收，八月农民就挨饿。"

此外，越南语中的一些纯越词数词俗语是根据越南人的历史背景和生存环境创造的，是汉语中没有的。例如：ba chìm bảy nổi chính lênh đênh（三沉七浮九飘零）是根据煮汤圆的情景引申到动荡不安的生活。此区别反映出自然条件影响民族的心理特征，从而反映在语言里。

2. 不同民族文化心理因素引起的差异

佛教拥有数量庞大的信徒，影响了广大群众，并且形成了越南文化基本因素中的精神生活文化（Nguyễn Đăng Duy, 2004：380）。越南儒教思想的"三纲五常"影响着人们的生活。由于受到阴阳五行说的影响，"三"还可以表示稳固、和谐的意思，如"Một cây làm chẳng nên non, Ba cây chụm lại nên hòn núi cao"（独木不成林，三树汇成高山）。这里用"三"表示团结就是力量，万人团结如同一人便能成功。

3. 不同民族的语言特点及审美情趣引起的差异

由于语言特点和审美情趣不同，导致了中越数词文化内涵的差异。汉语里对"四"的运用以及对四字格的喜爱由来已久，四字格非常符合中国人的审美情趣，它不但简短、精练，而且条理井然、层次分明，还可以多姿多彩地展现我国人民喜闻乐见的形式结构美、均衡美、错落美、叠音美、对称美。其次，从汉字方块字的特殊结构来看，三个相同字形的字结合在一起可以表示"多"的意思，而越南语中则没有这种情况。但越南语数词中的一个特点便是押韵，

这在汉语中又是没有的，通过字或者词的押韵创造出语言朗朗上口的节奏，如 một miệng thì kín, chín miệng thì hở（一人嘴严，九人嘴宽）比喻人多难守秘密。

结　语

中越数词的文化内涵有同有异。总体来说，汉民族崇尚偶数文化，越民族则喜欢奇数文化，两国人民有共同喜欢的数字，如"九"和"六"。但也有各自禁忌的数字，当代汉族人忌讳和"四"沾边的数字，而越南人有时却忌讳和"三"有关的数字。

本文通过分析得出的结论是：中越数词的文化含义存在大量相似点，不同点较少。之所以存在大量相似点，与历史上两国之间的密切而深入地交往有很大关系，同时，越南在历史上曾经长期作为中国历代统一王朝的属国或属地，受到过汉文化的巨大影响，包括语言文字方面的影响。造成中越数词文化内涵异同的原因有很多，主要表现在生存环境和人生追求不同、语言特点和审美情趣不同、伦理价值和思维方式不同等方面，从而导致了中越数词文化内涵的差异。

通过对中越数词文化内涵的对比分析，我们不仅能看到两国人民的生存环境、历史背景、民族心理、语言特点、思维方式和人生追求，还能体会到数字文化带来的乐趣，帮助我们更好地了解不同民族的文化，更好地促进中、越两国人民的跨文化交流。

参考文献：

[1] Hoàng Phê chủ biên.Từ điển tiếng Việt[M]. Trung tâm từ điển học:Nhà xuất bản Đà Nẵng, năm 2007.

[2] Hoàng Quốc Hải. Văn hóa phong tục[M]. HN: Nxb Văn hóa-thông tin, năm 2001.

[3] Đinh Ngọc Thủy.Tìm hiểu ý nghĩa, nguồn gốc và nét văn hóa trong một số thành ngữ so sánh tiếng Anh và Tiếng Việt[J]. Ngôn Ngữ & Đời Sống, số 5 (187), năm 2011.

[4] Phan Ngọc. Bản sắc văn hóaViệt Nam[M]. HN: Nxb Văn học, năm 2002.

[5] Trần Gia Anh. Con số với ấn tượng dân gian[M].Nxb Văn hóa Sài Gòn, năm 2006.

[6] Đào Duy Anh.Việt Nam văn hóa sử cương[M]. Nhà xuất bản văn hóa thông tin，năm 2006.

[7] Phan Kế Bính.Việt Nam phong tục[M].Nhà xuất bản văn học,năm 2006.

[8] 雷航主编．现代越汉词典［M］．北京：外语教学与研究出版社，1997.

[9] 农冠学，吴盛枝，罗文青．越南民间文化的对话［M］．北京：民族出版社，2010.

[10] 祁广谋．越语文化语言学［M］．洛阳：解放军外语音像出版社，2006.

[11] ［越］阮灯维．越南文化［M］．河内：河内出版社，2004.

[12] 谭志词．中越语言文化关系［M］．北京：军事谊文出版社，2003.

[13] 王红旗．生活中的神秘数字［M］．北京：中国对外翻译出版公司，1993.

[14] 吴慧颖．中国数文化［M］．长沙：岳麓书社，1995.

金敏，女，硕士，云南大学外国语学院助教。研究方向：越南语言文化。

现代汉语趋向动词"上""下"与越南语趋向动词"lên""xuống"的用法对比研究

王继琴

(云南大学外国语学院南亚东南亚语教学研究部越南语系)

摘　要：本文从语义和语法角度分析对比汉语趋向动词"上""下"和越南语趋向动词"lên""xuống"的用法，发现在两种语言中虽属对应关系，但这两组趋向动词在用法上并不是完全对应，越南语趋向动词"lên""xuống"很少表达结果意义，在表达状态意义时所能搭配的范围远小于现代汉语中的趋向动词"上、下"。

关键词：趋向动词；结构；语义；结合

引　言

趋向动词在现代汉语和越南语中都是动词中比较特殊的一个小类，随着认知语言学的发展，现代汉语趋向动词的研究视角从语法向语义、方位认知扩大，研究内容不断深入。在越南语中，语法学界重视越南语趋向动词的研究，取得了一些成果，但是整体数量不多，多为越南语语言内部的研究。近年来，随着学习汉语的越南学生以及学习越南语的中国学生人数的增多，开始出现了一些汉语、越南语趋向动词比较研究的文章和学位论文，但多为整体结构类型对比研究，缺少个体语义的详细阐释。本文选择汉语中趋向动词"上""下"与越南语中与之相对应的一组趋向动词"lên""xuống"，从动趋结构上进行比较并详细阐释其中的差异。

一、汉、越语中的趋向动词

（一）汉语中的趋向动词

现代汉语趋向动词是一个相对封闭的类，可以分为两类：单纯趋向动词和合成趋向动词。单纯趋向动词主要包括"来、去、上、下、进、出、回、过、起、开"，合成趋向动词即趋向动词"来、去"分别与剩下的 8 个单纯趋向动词组合而成的趋向动词（如上来、上去、下来、下去、进来、进去、出来、出去、回来、回去、过来、过去、起来、开来、开去），其中"开来、开去"在现代汉语普通话中已经趋于消失，现在很少用（沈阳、郭锐，2014：208）。

现代汉语中趋向动词"上、下"主要包括"上""下"两个单纯趋向动词和"上来""上去""下来""下去"四个合成趋向动词。

（二）越南语中的趋向动词

根据丁文德（Đinh Văn Đức）《越南语语法——词类》(Ngữ pháp tiếng Việt - Từ loại) 一书，越南语中将"ra"（出）、"vào"（进）、"lên"（上）、"xuống"（下）、"sang"（过、去）、"qua"（过）、"lại"（来）、"tới"（到）、"đến"（到）等这些词归为一类，叫作"有指向的转动动词" (Động từ chuyển động bao hàm cả hướng chuyển động)（2010：142）。

越南语中与现代汉语趋向动词"上、下"相对应的是"lên"（上）、"xuống"（下）两个单纯趋向动词，在越南语中也同汉语一样，"lên"（上）、"xuống"（下）表示纵向空间的移动，"lên"（上）表示由低处向高处移动，"xuống"（下）表示由低处往高处移动。

二、汉、越语中趋向动词"上、下"的比较

本文中趋向动词"上""下"主要是指单纯趋向动词"上"和"下"以及由其和其他趋向动词所组成的合成趋向动词。现代汉语中趋向动词"上""下"主要包括"上""下""上来""上去""下来""下去"这六个趋向动词；越南语中与之相对应的趋向动词"上""下"主要包括"lên"（上）、"xuống"（下）两个单纯趋向动词。由此我们可以看出，在这两组趋向动词中，越南语趋向动词的数量比汉语少，这说明在使用中当表达同一个趋向意义的时候，将出现一个越南语趋向动词对应多个汉语趋向动词的现象。以下部分我们将具体

从语法和语义的角度比较并说明它们之间的对应关系。

（一）"上"和"lên"（上）的比较

1. 相同点

在表趋向的语义上，根据《现代汉语八百词》和《越南语词典》中的注释，汉语和越南语趋向动词"上"和"lên"（上）都表示纵向的由低处向高处移动，或表示趋近前面的目标（向前移动），这种纵向高低不仅仅是客观空间位置上的高低，还包括人们主观心理空间中的高低。这两个趋向动词的立足点可以是起点也可以是终点，其后的处所词通常为终点。例如：

表示客观空间的高低：

（1）*上*二楼。　　　　　　　　**Lên** tầng hai.

表示主观心理认知空间的高低：

（2）*上*交上级部门。　　　　　**Nộp lên** cơ quan cấp trên.

例句（1）中"二楼"在客观空间中与"我"所在立足点相比是高的地方；例句（2）中"职能部门"在客观空间中并不存在纵向的高低，这只是人们的心理空间认知，在各分层级的机关单位或行政区级别中，人们心理空间认知上级是高的，而下级是低的。

在语法功能上都可以作为谓语和补语等。例如：

单独做谓语：

（3）我们*上*山顶吧！　　　　　Chúng tôi **lên** đỉnh núi nhé.

（4）今天我*上*场。　　　　　　Hôm nay tôi **lên** sân.

在动词后面作补语：

（5）他走*上*讲台。　　　　　　Anh ấy **đi lên** giảng đường.

（6）松鼠爬*上*松树。　　　　　Con sóc **trèo lên** cây thông.

在与其他动词的搭配上，现代汉语"上"与越南语"lên"（上）都能与表示人或物体自移的不及物动词、可以改变物体位置的行为动词结合，表达人或物体由低处向高处移动或者向前方移动。例如：

（7）他走*上*二楼。　　　　　　Anh ấy **đi lên** tầng hai.

（8）风筝飞*上*天空。　　　　　Con diều **bay lên** trời.

（9）把这瓶水带*上*山顶。　　　**Mang** chai nước này **lên** đỉnh núi.

（10）把饭端上桌。　　　　　***Bưng* cơm *lên* bàn.**
（11）小明走上前。　　　　　***Minh đi lên* phía trước.**
（12）坐上前去。　　　　　　***Ngồi lên* phía trước.**

现代汉语"上"与越南语"lên"（上）都能与数词结合，表达人物的年龄。这一用法多用于口语。例如：

（13）上 30 岁了。　　　　　***Lên*30 rồi.**
（14）他家小孩上 8 岁了。　　**Đứa con nhà anh ấy *lên* 8 rồi.**

2. 不同点

现代汉语趋向动词"上"在表达趋向动作或行为产生结果已达到一定目的，即具有结果意义时，越南语中的"lên"（上）没有与之对应的用法。例如，现代汉语中的"上"可以与能使相接触的动作类词语相结合，表示"闭合"的意义，如"关上门""合上书"等；还可以与表示封堵、填充、连接、比较、选择等意义的动词相结合，表示接触、附着，如联系上、遇上、上香等。但是，越南语中的"lên"（上）无此类用法。例如，在越南语中并不能出现：* gặp lên（遇上）、* liên hệ lên（联系上）、* mua lên vé（买上票）等表达方式，一般情况下为了表达同等含义，越南语中通常会选用其他的词来代替。

在结构上，现代汉语中的"上"绝大多数情况下都要带有表示终点的宾语，而越南语中的"lên"（上）很多情况下可以不带表示终点的宾语（终点宾语隐藏）。例如：

（1）上教堂　　　　**Các em đi *lên* đi.**（你们上去吧！）
（2）上山　　　　　**Trèo *lên*.**（爬上来。）
（3）上车　　　　　**Nhảy *lên*.**（跳上来。）

从以上例子我们可以看出，越南语中的"lên"（上）与现代汉语中的"上来、上去"也有对应关系。

（二）"上来""上去"和"lên"（上）的比较

1. 相同点

在语义上，三个词都含有纵向的由低处向高处移动，或者向前方移动的趋向意义。在搭配上，"上来""上去"和"lên"（上）都能与表示人和物体自移的不及物动词、可以改变物体位置的行为动词结合，表达人或物体由低处向高处移动或者向前移动。例如：

· 223 ·

（1）他走上来了。　　　　　Anh ấy *đi lên* rồi.

（2）电视搬上去了。　　　　TV đã c*huyển lên* rồi.

（3）小女孩走上前去。　　　Cô bé *đi lên* phía trước.

（4）快站上前来!　　　　　Mau *đứng lên* phía trước!

在结构上，现代汉语中的"上来""上去"和"lên"（上）大多数情况下都可以不带终点宾语（终点宾语隐藏），如例句（1）和（2）。但是，要注意的一点是，如果带终点宾语，"上来""上去"的终点宾语的位置要放在合成趋向动词中间，而越南语中"lên"（上）的终点宾语一般置于趋向动词之后，如例句（3）和（4）。

2. 不同点

现代汉语中"上来"和"上去"的区别是，两个趋向动作所发出的立足点（参照点）不同，"上来"所表达的立足点是在高的地方，也就是在目标所在点（终点）；"上去"的立足点是在低的地方，也就是起点。越南语中的"lên"没有起点和终点的语义指向，也就是说，越南语中的"lên"（上）在表示趋向意义时，在立足点上没有起点和终点的标记，都是用相同的表达方式。例如：

（1）飞机飞上来了。　　　　Máy bay bay *lên* rồi.

（2）飞机飞上去了。　　　　Máy bay bay *lên* rồi.

（3）他爬上三楼来了。　　　Anh ấy trèo *lên* tầng ba rồi.

（4）他爬上三楼去了。　　　Anh ấy trèo *lên* tầng ba rồi.

（5）小明上来了。　　　　　Minh *lên* rồi.

（6）小明上去了。　　　　　Minh *lên* rồi.

现代汉语中的趋向动词"上"不能与形容词搭配表示状态；越南语中的"lên"可以与含有积极意义的形容词搭配表示状态向好的方向发展，如 tốt lên（好起来）、vui lên（高兴起来）、béo lên（胖起来）等。与表示有声音的动作动词、表示情感的动词和形容词搭配，表示进入一种新的状态，比如：cười lên（笑起来）、khóc lên（哭起来）、chửi lên（骂起来）、kêu lên（叫起来）、phấn khưi lên（激动起来）等。这一点越南语趋向动词"lên"与现代汉语趋向动词"起来"相似，可以形成一定的对应。

（三）"下"和"xuống"（下）的比较

1. 相同点

在语义上，根据《现代汉语八百词》和《越南语词典》中对汉语趋向动词"下"和越南语趋向动词"xuống"（下）的解释，两个词语都有"由高处到低处的移动"的含义。在表达趋向意义时，这两个词语的立足点可在高处，也可在低处，其后处所补语既可是起点，也可是终点。其中，"低处"既可是客观世界中纵向空间高低中的低处，也可是人们心理认知纵向空间中高低的低处。例如：

（1）他走下院子。　　　　　Anh ấy đi *xuống* sân.
（2）书掉下地。　　　　　　Sách rơi *xuống* đất.
（3）他下车了。　　　　　　Anh ấy *xuống* xe rồi.
（4）精简机构，下放权力。　Tinh giản bộ máy, trao quyền *xuống* dưới.

在搭配上，可以与表示人和物体自移的不及物动词、可改变物体位置的动作行为动词结合，表示通过动作使人或事物由高处向低处移动。立足点可在高处，也可在低处。例如：

（5）老人走下楼。　　Bà già *đi xuống* lầu.
（6）我躺下了。　　　Tôi *nằm xuống* rồi.
（7）她放下书。　　　Cô ấy *để* cuốn sách *xuống*.

2. 不同点

在搭配上，现代汉语中的趋向动词"下"可以与"退""换"等词结合表示通过动词的行为动作将人和物体退离面前的目标，如"我退下了""把他换下吧"等，越南语中的趋向动词"xuống"（下）无此类用法。

汉语趋向动词"下"在与表示人和物体自移的不及物动词（走、跳、跑等）结合表示趋向意义时，后面要带有表示起点或终点的宾语；越南语中的趋向动词"xuống"（下）可以不带。例如，汉语中不能说："他走下""她跑下""她跳下"等；越南语中可以说："Anh ấy đang đi xuống"（他正走下来）、"Cô ấy chạy xuống（她跑下来）"、"Cô ấy nhảy xuống"（她跳下来）。

在结构上，与表示改变物体位置的动作行为类动词结合时（扔、丢、端、放等），若其后带有表示行为动作的对象的名词性短语，名词性短语可以直接跟在趋向补语（动词+趋向动词）后；在越南语中，这一类名词性短语可放在趋向补语后，也可放在动词和趋向动词之间，通常情况下会放在动词和趋向补语之间。例如：

（1）他扔下一张纸。　　Anh ấy ném một tờ giấy xuống / xuống một tờ giấy.
（2）她端下一碗饭。　　Cô ấy bưng một bát cơm xuống / xuống một bát cơm.
（3）小女孩放下杯子。Cô bé để cái cốc xuống / xuống cái cốc.

在与表示躯体动作的动词（躺、坐、看等）结合时，若后面带有表示动作终点的宾语且宾语需强调空间位置时，汉语中常常会将动作的趋向动词省略；而越南语中常常会将趋向动词保留，而省略表达宾语的空间位置的词汇。例如：

（4）我躺到地上。　　　　Tôi *nằm xuống* đất.
（5）她坐到椅子上。　　　Cô ấy *ngồi xuống* ghế.
（6）小女孩看向井里。　　Cô bé *nhìn xuống* giếng nước.

现代汉语中的趋向动词"下"还可以与表示"取得"（收下、接下活、买下等）、"剩余、保留"（剩下、攒下、留下等）、"容纳"（放下、装下）等动词结合表示结果意义，与含有"停止、安定"（停下、定下心等）意义的动词结合表示状态意义，但是越南语中的趋向动词"lên"无此类用法。

（四）"下来""下去"和"xuống"（下）的比较

1. 相同点

在语义上，三个词都含有纵向的由高处向低处移动的趋向意义。在搭配上，"下来""下去"和"xuống"（下）都能与表示人或物体自移的不及物动词、可以改变物体位置的行为动词结合，表达人或物体由高处向低处的移动。例如：

（1）快下楼来。　　　　　Mau *xuống* lầu.
（2）我们一起跳下去。　　Chúng ta cùng nhảy *xuống*.
（3）她们下来了。　　　　Họ *xuống* rồi.
（4）大家都走下去了。　　Mọi người đều đi *xuống* rồi.
（5）杯子从桌子上掉下来。Cốc từ bàn rơi *xuống*.
（6）把包放下来。　　　　Để túi *xuống*.

现代汉语每个词都可以与形容词结合表达状态意义。但值得注意的一点是，现代汉语中的趋向动词"下来""下去"能结合的形容词范围较大，如描写声音、光线、速度、情绪等形容词；在结构上，形容词置于趋向动词前。而越南语的趋向动词"xuống"（下）所能结合的形容词范围较小，只能与一些含有程度、速度含义的形容词结合，表达数量或程度降低。如Nhiệt độ thấp xuống/ lạnh xuống（温度冷下来）、tốc độ chậm xuống（速度慢下来）等，在结构上大多数情况下形容词置于趋向动词后面，说明动作本身的状态。例如：

（7）声音降下来。

（8）一直沉默下去。

（9）光线暗下来。

（10）速度慢下来。

（11）平静下去。

（12）Giá cả xuống thấp.（价格降下来。）

（13）Tốc độ xuống chậm.（速度慢下来。）

（14）Âm thanh xuống nhỏ.（声音小下来。）

2. 不同点

现代汉语趋向动词"下来""下去"在表达向下移动的趋向意义时有各自的立足点，"下来"立足点在低处，"下去"立足点在高处；越南语中的"xuống"（下）没有相对应的立足点的区分。也就是说，现代汉语中的趋向动词"下来""下去"在表达趋向意义时，越南语可以用趋向动词"xuống"（下）来表达相同的趋向意义。例如：

（1）老人走下来。　　　　Ông lão đi xuống.

（2）老人走下去。　　　　Ông lão đi xuống.

（3）她坐下来。　　　　　Cô ấy ngồi xuống.

（4）她坐下去。　　　　　Cô ấy ngồi xuống.

（5）小男孩跪下去。　　　Đứa con trai cúi xuống.

（6）小男孩跪下去。　　　Đứa con trai cúi xuống.

现代汉语趋向动词"下去"在与其他动词或形容词结合时，有表达动作或状态一直持续下去的含义，但是越南语趋向动词"xuống"无此类用法。

在结构上，现代汉语趋向动词"下来""下去"在表达向下移动的趋向意义时，若带有一个表达起点或终点的处所宾语，宾语一般置于两个合成趋向动词语素之间；若同时带有表示起点和终点的处所词，之前必须有介词引导，合成趋向动词后不能出现有表达处所的宾语。越南语的趋向动词"xuống"（下）若带有一个表达起点或终点的处所宾语时，宾语一般置于趋向动词后；若同时带有表示起点和终点的处所词，之前必须有介词引导，趋向动词后还可以带有表示终点的处所名词。例如：

（7）老人走下山来。　　　　　Ông già đi *xuống núi*.

（8）她走下楼去。　　　　　　Cô ấy đi chảy *xuống lầu*.

（9）妈妈从家里走下院子里来。　Mẹ *từ* trong nhà đi xuống *sân*.

（10）他从家里跑上街去。　　　Anh ấy *từ nhà* chảy lên *phố*.

结　语

通过以上内容的比较我们可以得出，现代汉语趋向动词"上"在越南语中对应趋向动词"lên"，趋向动词"下"对应"xuống"。但要注意的是，这种对应并不是完全的一一对应，在对应的过程中所表达的语义和结构上都有所差异，越南语趋向动词"lên""xuống"很少表达结果意义，在表达状态意义时所能搭配的范围远小于现代汉语的趋向动词"上、下"，对应最完整的属表达趋向意义的部分。最值得注意的是，越南语中并无如汉语趋向动词般用"来"和"去"合成的合成趋向动词，这一特点在一定程度上间接体现了越南语趋向动词在表达趋向意义时，立足点不明显，没有明确标记，需要通过具体的语境来确定。在一定程度上，这一现象可以说明越南人在对移动方位空间的认知上，只注重大的方向，也就是由高到低、由低到高的方向，注重目标点，而不注重对话双方所在立足点的问题。这一现象也可以从现代汉语趋向动词"来""去"在越南语中可以用多个共同的趋向动词来对应的情况得以解释。

参考文献：

[1]［越］丁文德（Dinh Van Duc）.越南语语法——词类［M］.河内：河内国家大学出版社，2010.

[2]词典学中心.越南语词典［Z］.岘港：岘港出版社，2007.

[3]黄敏中，傅成劼.实用越南语语法［M］.北京：北京大学出版社，1997.

［4］黄月华，白解红．趋向动词与空间移动事件的概念化［J］．语言研究，2012．

［5］姜南秀．现代汉语趋向动词"来""去"的语义分析［J］．兰州教育学院学报，2014．

［6］刘月华．趋向补语通释［M］．北京：北京语言大学出版社，1998．

［7］吕叔湘．现代汉语八百词．增订本［M］．北京：商务印书馆，1999．

［8］Luu Hon Vu（刘汉武）．现代汉语相关趋向动词研究综述［J］．国际汉语学报，2015．

［9］马玉汴．趋向动词的认知分析［J］．汉语学习，2005（6）．

［10］沈阳，郭锐．现代汉语［M］．北京：高等教育出版社，2014．

［11］韦长福．越南语方位趋向词语义逻辑及认知特征［J］．广西民族大学学报：哲学社会科学版，2006．

王继琴，女，硕士，云南大学外国语学院助教。研究方向：越南语语言学、越南语教学。

泰语结构助词ที่、ซึ่ง、อัน的用法及偏误分析

王云锦

(云南大学外国语学院南亚东南亚语教学研究部泰语系)

摘 要：结构助词主要表示附加成分和中心语之间的结构关系。ที่、ซึ่ง、อัน作为泰语中的结构助词，用于定语和中心语之间，表示领属关系或一般的修饰关系，在泰语中出现的频率极高，也是泰语语法学习中的重要内容。泰语中的结构助词与汉语一致，不能单独充当句子成分，通常在句法结构中充当句子的定语或状语。三者在语法上的共同点是都可以引导一个形容词或句子修饰前面的名词或形容词，形成定语从句或副词性从句。由于上述结构助词在用法上极易产生混淆，因此本文通过分析以上结构助词的用法以及使用偏误原因，旨在明确其用法的异同之处。

关键词：结构助词；关系代词；关系副词；从句

引 言

泰语中的ที่、ซึ่ง、อัน作为结构助词使用极为广泛，三者多以关系代词或关系副词的形式出现，用于引导一个形容词性成分作定语。与汉语前置定语不同，泰语中上述三个结构助词作定语时通常置于名词、代词之后，作后置定语，引导一个形容词、动词短语或句子，起到修饰、限定或补充前面的名词或代词的作用，同时也可以置于形容词之后，构成副词性从句。结构助词的出现使句子结构更加丰富，句子成分更加多样，句意表达更加清晰流畅。

一、对ที่、ซึ่ง、อัน词性的划分

裴晓睿、薄文泽编著的《泰语语法》一书中，在词的划分上将ที่、ซึ่ง、อัน三词归为结构助词，泰语叫作คำเชื่อมสัมพันธ์。泰语里的结构助词大多与名词、动词、形容词或主谓结构组成结构助词词组，表示所属、性质、状态、程度、结果等，在句法结构中充当定语或状语，有时还可以充当主语、宾语。泰语里的某些结构助词词组，类似于汉语中的"的"字结构和"所"字结构。ที่、ซึ่ง、อัน三者作为结构助词时，在语法上的共同性是都用于引导一个形容词或动词性成分，在句子中充当定语、主语或宾语（裴晓睿、薄文泽，2017：101）。

泰国语言学家วรวรรธน์ ศรียาภัย在其《泰语语言学》一书中，在词的分类上把ที่、ซึ่ง、อัน列为连词，主要的句法功能是作为从句连词，可引导名词性从句，在句中的作用相当于名词，充当句子的主语或宾语；也可引导形容词性从句，使得从句的作用是充当形容词，在句中作定语；还可以引导副词性从句，在句中作状语（วรวรรธน์ ศรียาภัย，2013：152）。

泰国语言学家กำชัย ทองหล่อ在其著作หลักภาษาไทย一书中，在词的分类上把ที่、ซึ่ง、อัน列入代词和副词行列。他认为代词分为六类，即人称代词、关系代词、区分代词、指示代词、不定代词和疑问代词，ที่、ซึ่ง、อัน属于其中的关系代词，而副词分为十类，即状态副词、时间副词、指示副词、数量副词、地点副词、应答副词、疑问副词、不定副词、否定副词、关系副词，ที่、ซึ่ง、อัน归为其中的关系副词一类（กำชัย ทองหล่อ，2011：216-249）。

国内泰语学者罗奕原在其出版的教材《基础泰语（2）》中，在词的分类上基本采用了泰国学者กำชัย ทองหล่อ对词的划分方法，把上述三个词归为代词类，认为代词分为人称代词、关系代词、区分代词、指示代词、不定代词和疑问代词六类，而ที่、ซึ่ง、อัน归属关系代词，三者作关系代词时必须紧跟在名词或代词之后。同时可归为副词，副词分为指示副词、不定副词、疑问副词、应答副词、否定副词和关系副词六类，ที่、ซึ่ง、อัน属于其中的关系副词

一类，三者作关系副词时必须紧跟在副词或动词之后（罗奕原，2008：15 - 49）。

二、语法作用分析

（一）ที่、ซึ่ง、อัน 作关系代词

1. ที่ 作关系代词

ที่，泰汉词典上的解释为：①关系代词，的（表示专指），关系代词引导的定语成分通常是表示事物性质，这个成分可以是词、短语或者主谓结构，而被修饰的中心语多数是具体事物；②关系副词，表示原因等。

通过下列例句来看关系代词ที่的作用。

例1，เขามีพ่อที่ดีที่สุด.（他有个好爸爸。）

在例1中，关系词ที่后接一个形容词ดี（好）作定语，修饰关系词ที่前面的名词พ่อ（爸爸）。

例2，ไข่ไก่ที่คุณพ่อชอบกินขายหมด.（爸爸喜欢吃的鸡蛋卖完了。）

在例2中，ไข่ไก่（鸡蛋）在句子中作中心语，关系代词ที่引导一个主谓结构พ่อชอบกิน（爸爸喜欢吃）充当中心语的定语成分，修饰前面的中心名词。

例3，คนที่กำลังพูดคุยกับอาจารย์นั้นเป็นแม่ของผม.（正在和老师聊天的那个人是我妈妈。）

在例3中，句中作中心语的是名词คน（人），ที่作关系代词引导一个动词性成分กำลังพูดคุยกับอาจารย์.（正在和老师聊天）作中心语的定语成分，修饰中心语。

例4，ฉันยังตอบไม่ได้สำหรับปัญหาที่คุณถาม.（你问的问题我还回答不了。）

语言研究

在例4中，关系代词前面的中心语是**ปัญหา**（问题），**ที่**作关系代词引导一个主谓结构**คุณถาม**（你问），作定语修饰前面的中心语。

通过上述几个例句可以看出，关系代词**ที่**主要的语法功能是引导一个成分作定语修饰前面的名词，构成定语从句，而**ที่**所修饰的中心语通常都是具体的事物，**ที่**所接的定语成分通常以词、短语或主谓结构为主。

2.**ซึ่ง**作关系代词

ซึ่ง，汉泰词典对该词的解释为：①关系代词，的（复指前面的先行词，并对它起修饰作用）；②"它，那个"，复指前面的先行词，并对它起补充作用。

通过下列例句来看关系代词**ซึ่ง**的作用。

例1，**ผมจะทบทวนบทเรียนซึ่งครูเคยสอนในบทที่แล้ว**．（我要复习上节课老师教过的课文。）

在例1中，**ซึ่ง**作关系代词，引导一个主谓结构**ครูเคยสอนในบทที่แล้ว**（老师教过）作定语，补充说明前面的先行词**บทเรียน**（课文）。

例2，**ทางการจีนมีข้อกำหนดเกี่ยวกับการซื้อของทางอินเตอร์เน็ต ซึ่งเป็นรูปแบบการบริโภค ที่ได้รับความนิยมอย่างกว้างขวาง**．（中国对网上购物这种受到广泛欢迎的消费方式有相关的规定。）

在例2中，**ซึ่ง**作为关系代词，引导一个述宾结构作定语，补充说明前面的名词**การซื้อของทางอินเตอร์เน็ต**（网上购物），指出"网上购物"是"受到广泛欢迎的消费形式"。

例3，**วันที่๑๕เดือนนี้ตรงกับวันลอยกระทงซึ่งเป็นวันอาทิตย์**．（这个月十五号水灯节正好是星期天。）

在例3中，**ซึ่ง**引导一个动词性成分对前面的名词**วันลอยกระทง**进行解释或补充陈述的定语成分，补述说明"水灯节这天是星期天"。

· 233 ·

从上述例句中可以看出，**ซึ่ง**作关系代词引导的定语成分，用于引导对事物作解释或补充陈述的定语成分。这个定语成分可以是短语也可是主谓结构，中心语可以是具体事物，也可以是抽象事物。去掉**ซึ่ง**引导的定语部分，并不影响句子意思的完整，句子依旧表达无误。

3. **อัน**作关系代词

อัน，汉泰词典对该词的一个解释是作关系代词，一般用于引导表示事物性质的定语成分，这个成分通常大都是形容词或者形容词短语。

通过下列例句来看关系代词**อัน**的用法。

例1，**ประเทศจีนกับประเทศไทยมีความสัมพันธ์อันดีต่อกัน**．（中国和泰国有着良好关系。）

在例1中，**อัน**作关系代词，其后接一个形容词ดี（好）作定语修饰前面的名词**ความสัมพันธ์**（关系）。

例2，**เราเป็นนักรบอันเข้มแข็งที่รับใช้ประชาชน**．（我们是为人民服务的坚强战士。）

在例2中，中心语是**นักรบ**（战士），后接一个形容词**เข้มแข็ง**（坚强的）作定语成分修饰前面的名词**นักรบ**（战士）。

例3，**ความทุกข์อันเกิดจากลูกเป็นความทุกข์อันหนักหน่วงสำหรับพ่อแม่**．（对父母说儿女带来的苦是沉重的苦。）

在例3中，第一个**อัน**后接一个动词性成分**เกิดจากลูก**（来自儿女）作定语修饰前面的名词**ความทุกข์**（痛苦），而后一个则接一个形容词**หนักหน่วง**（沉重的）作定语修饰前面的名词**ความทุกข์**（痛苦）。

例4，**ดอกไม้อันอยู่บนโต๊ะคือดอกกุหลาบ**．（桌上的花是玫瑰。）

在例4中，**อัน**作关系代词，引导一个介词短语**อยู่บนโต๊ะ**（在桌上）作定语，修饰前面的名词**ดอกไม้**（花）。

通过上述例句可以看出，**อัน**作关系代词时，其引导定语修饰中心语，中心语多是抽象事物，也可以是具体事物。罗奕原在其编著的《基础泰语（2）》中对其解释为："作关系代词，后接形容词引导定语从句，对前面的名词加以点缀和形容，描绘其形状和特征等。"（罗奕原，2008：149）

4. **ผู้**、**ผู้ซึ่ง**、**ผู้ที่** 的用法

当关系代词引导的定语成分修饰的中心名词指人的名词或人称代词时，常常用**ผู้**来作关系代词，或者**ผู้ที่**、**ผู้ซึ่ง**连用，强调修饰前面作为人的名词或代词。汉泰词典对**ผู้**一词其中的一个解释是：关系代词，引导一个短语或句子作定语修饰前面的名词或代词，而该名词或代词通常指人，如：**นักวิทยาศาสตร์ผู้รักชาติ**（爱国科学家），而在**ผู้ที่**、**ผู้ซึ่ง**连用作关系词引导句子，前面的**ผู้**可理解为名词或代词的同位语，而泰国有些语言学者则把**ผู้**理解为前面名词或代词的量词，**ที่**、**ซึ่ง**仍旧是作关系代词。

通过以下例子来看**ผู้**、**ผู้ซึ่ง**、**ผู้ที่**的用法：

例1，**สตรีผู้มีความงามย่อมเป็นที่สนใจของผู้ชาย**。（漂亮的女士必然会受到男士的注意。）

在例1中，中心名词是**สตรี**（女士），是指人的名词，因此关系代词用**ผู้**连接，引导一个述宾结构修饰中心名词**สตรี**（女士）。

例2，**มนุษย์ผู้ซึ่งทำดีย่อมได้รับผลแห่งการกระทำดี**。（做好事的人必然会得到好报。）

在例2中，先行词**มนุษย์**（人类），指人，**ผู้**作**มนุษย์**（人类）的同位语，而后面的作关系代词**ซึ่ง**，引导一个动词性短语作定语，修饰先行词，**ผู้**在先行词和关系词之间的同位语对先行词起到限定的作用。

例3，**ใครๆผู้ที่ทำผิดก็ต้องถูกลงโทษทั้งนั้น**。（无论谁做错了都要受到

惩罚。）

在例3中，**ใครๆ**（谁）作句子的先行词，是指人的代词，而**ผู้**的作用与例2一样，作同位语，放在先行词和关系词之间，起到修饰限定先行词的作用。**ที่**作关系代词连接一个短语作定语修饰前面的先行词，有强调先行词并加强语气的作用。

5. **ที่**、**ซึ่ง**、**อัน**用法异同

当结构助词**ที่**、**ซึ่ง**、**อัน**、**ผู้**作关系代词时，其作用等同于连词。**ที่**、**ซึ่ง**、**อัน**在语法上的共同性都是引导一个形容词或动词性成分修饰其前面的名词，在句中可作定语、主语或宾语。当**ที่**、**ซึ่ง**、**อัน**作关系代词引导的成分作句子的定语时，在使用上存在明显差别：**ที่**引导一个定语从句，修饰前面的名词，起到限制该名词范围的作用；**ซึ่ง**引导从句作定语，修饰前面的名词，起补充说明的作用；**อัน**通常引导一个形容词，通常表示修饰或描述形容前面的名词，用于较正式的书面语。**ที่**和**ซึ่ง**的使用方法不大相同，**ที่**是在需要对所涉及的信息有针对性和分类的情况下使用，而关系词**ซึ่ง**用于表示没有专指或表示有所分类的信息。在有些句子中，**ที่**、**ซึ่ง**、**อัน**三个词在句中有的可以互相替换使用，有的则不能互换，互换后语义将会发生变化。

例1，ฉันทำงานในเชียงไฮ้อันเป็นเมืองที่ใหญ่ที่สุดของจีนซึ่งฉันเคยไปเรียนห นังสือที่นั่น．（我在上海工作，上海是中国最大的城市，我曾在那上过学。）

在例1中，关系词**อัน**可以用**ซึ่ง**替换，引导一个从句对中心名词"上海"进一步补充说明，用关系词**ที่**也说得通，而后面的**ซึ่ง**也可用关系词**ที่**替换。为避免关系词的重复使用和语句的顺畅优美，在选词时应根据语义和搭配习惯进行推敲。

例2，เขามองหาลูกชายที่ยืนอยู่ห่างทางซ้ายมือ．（他看向远远站在左手边的那个儿子。）

例3，เขามองหาลูกชายซึ่งยืนอยู่ห่างทางซ้ายมือ．（儿子远远地站在左手

边，他望向他的儿子。）

在例2、例3中，如果用ซึ่ง替换关系词ที่，句意为"儿子远远地站在左手边，他望向他的儿子"，句子表达意思通畅无误，只是在句法上，上一句通过关系词ที่的使用限定了范围，是"站在左边的儿子"，而非是右边或前后，而后一句则是补充说明性的，陈述儿子远远地站在左边，并无强调方位限制。因此，替换使用意思都能表达完整，只是句法略有不同。

例4，การบ้านที่คุณครูมอบหมายให้ทำ เสร็จเรียบร้อยแล้ว. （老师布置的作业已经完成了。）

在例4中，先行词是การบ้าน（作业），表示的是一个具体事物，关系词引导的从句คุณครูมอบหมายให้ทำ是一个主谓结构的定语成分，对先行词起到修饰限定的作用，不需要解释或补充说明，因此关系词不宜用ซึ่ง，同时不是后接一个形容词，语体比较轻松，因此不适合用อัน。

例5，เสื้อที่คุณสวมอยู่สวยมาก. （你穿着的这件衣服很漂亮。）

在例5中，用ที่来引导"你穿着的"作定语来限定前面具体的名词"衣服"，这里不能用别的关系词来代替ที่，因为"衣服"这样一个具体明显的事物一般不需要叙述解释，后面的定语คุณสวมอยู่（你穿的）也不是补述性的，故不适合用ซึ่ง。同样，中心语是具体事物，定语部分是一个主谓结构，不是形容词或形容词性词组，因此也不适合用อัน来引导，不能互换使用。

（二）ที่、ซึ่ง、อัน 作关系副词

所谓关系副词，泰语中叫作ประพันธวิเศษณ์，就是同时兼有副词和连词作用的词，其作用是连接词或句子使之产生关联的副词。关系副词通常置于动词或形容词之后，在句中作状语。在泰语中，上述所讲的关系代词ที่、ซึ่ง、อัน同时也可作关系副词。ที่、ซึ่ง、อัน作关系副词，引导的从句叫作副词性从句。

通过以下例句来看关系副词的用法。

例1，ครูไพลินไม่พอใจที่นักเรียนมักจะมาสายเสมอ. （派琳老师不满意学生总是迟到。）

例2，เขาเป็นเด็กฉลาดที่ใครๆไม่กล้าดูถูกเขา. （他是个聪明的孩子，谁都不敢瞧不起他。）

例3，แม่ร้องเพลงเพราะมาก ซึ่งเมื่อฟังแล้ว จิตใจของฉันก็เคลิบเคลิ้มไปด้วย. （妈妈唱歌很好听，听了之后我的心都陶醉了。）

例4，เขาไม่พูดถ้อยคำใดๆ อันทำให้ผู้อื่นเสียใจ. （他一句话不说，让人很难过。）

上述几个例句中，ที่前面的词是动词พอใจ（满意），ที่表示前面动词存在的原因，而后面的ที่则修饰前面的形容词ฉลาด（聪明），因此ที่在这里作副词。同理，ซึ่ง前面的词是副词มาก，อัน前面的词是副词ใด，ที่、ซึ่ง、อัน紧跟在副词后，强调副词的程度以达到的结果，因此三者在这里作关系副词。

（三）ที่、ซึ่ง、อัน作关系代词与关系副词的区别

通过以下例句来对比ที่、ซึ่ง、อัน作关系代词与关系副词的不同。

例1，ผู้หญิงที่แต่งตัวสวยๆคนนั้นเป็นครูฉัน. （那个打扮漂亮的女士是我的老师。）

例2，เขาเป็นคนรวยที่ใครๆก็รู้. （谁都知道他是个有钱人。）

上述两个例句中，例1中，ที่紧跟在一个名词ผู้หญิง（女士）的后面，引导一个句子，作ผู้หญิง（女士）的定语，修饰该名词，因此ที่在这里是作关系代词。而例2中，ที่紧跟在形容词รวย（有钱）后面，引导一个句子，修饰的是其前面的形容词，因此ที่在这里作关系副词。

例3，ต้นท้อซึ่งปลูกอยู่หน้าบ้านควรตัดทิ้ง. （种在家门前的桃树应该砍掉。）

例4，น้ำ เป็นของดี ซึ่งควรแก่การรักษา. （水是应该得到保护的

好东西。）

上述两个例句中，例3中，**ซึ่ง**紧紧跟在名词**ต้นท้อ**（桃树）之后，引导一个句子作定语，修饰前面的名词**ต้นท้อ**（桃树），因此**ซึ่ง**在这里作关系代词。而例4中，**ซึ่ง**紧跟在形容词**ดี**（好）的后面，同时引导一个句子作状语修饰前面的形容词，因此**ซึ่ง**在这里作关系副词。

例5，**เขาได้ให้โอวาทอันน่านับถือแก่ฉัน**.（他给予了我让人敬佩的教导。）

例6，**สิ่งดีอันไร้ค่าของจีนถูกขโมยไปหลายชิ้น**.（中国很多无价之宝被偷走。）

例5中，**อัน**紧跟在名词**โอวาท**（教导）后面，**อัน**引导一个句子作定语修饰前面的名词**โอวาท**（教导），因此**อัน**在这里作关系代词。而例6中，**อัน**紧跟在形容词**ดี**（好）后面，同时引导一个句子作状语修饰前面的形容词，因此**อัน**在这里作关系副词。

综上所述，**ที่**、**ซึ่ง**、**อัน**作关系代词时是用来代替前面的名词或代词，使用时紧挨着前面的名词或代词，而作为关系副词时，其用法与关系代词不同。从上面的例句中可以看出，当它们作关系副词时，要用在动词或形容词副词的后面，并紧挨着动词或副词。通过表1来看关系代词与关系副词作用的不同。

表1 **ที่**、**ซึ่ง**、**อัน** 作关系代词与关系副词的区别

关系代词的作用	关系副词的作用
1. 代替前面的名词或代词	1. 修饰动词或副词
2. 位于所代替的名词或代词之后	2. 连接复合句中的主句和副词性从句
3. 作跟在其后的动词的主语	3. 置于除名词、代词外的其他词之后
4. 连接复合句中的主句和定语从句	
5. 作前面名词或代词的表语	

三、使用偏误分析

偏误分析是指对作为第二外语的学习者在学习该门外语的过程中受自身母语迁移而出现的偏误进行分析和总结，了解语言学习者对该门外语存在的障碍和偏误，并给予偏误相应的纠正。盛炎先生对偏误的产生原因曾提出"语际迁移"和"语内迁移"观点。语际迁移是外语学习中常见的现象，即认为学习外语时，母语会对所学外语产生迁移，而语内迁移则是目的语内部规则的互相迁移。学习者在学习了一段时间的目的语后，掌握的目的语知识还是有限的、片面的，在学习新知识时，用这些有限的、片面的知识去推导、归纳新知识。语内干扰也是产生偏误的主要原因，即目的语的难度导致的偏误。同时认为在学习的初级阶段，语际迁移占主导，当学到一定程度时，语内迁移也就是目的语的干扰会越来越多，从初级到高级阶段，语际迁移会越来越少，而语内迁移则相反。

作者在日常教学中发现，由于 ที่ 、ซึ่ง 、อัน 在泰语中出现的频率极高，同时也是教学的难点，而学生对于关系代词、关系副词、定语从句和副词性从句的理解存在偏误，甚至一知半解，其作关系代词引导定语三者在使用上的差别也是给学生学习带来很大困扰的教学难点。结合笔者的教学经验，下面是笔者总结的存在偏误的原因分析，主要包括以下几个方面。

（一）教师和教材因素

教师是产生偏误现象的最直接因素。由于教师在授课过程中多用母语给学生授课，加之对定语从句这一专项知识的讲解比较浅显，只是让学生了解一个大概，不够深入，因此常发生偏误。根据问卷调查，部分学生认为教师在课堂上对定语从句这一知识点的讲解不够详细全面，内容比较空泛，所选用的例句比较复杂，导致学生对该知识点似懂非懂，产生混淆。同时笔者还对学校泰语专业学生所用教材进行了统计，包括《实用泰语》《基础泰语（1）》《基础泰语（2）》《基础泰语（3）》《基础泰语（4）》以及其他相关的教学用书，发现有关泰语定语从句和关系词的知识介绍少之又少，且比较分散，没有系统地进行归纳整理。教材是学习的样本，集中体现了学生学习的内容，从调查中可以发现，当前学生采用的教材几乎全部由中国教师或语言学家编写，针对的也是从零基础入门的学习者，对内容涉及的有关定语从句的讲解寥寥无几，且比较分散，缺乏系统、全面的讲解。

表2是笔者对所授班级30名大二泰语专业学生进行的问卷调查结果。

表2 学生对教师讲解的看法

讲解内容	粗略	细致	全面
定语从句及关系词	18	8	4
副词性从句及关系词	21	6	3

从表2可以看出，虽然定语从句和关系词在泰语学习中是重要的语法点，也是学习的难点，但是通过调查问卷可以看出，大多数学生认为教师对关系词、从句的讲解比较粗略，没有专门针对性地进行系统解说，以致无法满足学生的学习需要，这是造成学生学习偏误的一个重要因素。

表3 教材中定语从句知识点的分布

	定语从句	关系代词	关系副词
《实用泰语教程》	P197	P113	P113
《基础泰语（1）》	—	P110	P79
《基础泰语（2）》	—	P12、P15、P129	P12、P49
《基础泰语（3）》	—	—	P308
《泰汉翻译理论与实践》	P46、P68	P68	P74~80

从表3可以看出，当前学生主要使用的教材中，对泰语关系词的讲解是比较零碎而分散的，这也是对学生学习关系词不足的另一方面原因。

（二）学生自身因素

从学生学习的偏误上来看，造成偏误的原因是多方面的，主要包括语际偏误和语内偏误以及学生自身对语言的领悟能力。关系词由于语言本身的难度，学生在学习时，要客观正视存在的偏误，重视两种语言内部结构的对比，对两门语言中定语从句关系词使用的异同有详细的认识和了解，如关系词的作用、关系词使用的条件、关系词的省略等都是重点教学内容。定语从句和关系词是泰语学习中一个重要的语法知识，也是学生学好该门外语所要求掌握的重要的语法知识。由于受到母语负迁移的影响，在学习过程中产生偏误，因此教师在教学中应对学生多讲多练，才能熟能生巧。

结　语

中泰语言学界对于这三个词有着不同的划分，国内学者通常把其归为结构助词，用于修饰名词性成分，表示名词的性质，其作用主要是在句法结构中充当定语或状语，有时可充当宾语。而泰国学者则普遍把这三个词归为连词，主要是在主从复合句中作为从句的连词。这三个词从此类划分上来看，分开来各自都具有词的多样性，可作名词、介词、代词、副词等，但从共性上来看，都可作关系代词和关系副词，后接形容词、形容词词组，或动词性成分，作定语或状语，以修饰、限制或补充说明前面的名词，构成复合句中的定语从句或副词性从句。上述结构助词用法具有复杂性，需要系统的学习才能加以掌握。

参考文献：

［1］ กำชัยทองหล่อ.หลักภาษาไทย.บริษัทรวมสาส์นจำกัด.1977.

［2］ ประสิทธิ์กาพย์กลอน.การศึกษาภาษาไทยตามแนภาษาศาสตร์.ไทยวัฒนาพาณิช,๒๕๒๓.

［3］ พระยาอุปกิตศิลปสาร.หลักภาษาไทย.สำนักพิมพ์.ไทยวัฒนาพาณิช,๒๕๓๘.

［4］ เมธาวียุทธพงศ์ธาดา.การศึกษาคุณานุประโยคในวรรณกรรมประเภทสารคดีในสมัยรัตนโกสินทร์ วิทยานิพนธ์ศิลปศาสตร์มหาบัณฑิต.ภาควิชาภาษาศาสตร์มหาวิทยาลัยธรรมศาสตร์,2544.

［5］ วิจินตน์ภานุพงศ์. โครงสร้างภาษาไทย.ระบบไวยากรณ์กรุงเทพฯ: โรงพิมพ์มหาวิทยาลัยรามคำแหง, ๒๕๒๒.

［6］ วรวรรธน์ศรียาภัย.ภาษาศาสตร์ภาษาไทย.สำนักพิมพ์สัมปชัญญะ.๒๕๕๗.

［7］ สุพัตราจิรนันทราภรณ์.การศึกษาเปรียบเทียบคุณานุประโยคภาษาไทยและภาษาไทโซ่ง,๒๕๒๗.

［8］ 黄进炎，林秀梅.实用泰语教程［M］.广州：世界图书出版公司，2009.

［9］ 罗奕原.基础泰语［M］.广州：世界图书出版公司，2008.

［10］ 马学良.语言学概论［M］.武汉：华中工学院出版社，1985.

［11］ 裴晓睿，薄文泽.泰语语法［M］.北京：北京大学出版社，2017.

［12］ 盛炎.语言教学原理［M］.重庆：重庆出版社，1990.

［13］ 夏中华.语言与语言运用问题研究［M］.沈阳：辽宁人民出版社，1999.

王云锦，女，硕士，云南大学外国语学院助教。研究方向：语言学。

文化研究

印度社会的历史透视

——种族的接触与融合

邓 兵

（云南大学外国语学院南亚东南亚语教学研究部印地语系）

摘　要：印度社会的显著特点就是纷繁复杂，既充满多样性，又具有很强的统一性。印度的多样性体现在多个方面，宗教众多，语言繁杂，民族林立，因而素有"宗教博物馆""语言博物馆"和"人种博物馆"之称。印度社会文化的多样性可以从其历史上找到原因。正是由于印度历史上经过多次外来人种和民族的进入、接触、碰撞和融合，才形成了今日印度社会多样性中的统一性。印度各个民族都为印度社会和文化的发展、繁荣做出过重要贡献。

关键词：印度社会；民族与种族；民族接触；融合；多样性中的统一性

引　言

印度社会是个历史悠久、纷繁复杂的社会。自公元前 2500 年前后的印度河文明起，她已走过了近 5 000 年的历程。在这漫漫的历史长河中，不同的种族和操不同语言的民族相继来到这片广袤的土地，对印度社会的形成与发展产生了重大而深远的影响。如今印度因其人种繁多被称为"人种博物馆"，世界上的各色人种在印度几乎都能看到。

今天印度社会的多样性是显而易见的。从外表上看，有的印度人身材高大、眼大鼻高，很像欧洲人；有的印度人身材矮小，皮肤黝黑，嘴宽鼻平，像非洲黑人；而有的印度人则脸盘扁平，颧骨高突，像亚洲的黄种人。在那里，至今仍然同时并存着社会发展的不同历史阶段：既有依靠原始的狩猎和野果采集而生活的民族，也有不会使用牛拉铁犁，仅会使用原始锄头和犁头进行耕种的民族,还有使用现代化大型机械的农民;既有游牧民族,也有定居的农耕民族;既有原始的手工业作坊和工人,也有现代化大工业和科技精英。

印度之所以有这么多人种和民族,是因为历史上不断有外来人种和民族进入这块土地。他们之间的交往和融合,使印度不断形成新的亚人种类型或民族。因此,印度血统混杂,人种繁多,语言纷乱,呈现出人种、民族和语言的多样性。

就宗教而言,印度社会既有世界性的宗教伊斯兰教、佛教和基督教,又有土生土长的地方性宗教印度教、锡克教,还有帕西教、犹太教,甚至原始宗教。其实,印度教已经具备了世界性宗教的一些主要特征,随着印度移民已经散布到世界各个角落,其信徒人口2011年已达9.66亿(印度政府,2011),目前估计仅次于基督教和伊斯兰教,居世界第三位。而有些散落印度偏远地区的原始宗教,信徒仅有数百人。

关于印度社会的人种构成,学者们进行了长期而深入的研究,至今还没有得出完全一致的说法。但B. S. 古哈先生所做的研究和分类得到多数人的广泛认同 (श्यामाचरण दुबे, 2005:2)。古哈先生认为,印度的人种可以分为尼格利陀人、原始澳大利亚人、蒙古利亚人、地中海人和雅利安人。

现在已难以辨清印度次大陆的最早居民是谁,因为那时没有发明文字,自然也没有关于他们的文字记载;而口头流传的传统也于此并无太大助益,因为口头流传的东西在后来的岁月中难免有所增删,难以成为可靠的史料。史前遗存物要可靠得多,尽管它无法告诉我们全部历史。通过考古发掘,人们已大致了解到,约在公元前40万年—前20万年之间,印度次大陆就有人类活动,而且可以推断出他们是如何生活的,吃什么样的食物等,但是还无法知道他们来自何方。不过,综合考古学、人类学与社会学的研究成果,我们还是可以大致得出结论,即印度社会的发展是多种族接触与融合的结果。随着人种间和民族间的不断交往和融合,印度呈现出显著的人种和民族多样性的特征。

一、尼格利陀人和原始澳大利亚人

目前人们所能知道的最早来到印度次大陆的就是尼格利陀人。尼格利陀人属尼格罗型。尼格利陀人种是南亚次大陆的原住民还是从外部迁徙而来,尚有不同看法。尼格利陀人与非洲的黑人极为相似,其特征是身材矮小,皮肤黝黑,头发卷曲，前额突出，鼻子扁平，嘴唇宽厚。因此，一些人认为他们来自非洲大陆。但另一种观点认为，尼格利陀人种形成于南亚次大陆，是这里的原住民。这是因为，在古代，南亚次大陆和非洲等板块是连成一体的，由于沧海桑田的变化，两块大陆背离而去，中间出现了海洋。如果这种假设成立，就可以解释印度的尼格利陀人为什么与非洲的黑人同属尼格罗型。另一种观点认为，尼格利陀人是非洲的原住民，他们从马来西亚绕过孟加拉湾到达喜马拉雅山脚，然后逐渐分布于整个南亚次大陆。

通常认为，尼格利陀人是印度一些部族的祖先。这些部族主要居住在泰米尔纳德、喀拉拉、阿萨姆等邦以及安达曼和尼科巴群岛等地，其生产方式还十分落后。今天生活在南印度的卡德尔人、伊鲁拉人和巴尼亚恩人，安达曼群岛的安达曼人、盎格人等，都明显带有尼格利陀人的特征。这些特征在恩加米（Angami Naga）和拉加马哈尔（Rajamahal）山区的巴格里人（Bagdi 或 Bagari）中也很明显。在印度西海岸，还有一些民族也有明显的尼格利陀人特征，但他们可能不是最早居住于此的居民，而是后来随阿拉伯商人来到印度的。关于尼格利陀人对印度文化层面的贡献，人们目前仍知之甚少。

从人口角度看，原始澳大利亚人种更为重要。这一人种类型与澳大利亚原住民的体格特征非常相似。根据人类学家研究，该人种与澳大利亚的原住民有血缘上的密切关系，所以称之为原始澳大利亚人。今天印度中部大多数的部落民族都属于这一人种，也有学者称之为前达罗毗荼人。原始澳大利亚人种是在尼格利陀人之后来到印度次大陆的。他们是何时通过什么线路到达印度的，目前尚不清楚。比较合理的解释是，他们原本生活在同一个大陆上。由于大陆板块的漂移，他们被分割在不同的大陆上。学者们认为，他们就是被古代雅利安人蔑称为达斯、达休、阿纳斯（Anas）或尼沙陀（Nishad）的人（在著名史诗《罗摩衍那》和《摩诃婆罗多》中都提到过这些原住民）。这一种族与尼格利陀人十分相近，也是头发卷曲，肤色较黑，鼻子扁平，嘴唇宽厚。蒙达人、高尔人、桑塔尔人和比尔人以及生活在南方的琴楚人、库尤巴人都是原始澳大利亚人种的后裔，其中高尔人三分之二生活在中央邦。操蒙达语的蒙达人是这一人种类型的典型代表。这些民族至今仍保留着独特的生活方式、语言和泛灵信仰。

二、蒙古利亚人

（一）蒙古利亚人的足迹

继原始澳大利亚人种之后来到印度的是蒙古利亚人种。印度的蒙古利亚人种分为两支，一支是古蒙古人，一支是藏—蒙古人。蒙古利亚人种主要分布在北部喜马拉雅山区、东北部的那加和阿萨姆山区以及印缅边境地区的部落民族。过去学者们对印度社会的大多数描述都很少提及东北地区，呈现在我们面前的往往是不充分的、不完整的印度社会图像。因此，这里我们要就东北地区的蒙古利亚人种多说几句。

从西北部山口进入印度的许多外来民族在碑铭上都有记载，但有关蒙古利亚人进入印度的记载却很少。他们大都是从阿萨姆与缅甸交界处的山口或不丹、尼泊尔和西藏的北部山口进入印度的。其中最早到达这里并定居的主要民族都是通过这些通道尤其是缅甸的山口进入印度的。可能有些人群是从海上或通过孟加拉或缅甸的陆路到达阿萨姆的。在唯物主义人类学著作中，我们可以得到有关远古时期尼格利陀人和原始澳大利亚人可能的居住地方面的证据，但关于他们对社会与文化所产生的影响却知之甚少。尽管现在在阿萨姆没有原始澳大利亚人，但唯物主义人类学家认为，这些成分比蒙古利亚人先到阿萨姆，后来融合进了蒙古利亚人之中。此后，从阿萨姆的文化和政治边界以西的印度一些新的民族移民来到这里并定居下来，其中既有印度教徒，也有穆斯林。军事上的进攻也时有发生，并遭到顽强抵抗，但向这里移民的进程一直在持续，一些非阿萨姆成分的印度教徒和穆斯林逐渐融入了阿萨姆人口中。

蒙古利亚人虽然在阿萨姆有悠久的历史，但要确定他们在那里所形成的社会地位和作用却是非常复杂的事情。这是非常敏感的话题，因此，对其进行任何简单化都会产生疑问，引起争论。但有一点是一致的，那就是，这一成分是阿萨姆社会文化的基础。

整个印度东北地区可以说是部落民族以及不同文化的大家园。目前那里的蒙古利亚人种有些仍保持着自己的部落民族特征，有些则部分或完全融入了印度社会。大量的部落民族在保留自己部落特点的同时已改宗为基督徒，如卡西人、米佐人、那加人等。这些印度蒙古利亚人在印度的先人是被称为基拉塔（Kirat）的人，在古代印度的梵语作品中他们经常被提及。在基拉塔人地区有些社会发展过程是在其他地区很难见到的。在古代，这一地区以"东方占星之城"（Pragajotish）而闻名。在《罗摩衍那》和《摩诃婆罗多》中都提到过这一地名，一些《往世书》也提到过它。后来大约到中世纪，它被称为噶穆茹婆（Kamarup），中国唐代高僧玄奘在印度取经时也曾到过这里，那时仍叫噶穆茹婆，被认为是巫术和咒语的堡垒。

博多人（Bodos 或 Boros）是阿萨姆的一个重要群体。博多这一名称并非某一个部落的标志，在这一名称之下有好多个讲博多语的部落，其语言属藏缅语系。这些部落历史上曾经很强大，而且建有自己的国家。著名的格恰利人（Kachari）就属于这一群体，拉帕人（Rabha）也属于这一群体。这两个部落正在迅速地印度教化，其中一部分人其实很早就自称是印度教徒。这些不同来源的民族融入印度教社会以后建立了自己的新的特征。他们称自己是王族后裔，其中包括寇奇人（koch）。寇奇现在已是印度教社会中的一个种姓，过去曾经在广大地区建立过统治。他们已经放弃了自己传统的名称，而称自己为王族后裔。

帕罗·蒙苟利（Bharo-mangoli）居民还有另一个族群，其中包括契提亚人（Chhtiya）、戴沃利人（Devari）、米兴人（Mishing）和莫兰人（Moran）等。他们现在居住在阿萨姆北部，历史上契提亚人和莫兰人曾有自己的王国。他们现在已经与其他民族融合了，其中很大一部分已经信仰印度教。居住在阿萨姆南部的库基—钦人（Kuki-chin）是第三个部族群。从语言上看，他们和缅甸人与卡钦人（Kachin）人非常接近。他们没有接受印度教，仍保留着自己的传统生活方式，但有许多人开始信仰基督教。第四个也是最重要的一个族群，就是具有塔伊族（Tai）或向族（Shan）血统的阿豪马人[①]。据说他们最初从中国的云南迁徙到北缅甸，其中一支于13世纪才辗转来到阿萨姆，并在这里建立了强大的国家。直到18世纪被英国人征服之前，他们一直统治着那里。阿豪马人还同化了一些其他民族，与非阿豪马人通婚，采用了阿萨姆语，并逐渐印度教化了。向族的另一些群体也先后来到阿萨姆，其中有卡姆扬人（Khamayang）、卡姆提人（Khamati）、杜伦格人（Turang）、阿伊东人（Aiton）、帕基阿勒人（Phakial）等。语言上，他们讲塔伊语族（Tai）的语言；文化上，他们受缅甸的影响较大，信仰佛教，而非印度教。

[①] 阿豪马人（Ahom），据中国学者何平等人的研究与中国的傣族属于同一民族（何平，2019）。

(二) 蒙古利亚人的印度教化

阿萨姆展现了印度文化进程的一个重要方面，而且展示了外来民族、非印度教徒是如何融入印度教社会的。

使阿萨姆的文化人格形成并改造了这一地区的印度教社会的人物是辛格尔·戴沃（1449—1569）。辛格尔·戴沃是一位诗人、哲学家、艺术家和社会改革家。他发现阿萨姆社会处于无序状态，不同部族的人们将自己原有的信仰和习俗也带进了印度教。由于传统的多样性导致了混乱，性力派除了进行牲祭，甚至人祭和许多神秘活动以外，还鼓励人们对酒、女性和肉食的追求。佛教的金刚乘和易行乘（Sahazayan）的许多种理论和实践也被印度教借用，如一些淫秽不堪的行为、秘咒、一元论哲学等。这使得印度教的无序更为严重。种姓被束缚于各种训诫、禁忌与祭礼之中，地位低下的种姓被剥夺了受宗教教育的权利。出身加耶斯特种姓（kayastha）的辛格尔·戴沃决心致力于改变这种局面。经他改革的毗湿奴教派宣扬通过敬拜与祈祷而获得解脱的观念，受到人们的普遍欢迎。他摒弃了偶像崇拜，教导人们信仰唯一的神。他尤其强调社会改革。尽管不得不面对许多反对，但他始终坚持教导人们要宽容。他教导其追随者，不要伤害任何人的宗教情感。虽然他没能把种姓制的全部弊端彻底铲除，但他使阿萨姆社会得到空前的团结和统一。

印度东北部群山环抱中的一小片丰饶的谷地曼尼普尔是迈迪人的家园。迈迪人是曼尼普尔人中的印度教徒。而山上却居住着各个部落民族。关于迈迪人的起源有各种理论，其中一种认为他们是鞑靼人（Tatar）的后裔。鞑靼人是在13~14世纪从中国迁徙到这里定居的。另一种理论认为，一位那加军队的首领帕姆黑伊巴（Pamaheiba）1714年成了曼尼普尔的国王。他皈依了印度教，名字却叫格里布·那瓦杰（Garib Nawaz），意为"穷人的保护者"，其他人也都纷纷效仿他皈依了印度教。为统治者服务的婆罗门给了他们刹帝利的地位。后来，其他地方的刹帝利种姓也都予以认可。他们开始遵守种姓行为规范和洁净的规定。

在曼尼普尔，印度教具有自己的特色。在那里还发展起了伟大的虔诚音乐和独特的舞蹈风格。特里普拉是印度教和部落原始宗教共存的范例。这里的印度教徒主要敬拜14位大神，即湿婆、毗湿奴、梵天、乌玛（湿婆之妻）、勒克其密（财富女神）、舍尔婆蒂（文艺女神）、地神、海神、恒河女神、火神、欲神（或译"爱神"）和喜马拉雅神等。

从这份神祇名单可以看出许多特点。首先，在印度的印度教社会中，除了个别地区以外，大部分印度教徒都放弃了对梵天的崇拜，而在这里，梵天仍然是被崇拜的重要神祇。其次，名单中后面几位神祇都不是今天北印度和南印度印度教徒所敬拜的，显然是当地原始宗教所崇拜的对象。据传说，这 14 位神祇的巨大塑像曾经被缅甸国王夺取。为了要回这批塑像，特里普拉国王派兵终于战胜缅王。但由于巨像过于庞大而沉重，难以运回，所以只取了神像的头部运回特里普拉。这些塑像是用石头雕成的，其中 13 尊为镏金，1 尊为镏银。特里普拉的所有祭司都是特里普拉人，而非婆罗门人。主祭司称作金达伊（Chantai），他的四个助手称为纳拉衍（Narayan），还有 80 名较低的祭师，称作卡利姆（Galim）。这些神像平时安放在铁制的柜子里面，每天轮流拜其中的 3 尊。在 6~7 月间卡尔吉节时，才把 14 尊神像全部安放在四周无墙的茅棚中，供人们敬拜 1 个星期。这期间，祭师以敬拜者的名义供献大量的山羊。而在另一个茅棚里安放着另一个女神像——布拉玛（Burama）。在卡尔吉节期间，祈求生儿育女的妇女们给布拉玛献朱砂，在大厅里点燃蜡烛。所有的特里普拉人都敬拜这一部落女神，在献祭时也有该女神一份。特里普拉告诉我们，原始宗教是如何与印度教融合的。

高哈蒂附近的伽马克亚庙被认为是印度教性力派的重要寺院之一，这一地区现在的名称阿萨姆是较晚才得名的。关于阿萨姆这一名称的起源，有多种猜测，其中一种认为阿萨姆一词是这一地区地形地貌的象征，即"崎岖不平"；另一种认为是"无比的"；还有一种认为该词与阿豪马人的胜利有关（刘国楠，1982：1）。

此外，在阿萨姆、西孟加拉、曼尼普尔、特里普拉等地有些非部落居民中也有蒙古利亚人种的特征，如尼泊尔人等。其实，后来于 16 世纪侵入印度并建立莫卧儿王朝的莫卧儿人也是有蒙古血缘的，莫卧儿王朝的缔造者巴卑尔的母系方面就是成吉思汗的后裔。

三、雅利安人

此后来到印度次大陆的是地中海人（Mediterranean）、西方短头型人（Brachycephalic）和北欧人（印度雅利安人）。地中海人在语言和文化上与达罗毗荼人有一定联系。来自北欧的雅利安人对印度社会、文化产生了决定性的影响。但在雅利安人到来之前，印度河谷地区就已经逐渐发展起独特的文明——印度河文明。

对雅利安人之前各人种以及印度河文明的猜测是建立在人类学、考古学和历史学被广泛接受的理论基础之上的，但对这一广泛接受的理论仍有不同看法。一些著名学者认为，应该重新考虑雅利安人入侵的问题。他们认为印度河文明是雅利安人和原当地居民共同创造的。以研究洛塔尔遗址而出名的著名考古学家 S. R. 拉奥一再指出，印度河文明的创造者是多种族的。

印度河文明的发现最初主要在哈拉帕（Harappa）和莫亨久德娄（Mohenjo-daro）。但后来的发掘表明，这一文明的范围要广阔得多，在边长约 1 000 公里的三角形广大地区多处有印度河文明遗址分布。

随着雅利安人与当地居民接触的扩大，印度的思想与社会结构也开始形成。在雅利安人从印度河流域向恒河流域扩散的过程中，逐渐分化为三个群体，即婆罗门、刹帝利和吠舍等三个种姓。这三个种姓被认为是再生族，可以在有生之年得到第二次生命。也就是说，从娘胎分娩是自然出生，获得的是第一次生命；按照种姓制的规定，到一定年龄通过仪式，接受特殊的教导，才能正式成为某特定种姓的成员，这是第二次获得生命。在这三个种姓之外有一个第四种姓，称为首陀罗，属于非雅利安人，可能是雅利安人与当地原始居民混血的后代。他们是农耕者，没有再生的权利。除此之外，还有一个第五群体，可以称之为种姓之外者，或第五种姓，也就是所谓的贱民或不可接触者，他们自称为"达利特"（意为受压迫、受迫害者）。他们的地位十分低下，所从事的工作被认为是最污秽的，以至于被禁止与上述四个种姓的人有任何身体接触，甚至他们的影子都不能落到再生族身上。人们就这样被以职业为标志置于一定的等级之中。这种等级制度古代被称为"瓦尔纳"（Varna，意为"色"或"颜色""肤色"）。随着社会的发展，每个"瓦尔纳"都包含了许多"贾蒂"（Jati）。在当今印度，所谓"贾蒂"，有时被视为与"瓦尔纳"同义，有时被认为是"瓦尔纳"的分支。而随着社会的发展，社会分工越来越细，"贾蒂"也越分越细，出现众多的亚种姓（Upajati），也称副种姓。这些贾蒂并非什么新发明，只不过是把原已存在的手工业者和其他有组织的职业群体安置到适当的位置而已。

印度次大陆传统的雅利安化过程并非轻而易举，也不是彻底的。在其初期经历了激烈的文化冲突，甚至战争。根据《梨俱吠陀》记载，雅利安国王在恒河流域对十个相互支持的国王发动了战争。战争发生在雅利安人从五河地区向东推进的时候。在此之前也有过零星冲突，也有过妥协。与此同时，雅利安人也从游牧向农耕发展，这就使他们必须与原住民建立更加和谐的关系。其实在此之前很久就出现某种一体化趋势。在他们东进并越过温迪亚山脉的同时，这种趋势就更强烈。由此产生的斗争结果是非仪式传统的出现。非雅利安人在保持本民族和当地特点的同时，也采用了雅利安人祭仪和社会组织的一些因素，生活形态越来越丰富，文化多样性渐成雏形。

但融合的过程要面对三种困难。首先，一些部落拒绝融合，他们认为退守到边远的山地或森林更好。即便要和其他民族在经济和社会方面保持联系，在弹性地遵循既定规则的同时，至今许多部落仍保留自己的独特性。这在那些有牢固联盟传统的民族或民族联盟中也是如此。安得拉邦的"五梵"（五个手工业社群）是一个特殊的内婚制群体。这个"五梵"不接受任何婆罗门祭司的服务，而是自己组织祭祀活动。其次，一些较强大的民族在融合问题上造成一些特殊的问题。例如，安得拉邦的雷迪族、喀拉拉邦的纳耶尔族、泰米尔纳德的马拉沃族、马哈拉施特拉邦的马拉塔族等在经济和政治上都如此强大，不可能只给他们首陀罗的地位。尽管在再生方面他们没有得到正式认可，但他们仍然宣称自己属于刹帝利等级。

四、达罗毗荼人

达罗毗荼人也称地中海高加索人种（Mediteranean）。通常认为，达罗毗荼人早于雅利安人进入印度，曾分布于印度的北部、西部和中部的广大地区。公元前2000年左右，雅利安人进入印度后，达罗毗荼人逐渐退往深山密林或南印度。如今居住生活在印度南方的泰米尔人、坎纳达人、马拉雅兰人和泰卢固人都是达罗毗荼人的后裔。关于达罗毗荼人的来历说法不一。有的学者认为，他们是印度的原住民；有的学者认为，他们与美索不达米亚地区的亚美尼亚人有关联。该人种的特征是，身材中等，皮肤浅褐，脸型较长，唇薄，鼻窄，眼大。普遍认为，在雅利安人进入印度之前存在的印度河流域文明就是达罗毗荼人创造的。

在南印度，印度教社会深受当地强有力的传统影响，这些传统远在当地雅利安化进程中就存在，其中泰米尔人尤为突出。学者们认为，泰米尔人社会早在公元前200年就已经很完善。一部公元前200年的语法著作为我们提供了当时社会结构的一些信息，描述了山区、森林、平原、海边和沙漠等地区的社会生活。公元前200年出现的桑伽姆文学中就有关于泰米尔社会正发展为组织良好的国家的描述。这些国家在一些著名国王的治理下组织有序。

出生于较低的纺织工种姓迪卢沃鲁瓦尔创作的泰米尔语作品《迪卢古拉尔》（300年）可与考底利耶的《利论》相媲美。关于该书作者的生平，除了上述的出身以外，我们只知道他是马耶拉普尔（马德拉斯郊区）人，并在那里任过职。他精通印度教和耆那教典籍。《迪卢古拉尔》共133章，每章10首多哈（doha）[①]。全书共1 330首多哈。这部作品着重讨论的是道德、财产和欢乐，但没有提到解脱。它描述了一家之主、出家人、苦行者、为富者、当权者的生活及特点。在为个人成功和社会公正而确定行为规范时，这部作品总是关注阿拉姆（Aram）。阿拉姆是监督个人、社会和国家的伟大力量，给予那些遵循其规则的人物质与精神财富。阿拉姆包含友爱和正义，在违背真理问题上，它不分王子与农夫。《迪卢古拉尔》被称为泰米尔语的吠陀。

结　语

印度社会往往被认为是封闭停滞的，许多著述也是这样描述的。有时候，尤其是在其发展的某些阶段的确如此，但也有许多例外。上述的民族接触和融合历程已经有力反驳了封闭说。此外，还有许多其他外来民族，如希腊人、帕提亚人（安息人）、沙迦人、斯提因人（Sithiyan）人、贵霜人和匈奴人等都在印度立足甚至建立过统治。按印度教的传统，他们被认为是外国人和野蛮人，可是他们拥有权力，地位自然也很高，而且都融入印度社会之中。印度历史上所提到的非常受尊敬的外来民族国王米南达就是印度—希腊裔人，迦尼色迦则是贵霜人，他们都成了虔诚的印度佛教徒。

印度古代文献与传说也能证明这一点。根据《摩诃婆罗多》传说，黑天的妻子卢格米尼是印度东部部落民族的女儿；毗姆的妻子希丁巴是那加人；阿周那的妻子花钏女（Chitrangada）和乌鲁碧（Ulupi）分别是曼尼普尔人和那加人。甚至大神黑天以及伽利女神的形象都被认为具有土著部落的痕迹。这说明，在标准最严格的时代，印度社会也并不排斥其他民族，其他民族也为印度社会

[①] 多哈（doha）是一种音长半对称的格律诗，属四行诗。但因为历史原因，有学者译作"双行诗"。它的第一行和第三行音长相同，均为13个音长；第二和第四行相同，均为11个音长。

文化的发展做出了重要贡献。正因为如此,印度社会文化形成了"多样性中统一性"的特点。

参考文献:

[1] श्यामाचरण दुबे.. भारतीय समाज [M]. नई दिल्ली , भारत : नेशनल बुक ट्रस्ट, इंडिया , 2005.

[2] एन. के. बोस. कल्चर एंड सोसाइटी इन इंडिया [M]. बम्बई, भारत : एशिया पब्लिशिंग हाउस , 1967.

[3] ज्योती डोईफोडे. भारतीय समाज संरचना व परिवर्तन [M]. दिल्ली,भारत : विद्या बुक , 2010.

[4] दोषी व जैन. भारतीय समाज-संरचना एवं परिवर्तन [M]. दिल्ली, भारत : नेशनल पब्लिशिंग हाउस , 2009.

[5] 刘国楠,王树英. 印度各邦历史文化 [M]. 北京:中国社会科学出版社, 1982.

[6] 陈锋君. 印度社会述论 [M]. 北京:社会科学出版社, 1991.

[7] 陈峰君. 印度社会与文化 [M]. 北京:北京大学出版社, 2013.

[8] 高善比. 印度古代文化与文明史纲 [M]. 北京:商务印书馆, 1998.

[9] 何平. 移居印度的傣族后裔阿洪姆人的历史文化变迁 [J]. 东南亚研究, 2009 (1).

[10] 林承节. 印度古代史纲 [M]. 北京:光明日报出版社, 2000.

[11] 尚会鹏. 印度文化史 [M]. 桂林:广西师范大学出版社, 2007.

[12] 王树英. 宗教与印度社会 [M]. 北京:人民出版社, 2009.

[13] [德] 赫·库尔克. 印度史 [M]. 北京:中国青年出版社, 2008.

[14] 印度政府. 2011年人口普查数据 [EB/OL]. http: //www. censusindia. gov. in/2011census/population_ enumeration. html.

邓兵,男,云南大学外国语学院教授。研究方向:印地语言文学和印度国情。

中日关于近代发展道路选择的群体性心理差异分析

赵毅达

（云南大学外国语学院日语系）

摘 要：本文旨在以划定的 19 世纪中叶至 20 世纪初十年为时间背景，透过对中日双方所执行的政策决议和重要人物的文献记录分析，以荣格的群体性心理学、精神现象学、教练技术的理论体系，深入解析历史上两国群体内在自我认同在政治压力下的解构与重塑之差异，还原出历史进程动力的真相。

关键词：发展道路；群体心理

一、文本叙述的差异

在选择发展道路的窗口期（本文划定为 19 世纪中叶至 20 世纪初十年），中日对西方列强的态度几乎是完全相反，从历史教科书中的称谓即可窥见一斑：中国从第一次鸦片战争爆发前直至《南京条约》签订，记录的文字中多见用"屈辱""不平等""侵略""被迫"等关键字眼指中国的遭遇和英国的行径；广州三元里的抗英纪念馆一直是爱国传统教育的重要基地，其中，英国驻华商务总监督——义律（全称查理·义律，Charles Elliot，1801—1875）与颠地（Lancelot Dent，1799—1853），很多中国人并不关心他们的全名和生平事迹，仅从电影和教材了解到的就已经足够将他们钉在耻辱柱上了。两人的译名始终沿用其最初的音译文字，百年未变，就是为了方便子孙后代都永远记住他们的罪恶。

1853 年，美国人柏利率领军舰在日本登陆，与日本签订了《日米和亲条约》，史称"黑船来航"事件。日本对其称谓是"开港"，之后日本与西方列强的一系列条约签署，全面开放口岸等活动被记述为"文明开化"。在日本第一大港口城市——横滨，一幢西式建筑被命名为"开港纪念馆"，在一进入门厅的正对面，高高悬挂着带兵闯入日本国门的美国舰长——柏利的巨幅油画肖像。每年6月，横滨都会举行盛大的"开港庆祝游行"，届时有演员装扮成为柏利及其率领的美国海军陆战队士兵的模样，列队于欢庆的游行队伍中招摇过市，全日本的媒体电台实况转播游行盛况，早已成为横滨标志性的节庆活动。

文本叙述的差异乃是一种外在呈现状况，真相才是推动人员、物质等诸要素在相宜的时间、地点共同构成事实的内在原动力所在。

真相为何？荣格的集体意识理论可以解释。直至19世纪中叶，中国与周边国家在外交形态乃至意识架构上都是以"华夷体制"为主要标识，由此形成故步自封的所谓"天朝上国"观念，就是一种占绝对统治地位的集体意识。国民的个体思维几乎悉数为之统摄，对海外的误读与恐惧成了国民看待世界的主流意识。林则徐上书道光皇帝的奏折上提到英国兵不足为惧，膝盖处不能弯曲，交战之际只需撒黄豆于地，再用竹竿平膝扫倒，则不能起身，上前直接俘获云云（端木赐香，2016：12）。这个流传极广的段子，历史考据是否可靠暂且不论，但其叙事背后的心态模式，却能透视当时中国社会精英的认知水平与普遍的群体意识。而下文出具的资料则确凿地印证了段子中折射出的群体意识。

"腿不能曲，肠胃板结，非大黄茶叶无以为命。"（端木赐香，2016：43）

虽种族有异，然毕竟同为人类，如此荒唐的认知，除了推脱"闭塞"之外，那种高下分别、洋洋自得的心态已跃然纸上。作为民众中的杰出代表和时代精英的认知水平如此，国民的群体心态如何不难想见。无知导致狂妄，"上国"的心态必然引发出对外邦的轻蔑与分别。近代英国使节马戛尔尼谒见乾隆皇帝的历史公案清晰地呈现出中国当时上下一致的群体意识：外国人是蛮夷，无资格与"上国"论平等，只有赏赐与感激涕零的上下关系。而更深层次的群体性潜意识则是："上国"永远不会落后，对于外邦蛮夷无须理会其有超越自己的一天！

日本自隋唐时期起就仰慕中国先进的文化，努力引进为己所用。无论官方还是民间均有成规模的访学团体或个人频繁造访中国，从典章制度至宗教礼乐无一不深入研习。至今，日本尚保留着中国业已失传的很多民俗传统和器物制作技法，由于篇幅和主题所限在此不作赘述。不过从这些事实中，我们可以感受到日本民族一直对域外强大的文明有着不抗拒、喜接纳的群体意识。由于日本地缘的独特性，其民族单一均质的特色得到了长时间的保存，群体性意识鲜有被外来信念杂染的可能性，因此数百年后的19世纪中叶，日本面对西方列强的破门而入不若中国那般有强烈的蒙羞感和心理上的巨大落差。相反，日本把外来侵略的力量转念解读为更加先进的文明，一念之际，日本不是选择抗拒而是接纳和学习。正是由于外来入侵打破了日本国内持续了260多年的幕府统治的权力平衡，日本以"尊王攘夷"的口号，表面打"王政复古"之旗，实则立西化维新之举，迅速摆脱了被殖民的危险，跻身列强队伍。从1864年（明治维新）至1894年，仅30年就已把清朝——这个曾经命运相似的"难兄难弟"甩出了一个时代的距离（现代国家与前现代国家的差距）。可以断言，在国家民族面临重大变故的关键节点和转型的窗口期，日本完成了由前现代化向现代化的转型。

二、应激反应的弊病

中国在窗口期的行为表现完全即心理学上的"应激反应"。

所谓"应激反应"，乃是指个人在遭受到重大挫折或打击之后，本能维护生命安全的一种直接反应模式。一般性呈现状态可分为：①外显情绪部分（如暴怒、沮丧等）；②内部防御部分（如对抗、隔离、投身性认同等）。应激反应的特点在于快速性、暂时性，基于个体或集团长久以来形成的习性模式之上，具有极强的相似性与重复性（武志红，2017）。

应激反应的弊病在于：其作为一种本能的条件反射，缺乏深入探寻内在事件因果的机制，停留在表面对感受做出模式化的反应，其结果几乎都是"治标不治本"，更有甚者，则形成"轮回"的模式，一再重复。

中国的应激模式在第二次鸦片战争时期尤为突出。第一次鸦片战争"落后挨了打"，十余年之后，朝廷还是闭着眼睛，陶醉于"天朝上国"的迷梦中。

具体史实如在福州乌山"神光寺"事件中，皇帝只会发个空头号令，务做到"总期民夷两安"（赵柏田，2015：14）。看似简单的一句话，在当时英国力主商人、传教士入城的强大声浪和逼迫中，操作起来比登天都难！当地官僚本以"拖延推诿"的方式尽量拖住洋人入城时间（这种做法乃是应激反应的另一呈现），"睁眼看天下第一人"的林则徐，对此表现出强硬的态度，谋划把"英夷"驱逐出城（福州）。但他所倡导的"器良，技熟，胆壮，心齐"（林则徐，

193）的"救国八字要言"，只停留在器物层面的建设，没有上升到制度层面的革新。

三、自我认同提升的渴望

日本由于没有内生的轴心文明，其普遍性的秩序有赖于引入强大的既存文明作为模板。隋、唐、宋、明绵延几百年都是日本在寻找以中国大陆文明为正统依赖的路径过程。江户时代日本儒生松本三之介就曾感叹："吾国儒书甚为流行，多少阅读儒书者，均以唐为中国，以吾国为夷狄。更有甚者，以自己生为夷狄而悔恨痛哭。"（松本三之介，1972：67）日本作为国家的自我认同始终没能得到包括自己在内的广泛性高认同，尤其是在明清时代，为了穿越这种"夷狄"的低自我认同的痛苦，日本发展出了自恋色彩极浓的"华夷变态论"，本质上就如同鸵鸟把头埋在沙子里，故意回避事实，但内在的不足却暴露无遗。

明治维新后，日本完成了内部整合，不但大量引入了西方的制度器物，更重要的是从法统上摒弃了传统的儒家传承，按照国际法的要求改革了国内的法权秩序。其中尤为值得提及的就是，日本从19世纪60年代即着手进行"条约改正"——逐步按照西方承认的国际法统原则，推进各西方列强之前与日本订立的不平等条约。经过几十年的不懈努力，终于在19世纪80年代中期最终完成了条约的修订工作，成了东亚第一个也是唯一一个摆脱了西方不平等条约桎梏的国家，并得到了西方人承认而跻身"文明国家"的行列。日本与中国的最大区别就在于，日本不仅在器物层面上引入了西方的先进技术，还努力学习并复制了普遍法权的系统，从根本上打破了封建国家秩序，最大限度地动员国民参与国家建设，半个世纪就使日本建成了现代化的教育、工业体系，完成了国家政治结构的转型，成功地加入了现代秩序。

结　论

心理学家费斯汀格（Leon Festinger，1919—1989）1956年出版了《认知失调理论》一书，书中提出的理论对人类认知发展过程中的一个现象做出了解释。简而言之，只要个人发现有两个认知彼此不能调和一致时，就会感觉到心理冲突。因冲突而导致紧张或不安，转而形成一种内在动机作用，促使个人放弃或改变认知之一，而迁就另一认知，借以消除冲突，恢复调和一致的心态（费斯汀格，1999：112）。

日本在近代转型期与中国最大的区别就在于，日本的先进分子把西方的到来理解为新文明的开化，是日本摆脱千年来受制于大陆文明，在全新的地缘政治中能自主发声，成为东亚新文明主导者的机遇。其在认知和源动力上与中国大相径庭，故不存在主体性的认知失调，反而是以积极的心态主动接纳，从西方文明之所以能强大的根源探索入手，学习模仿，使国家实现了重大转型。

参考文献：

[1] 端木赐香. 这一次我们又挨打了 [M]. 武汉：华中科技大学出版社，2016.

[2] [美] 费斯汀格. 认知失调理论 [M]. 郑全全，译. 杭州：浙江教育出版社，1999.

[3] 施展. 枢纽 [M]. 南宁：广西师范大学出版社，2018.

[4] 赵柏田. 帝国的迷津 [M]. 北京：中华书局，2015.

[5] [法] 古斯塔夫·勒庞. 乌合之众：大众心理研究 [M]. 王浩宇，译. 南宁：广西师范大学出版社，2015.

[6] 武志红. 集体性自我带来的焦虑·武志红的心理学课. 得到 APP，2017-11-15.

赵毅达，男，博士，云南大学外国语学院副教授、硕士生导师。研究方向：日语语言文学。

从日本文化交流看日本社会

刘 一[1] 黎 英[2]

(1. 云南大学外国语学院日语系;2. 云南大学图书馆)

摘 要:文化外交是日本近20年来举国上下积极贯彻的文化战略。本文列举了活跃在日本文化外交第一线的日本科学协会和国际交流基金会两个国际文化交流团体,对它们在文化交流中所做出的业绩和项目实施作了详细陈述,并对日本文化交流的样态进行分析,从而达到对日本社会的观察,对日本的民族性有更进一步的认识的目的。

关键词:日本科学协会;国际交流基金会;文化交流;民族性

引 言

学校教育机关是日本国际文化交流的主要交流对象之一,捐赠图书、日本知识大赛、"笹川杯·感知日本"有奖大赛征文、笹川科学研究资助项目等都是在教育机关范围展开的。在日本文化交流研究的课题里面,涉及具体项目活动的较少,本文从日本国际文化交流的具体项目着手,通过其项目的计划内容、执行的成果等,较直观地来看日本国际文化交流。同时,进一步认知日本地理环境、社会背景,以此达到对日本社会的观察及其民族文化的理解。

日本是中国一衣带水的邻邦,中日交往的历史已长达2 000年。在这漫长的交往中,两国关系跌宕起伏,有时友好往来,有时兵刃相向,给两国人民特别是给中国人民的心中留下了一些伤痛和隔阂。二战日本战败以后近20年间,日本经济从一片废墟中迅速恢复并发展成世界第二经济大国。然而,日本在国际政治上的形象并不太好。为此,日本政府痛定思痛,决心"第三次远航"(明治维新、战败后崛起分别是第一次和第二次远航)。1977年,日本前首相福田赳夫在马尼拉阐述"福田主义"三大原则：不做军事大国，要为东南亚乃至世界和平做出贡献；与东南亚各国在政治、经济、文化等广泛的领域，建立"心心相印"的友好信赖关系；以合作者的身份支援东南亚。这被认为是日本最早立志于文化外交的政府宣言。20世纪80年代，"文化立国"正式被确立为日本长期追求的国家战略目标（金永明等，2015）。文化外交是公共外交的重要组成部分，是继政治、经济之后的第三大外交形式，具体指政府组织通过文化教育方面的项目交流、人员往来以及文化贸易等手段，促进不同国家和人民之间的友好情谊，尽力消除因文化差异造成的文化误解或文化误读，增加双方或多方的文化理解与认同，进而提升本国的国家形象和国际话语权。据1982年国际交流基金会的调查看，当时日本的国际文化交流团体就有260多个。其中的日本科学协会和国际交流基金会，迄今活跃在日本文化外交的第一线，发挥着重要作用。在众多的日本文化交流中，有一些项目与中国高校有关，这些项目的实施引起了很好的反响。通过了解这两个国际交流团体所做的许多交流活动，使我们对日本及其民族有更进一步的认识，也改变着从前的一些看法。

一、日本科学协会的部分国际文化交流

日本科学协会成立于1924年6月13日，是日本历史最悠久的公益团体之一。协会成立的宗旨为：加强国内外科学技术研究者、关注者之间的联系与合作，普及科学知识，奖励科学研究，促进科技发展，利民利国，为发展世界和平做贡献。之后由于战乱等各种原因，协会的各项事业活动开始走向衰弱，以至一段时期基本处于停滞状态。1975年，在财团法人日本船舶振兴会（日本财团）的支持下，日本科学协会重新开展活动至今。日本科学协会主要从事的公益事业为：开展对年轻科学研究者的资助；开展科学普及体验活动；捐赠图书并举办其延伸活动等。日本科学协会与中国的主要交流项目是：①向中国大学及研究机构无偿捐赠图书；②在中国高校举办"笹川杯全国大学日本知识大赛"；③与中国青年报社和人民中国杂志社合作举办"笹川杯·感知日本"有奖征文大赛。

（一）有效利用教育·研究图书项目

以通过捐赠图书，增进国际的相互理解和友好合作为目的，对日本国内的出版社、企业、大学、研究机构以及个人捐赠的图书进行整理、分类后，再捐

赠给海外的大学和研究机构。自 1999 年开始实施"有效利用教育·研究图书项目"以来，在中日双方的共同努力下，受赠大学从最初的 10 所发展到 69 所，已向 69 所大学赠送了 367 万多册书。日本科学协会组织的交流活动也日渐丰富，从单一的赠书项目扩展到多种形式的中日青年交流活动。每年在中国举办"笹川杯全国高校日本知识大赛"。通过日本知识大赛优胜人员访日项目，从 2004 年度开始到 2011 年度累计 117 人应邀访问了日本。"笹川杯·感知日本"有奖征文大赛（中文版、日文版）、"品书知日本征文大奖赛"（中文版），在日本举办"熊猫杯全日本征文大赛"（日文版）等活动，同时还实施了大赛获奖者的访日和访华活动。从 2008 年起，被中华全国青年联合会列为"中日青少年友好交流活动"系列项目。至今累计邀请访日人数 31 人。由于项目内容的扩展，把"有效利用教育·研究图书项目"之名改为"日中未来共创项目"。2011 年 2 月，实施了第 5 次中国大学图书馆人员访日交流项目。

这些项目是为了促进肩负中日关系未来的年青一代日语人才更好地了解日本，提高学习日语的积极性，进一步加深中日之间的相互理解，提高友好的意识。为了使接受捐赠图书的中国大学图书馆人员等多方位地了解日本，促进中日之间的学术交流，通过参观访问图书馆、与图书馆有关人员等交流信息、举办研讨会等开展各项活动，以资进一步提高图书馆人员的素质，增进中日友好。

（二）笹川科学研究资助项目

为了培养肩负下一代科学技术的年青一代研究人才，日本于 1988 年创立了笹川科学研究资助制度。通过将研究岗位上积极从事研究的年轻研究人员具有萌芽性、崭新性、独创性的研究成果公布于世，以资奖励年青一代研究人员的基础研究。

笹川科学研究资助项目（1988—2011 年共 24 年）

分类	实际资助件数与金额	
	资助项目数量	资助研究经费金额（日元）
对中国留日学生的资助项目	306 项	178 460 000
对世界各地留日学生的资助项目	807 项	474 900 000
资助项目总数	7 039 项	4 069 300 000

※2011 年度向中国留学生 4 人提供了资助，资助金额为 280 万日元（日本财团对华交流简介，2011）。

至今为止，已有 32 443 个项目提出申请，有 7 039 个研究项目获得这项资助（选拔率为 22%）。其中，中国留日学生的 306 项研究获得资助（对世界各地留日学生资助项目总数为 807 项）。

上表是日本财团对华交流简介 2011 年新版的数据。从 2011 年至今，上述活动还在如期进行，具体活动的数据也在不断更新。已经为将近 9 300 名青年科研人员提供了约 55 亿日元（约合人民币 31.9 亿元）资助（许永新，2018）。

二、国际交流基金会的部分国际文化交流和设施设备及实施内容

1972 年 10 月，日本政府出资 100 亿日元设立了特殊法人国际交流基金会，作为更具灵活性的推进文化外交的半官方机构。2003 年 10 月 2 日起变更为独立行政法人日本国际交流基金会，国内设有本部和京都分部以及两个附属机构（日语国际中心和关西国际中心），在国外 21 个国家和地区设有 22 个海外事务所。其以政府出资（1 110 亿日元）作为财政基础，以运用政府资金获得的收入，从政府处得到的运营补助金和民间的捐赠作为财政补充。日本国际交流基金会的活动，以对国际文化交流项目的综合、有效的开发为目标，由以下三个大类构成：①文化艺术交流；②日本语教育；③日本研究与知识交流（日本国际交流基金会，2018）。国际交流基金会总则的第一条表明其目的是："为了加深外国对日理解、增进国际相互理解的同时，促进国际友好亲善，富有成效地从事国家文化交流事业，并以此为世界文化发展和人类的福利做贡献。"这一基金会为了在全球推广日语教学，每年邀请来自 50 多个国家的 500 名外国教师赴日本免费参加培训课程。

日本关西国际中心是对外日语培训机构之一，它占地面积不太大，但设施比较齐全，有宿舍、教室、图书馆、食堂、举行会议和晚会都能用的多功能厅、网球场。在住宿楼里还有提供各国学员做家乡料理的厨房，聚会兼卡拉 OK 厅、健身室、上网区和录像室。由于配备设施比较全，除了必要的外出、购物以外，日常的学习生活基本都可以在该中心进行。这里的日语培训对象有来自许多国家的大学生、研究生、公务员、外交官、图书馆员等。中心提供学员在日的一切基本开销，其中包括食、住、行。除了在中心的日语学习外，还有中心外的其他日本体验活动，有名胜古迹的观光、对某团体机构的访问、去日本家庭访问和住宿体验，还有日本传统的体育和艺术，诸如相扑、歌舞剧等的观赏。

三、对日本科学协会和日本国际交流基金会进行的项目分析

（一）日本科学协会图书捐赠项目及其他活动分析

日本科学协会向海外大学及研究机构无偿捐赠图书的这个项目很有意义。这些图书是日本国内的出版社、企业、大学、研究机构以及个人捐赠的，从搜集方式上充分体现了有效利用。随着这些图书的输出，也把日本文化传到了国外，外国人即使不亲自到日本，也可通过这些图书窥得日本文化的一二。世界各国的人有机会亲自到访日本的毕竟是极少数。显然，这是一个能让更多的人了解日本的途径之一。日本通过这些活动项目，与国际进行交流的同时，不断地把日本文化向外输出，改善日本的国际形象。日本在中国高校举办"笹川杯全国大学日本知识大赛"，与中国青年报社和人民中国杂志社合作举办"笹川杯·感知日本"有奖征文大赛以及笹川科学研究资助等，这些项目活动以奖励的形式进行，吸引更多的青年人参与。而有机会进行访日交流活动的人，则可以与日本社会亲密接触，通过所见所闻及整个行程的待遇，以不同的角度去感知日本，了解日本。虽然这些活动只从日本科学协会近一二十年的部分项目业绩来陈述，但也可看出该会为日本文化交流做出了不可忽视的贡献。正如日本科学协会会长大岛美惠子所表示的，项目研究资助的基本方针从创立以来始终没有改变，可以说日本文化外交始终在政府主导下上下协调，相互配合，稳步持续地推进着。

（二）日本关西国际中心日语培训项目分析

日本国际交流基金会日语培训项目也是近一二十年开展的项目。1981年，日本政府的开发援助计划（ODA）将推广日语纳入预算，推动日语学校在世界各地蓬勃发展。1991年，日本外务省针对具体国家制定了面向美、中、加、英、德、法等国的文化外交战略，同时把东盟诸国列为日本文化外交的重点国家（金永明等，2015）。日本关西国际中心日语培训也是因此而进行的项目。就此日语培训项目来说，从进入中心报到到发表会，可以说学员完整地走完了一个学习过程。这个过程既严肃认真，又丰富多彩。整个过程中，学员那种获得感是油然而生的。从语言学习到社会体验，学员不仅可以学到日本语言文化，还学到了其他许多东西。无论是民族精神、地理环境、民俗文化都融入在生活中，让学员真真切切地感受并了解。

1. 日本特殊环境及文化

日本位于环太平洋西岸火山地震带上,地壳变动激烈,火山众多且活动频繁。火山给人们的生活带来很大的麻烦,但也造就了日本星罗棋布的温泉,仅住宿设施齐备的温泉地就有 3 000 多处(张爱平,2004)。对日本人来说,泡温泉是一种享受,更是生活中必不可少的一部分。在泡澡之余,还可品尝非常诱人的温泉料理。温泉料理品种多,食材也是当地特有且平时一般餐馆里不常见的,精致玲珑的食器盛装着色彩搭配精美的饭菜,不仅能勾起人们的食欲,味道也是不负期待,给客人一种很满足的享受。这期间人们所能体会到的就是温泉文化。日本国际交流中心为学员提供的不仅仅是日本所特有的文化体验,还向世界宣传、展示和传达他们的传统文化和生活理念,同时带动着旅游经济的发展。由于地理位置的原因,日本是一个台风和地震频发的岛国,日本国民在应对自然灾害方面有着丰富的经验和防护措施。比如,对大坝、堤防、建筑物等增强防灾设计和修筑。地方政府不只对本国的民众进行防灾训练,还不失时机地对来自国外的学员组织防盗、防灾讲座和训练。这从某方面讲也是对学员的人身安全负责的一种表现。同时,也让外国学员感受到日本民族对自然灾害防护所做的努力。

2. 日本的民族性

在学习方面,不只是论文写作得到老师的耐心指导,而且平时诸如听说课都细致到课堂录音,老师课后分析后还给学员讲解并提出注意点。授课前的摸底考试,进行分班授课也做到了有的放矢,让不同日语水平的学员得到最大限度的教授,并且能在较短的时间内尽快地提升日语水平。老师对学员的学习可谓兢兢业业,毫无敷衍之处。学业结束给每个学员颁发证书这个过程,在日本已是一种惯例行为。在日本,从小到大,从入幼儿园到大学以及研究生等,毕业时发证书都很隆重、严肃、认真,即使是开运动会,结束时也会给每一个参与者颁发证书。日本从小就培养每个人的集体荣誉观。这种约定俗成的观念和惯例存在于日本社会生活中,也反映了日本民族特征。

本文案例中,中心安排学员与周围日本人的会话交流、家庭访问和家庭住宿等活动,为学员和日本民众搭建一个国际交流的平台。学员本身是来自各国的个体,通过学习可以把日本的文化传播出去。日本国际交流基金会在吃、住、行方面的资金投入很充足、到位,不会让你感到有什么短缺,由此可以推断他们的资金几乎全部投入在项目上,这使来自各国的学员自然有很满意的评价。

整个项目从开始到结束，每一个步骤都安排得严谨、细致入微。无论是资金开销的计算、设施设备和教职员的配备，以及和周围相关机构团体和个人的合作都很到位，即使遇到自然现象等不可避免的意外事情发生时，也都可以对突发事情做出应对，使整个项目的运作得以顺利进行，可以说这是组织管理成熟的一种表现。

民间力量在日本文化外交中发挥着重要的作用。民众是一个国家和文化的承载者和体现者。日本的国民素质对国家形象的贡献度很高。在对外文化的交流和交往中，普通民众所体现的价值观念、民族精神、民国素质等会潜移默化地影响他国对本国的看法和评价，决定本国对他国的吸引力和影响力。换言之，国际影响力源于一个国家的内在实力，它包括国民素质及其精神风貌等，在向世界展示本国形象的过程中，普通百姓有其不可替代的作用。日本的文化外交注重细节，善于"攻心"，不仅对"海外援助"交流考虑周到、细致入微，事事体现人性化服务，还对在日外国人没有丝毫马虎（金永明等，2015）。这些都在关西国际交流中心的日语培训中得到了体现。通过这些具体事例，日本文化外交方面软实力的东西直观地呈现出来，让我们对日本文化交流有了较清晰的了解，并从中看到日本社会组织、秩序井然以及战略目的贯彻的力度。他们对计划的执行不仅认真，还有质有量。

四、日本文化交流中的思想意识

交往是为了加深了解，消除隔阂、和平共处。人的言行举止往往跟他所处的环境、所受的思想熏陶和历史背景有关。一个国家的民族性，只有谙熟这一国家的语言，才可能把握之。因为一个国家的语言蕴涵着该民族的灵魂，所以每一个国家的语言都是研究本民族特性最佳的投影法（土居健郎，2007）。所以，在了解他们的民族性上，我们应该客观、从多方位来看，不仅要从社会、政治、经济、文化、语言、地理方面看，还要从历史发展的角度看。国家和民族的意识是会随着历史的变迁而发展变化的。

加藤淳平在《文化の戦略》（《文化战略》）里这样阐述：根据"发达国家"—"落后国家"这一坐标轴的定位，战后的日本人对世界的国家和地区做出了评价。以国民个人所得来划分国家等级，对于上位的欧美"发达国家"，抱有尊敬、憧憬和自卑感，对于下位的"落后国家"，却抱有优越感、怜悯，并将其作为"人道援助"的对象。这是一种歧视的世界观。福泽谕吉说过，对上边献媚的人一定会对下采取居高临下的态度，这也很符合日本全体的现象。由于日本人在内心深处对欧美的白人感到自卑，无法自信，因此会轻视亚洲等有色人种，不把亚洲和非洲放在眼里，反而证明了其对欧美有着根深蒂固、无意识的自卑感。即使是我（加藤淳平）个人的经验也如此，无意中对美国和西欧白人抱有献媚态度的人，很容易对亚洲和非洲人产生鄙视的态度。这样看的话，要克服日本人内心深处的欧美自卑感，要从以"先进国家"与"落后国家"为坐标轴看待整个世界这种无果的习惯中摆脱出来。首先，我们自身要达到恢复自信，除了自然地、没有偏见地与邻近的亚洲地区交流以外别无他法。如果与邻近的亚洲地区自然地增加了交流，从这些地区的文化内涵及广泛性里进而受到启发，应该就会意识到至今为止的轻视、蔑视的愚蠢行径（加藤淳平，1996）。

以上文字的这种思想意识是有历史原因的。自从明治维新后，日本打破了锁国的局面，开始向西方学习先进的科学技术，对欧洲文明充满向往和崇拜。当时，明治政府的基本政策是"文明开化"与"富国强兵"，出发点就是吸取西方先进国家的文明经验，把日本快速推向经济军事现代化国家的道路。因此，在这个前提下，当时访问日本的西方人多限定在外交官、传教士、学者、技术人员等精英分子。其结果是，和这些优秀的西方人相比，日本人确实显得处处拙劣，在心理上不得不有矮人一截的自卑感（南博，2007）。

从历史上看，中日关系大致可以划分为三个时期：①作为古代文明中心的中国与日本；②现代西方文明的挑战和中国与日本；③第二次世界大战后的中日关系。在中日关系的第一阶段，中国文明光耀世界，领袖东亚，日本举国一致学习中国，大力引进中国的文字、宗教及典章制度等，因此，说中国文化是日本文化的源流并非过言。不过，在这一阶段的中后期，日本逐渐在关注、吸取中国文化，西方科学技术传入亚洲，日本转而仿效西方，通过明治维新一举成为东亚最初的近代化国家，并在融合东西方文明的基础上形成了具有自身特色的近代日本文化（李建民，2015）。

日本财团会长笹川阳平在对《中国青年感知日本》第二辑出版寄语里说道："这些征文作品使我再次感到，只有了解对方，才会对对方产生正确的评价，视线也会变得更加柔和。2012年的中日联合舆论调查结果显示，对对方国家'持有不好印象'的人，在日本受访者中高达84%，在中国受访者中也高达65%。这让我感到，如果中日双方民众在不了解对方的情况下对对方持有不好印象，是不会产生真正的友好的。这让我更加感觉到互相了解对方的必要性和迫切性。"（中国青年报社、公益财团法人日本科学协会、人民中国杂志社，2013）因为不了解，容易产生误解，所以要想办法促进交流，增进彼此的理解，日本为此在国际交流中做了积极的努力。国家与国家之间的交往，乃至人与人之间的交往，其结果的好坏都是取决于双方的态度和诚意。如果真心坦荡地对对方，尊重对方，积极修正以前造成的一些错误言行或误解，彼此进一步加深了解，那么其中的仇视和偏见也会随着时间的推移慢慢化解。这才是交流所要达到的目的。

民族与民族之间的偏见当然是要在加深认识和理解的基础上化解的，而且不会因为对方的一两个善举或是一朝一夕的相处就能冰释前嫌。正如日本人对西方"先进国家"和"落后国家"的看法依然还在根深蒂固地存在着，我们对日本的侵略历史也是刻骨铭心一样。要想让对方改变看法，有必要反省自己，找出其原因并痛改前非，然后拿出行动来修复过往不好的关系。日本的文化战略已实施了二十多年，他们所做的成绩也是不可否认的。所以，我们应当端正态度好好审视日本这个国家和民族，正视他们为改善外交关系所做的努力，客观看待日本政府和人民对国际交流的态度和决心。日本国际交流中心的对外日语培训持续了多年，一批批进出培训中心的学员在不断更替，由于国度不同，人生观和价值观不同，所以每个学员对日本的感知也不尽相同。但无论怎么说，日本科学协会和国际交流基金会所做的一切，无疑对日本的国际交流和文化传播起着不可小觑的作用。我们在学习和借鉴日本在文化外交以及管理方面多年积累的有效方法和宝贵经验的同时，也要注意观察日本社会，了解他们的民族特性和精神意识，做到知己知彼。

参考文献：

［1］［日］加藤淳平．文化の戦略［M］．东京：中央公论社，1996．

［2］金永明，王虎编．日本社会观察［M］．上海：上海社会科学院出版社，2015．

［3］李建民．日本战略文化与"普通国家化"问题研究［M］．北京：人民出版社，2015．

［4］南博．日本人论［M］．邱琡雯，译．桂林：广西师范大学出版社，2007．

［5］日本财团对华交流简介，2011年新版.

［6］日本科学协会，等.2018年度研究奖励会 17名中国留学生获资助［EB/OL］. http：//news. china. com. cn/live/2018 – 04/27/content_ 19804. htm.

［7］［日］土居健郎. 日本人的心理结构［M］. 阎小妹，译. 北京：商务印书馆，2007.

［8］许永新. 日本国际交流基金会［EB/OL］. https：//baike. baidu. com/item/日本国际交流基金会/3354929？ fr = aladdin.

［9］张爱平. 日本文化［M］. 北京：北京文化艺术出版社，2004.

［10］中国青年报社，公益财团法人日本科学协会，人民中国杂志社. 中国青年感知日本［M］. 北京：金城出版社，2013.

刘一，男，硕士，云南大学外国语学院副教授。研究方向：日本社会与文化。

黎英，女，学士，云南大学图书馆馆员。研究方向：图书馆实践、日本老龄社会。

翻译研究

移植→变异→发展：巴斯内特翻译观的积极意义

尹可秀

（云南大学外国语学院英语系）

摘　要：《种子移植：诗歌与翻译》是了解巴斯内特理论的重要论文，其主要价值在于强调诗歌的普遍性，为译诗提供积极乐观的态度。巴斯内特将译诗比作移植。移植必然会产生变异，我们要尽力发掘变异的价值，既要总结优良变异的成功经验，也要认识到不良变异可能对诗歌翻译做出贡献。尝试移植、分析变异价值最终都是为了推动诗歌翻译向前发展。

关键词：移植；变异；发展；诗歌翻译

引　言

英国翻译家、诗人、文化学者巴斯内特（Susan Bassnett）是翻译文化学派的领军人物，20世纪90年代呼吁翻译研究进行"文化转向"，在国际译坛产生了极大影响。《种子移植：诗歌与翻译》（*Transplanting the Seed*：*Poetry and Translation*）是了解巴斯内特理论的重要论文。本文试图对这篇论文的一些观点进行阐发，用"移植→变异→发展"描述诗歌翻译的实践过程、结果和最终目标。

一、移　植

巴斯内特在文中指出，诗人雪莱（Shelly）曾对诗歌翻译进行过这样一番描述："译诗之举，犹如将紫罗兰投入坩埚以解析其色香，实在荒谬至极。紫罗兰只有从土壤中发芽成长，才能开出花朵。"（Bassnett & Lefevere，2001：58）毫无疑问，雪莱是不看好译诗活动和结果的。相反，巴斯内特对这个比喻进行了乐观的解读，得出与雪莱完全相反的结论。她认为，诗歌虽然不能从一种语言直接传递进另一种语言，但是可以移植。译者把原作种子植入新土壤，由此长成一棵新植物，因此她坚信诗歌可译，并批评诗歌不可译的观点是"胡言乱语（nonsense）""奇蠢无比（immensely silly）"（Bassnett & Lefevere，2001：58）。

巴斯内特的批评用词稍显激烈，用"种子移植"这个比喻来论证诗歌的可译性（translatability），也似乎欠说服力，因为我们不能否认，"移植"从来都是有条件的，诗歌的可译性也只是相对的。

可译性之争一直存在，但是译诗活动作为一种客观存在，从来未曾停止，因为诗歌的力量实在太强大，正如博纳富瓦（Bonnefoy）所说的：读完原作令人"不译不快（compelling）"（Bassnett & Lefevere，2001：74）。中国古典诗歌、英语诗歌目前已有很多译本，纠结于诗歌移植的绝对性，犹如在新植株前争论当初移植的合理性一样，没有太大的现实指导意义。既然如此，我们为何不暂时搁置绝对的可译性之争，集中精力探讨这些译本的价值？

诗歌具有特殊性和普遍性。巴斯内特的这篇论文强调了诗歌的普遍性，其主要价值并不在于为诗歌可译性立论，而在于为译诗提供了积极乐观的精神和态度。

二、变 异

巴斯内特虽然坚信诗歌可译，但也承认诗歌翻译会导致意义变化：诗歌字词存在于文化体系之中，即使字面意思有意义，也不能按字面意思翻译（Bassnett & Lefevere，2001：65）。她在文中提到的移植品种是紫罗兰，我国也有一个类似的成语：淮橘成枳。这个成语和移植结果更为相关。淮河两岸相距不过10~20公里，柑橘尚且变为酸枳，何况中国与英美远隔重洋？若是把诗歌比作植物，语言和文化比作土壤，那么种子移植之后即使成活，产生变异也是必然的。

产生变异的原因有两大方面：种子和新环境。巴斯内特提出译者应当找到原诗的种子，遗憾的是，她没有说明种子应当如何确定。译者在翻译之前首先是个读者，不同的读者会对原诗作出不同的解读，因而不同的译者会创作出不同的译本（Bassnett & Lefevere，2001：74）。对于同一首诗，各译者领会的精神实质是不一样的。面对同一棵结满果实的树，译者选择种子时会偏向颜色、气味、体积等因素，随后有目的地培育，最终获得的果实存在优良变异和不良变异两种可能。下面对这两种结果的价值进行分析。

(一) 优良变异品种对诗歌翻译的启发

倘若译者移植诗种以后，结出的果实如其所愿地保留或强化了某个优点，并且受到欢迎，那么可以认定它是优良的变异品种，移植成功。把这一经验应用于诗歌翻译，可以推测，成功的诗歌译本需要具备两个基本条件：一是选种合理，即发扬了原作某方面的特色；二是融入环境，即获得译入语文化的接纳。这个推测是否合理？下面分别就中国古典诗歌英译和英诗汉译的经验进行分析。

中国古典诗歌的英译浪潮已经持续了一个多世纪。在理论和译作两方面都产生巨大影响力的首推美国诗人庞德。他提倡以意象派手法对中国古典诗歌进行再创作，出版了译诗集《华夏》（*Cathy*）及《论语》（*Confucian Analects*）等儒家经典。从"移植"观点来看，这些译作中不乏优良的变异品种，例如基于李白《长干行》而作的《河商之妻》（*The River-merchant's Wife：A Letter*）进入美国大学课堂"美国现代诗歌选读"课程，被誉为20世纪美国"最美的诗"（张曼，2010：296）。此处选取诗中描写新婚羞怯和深情思念的两个片段进行赏析。

原诗：十四为君妇，羞颜未尝开。低头向暗壁，千唤不一回。

庞德译：At fourteen I married My Lord you.

I never laughed, being bashful.

Lowering my head, I looked at the wall.

Called to, a thousand times, I never looked back.

原诗：门前迟行迹，一一生绿苔。苔深不能扫，落叶秋风早。

庞德译：You dragged your feet when you went out.

By the gate now, the moss is grown, the different mosses,

Too deep to clear them away!

The leaves fall early this autumn, in wind.

在这两个片段中，庞德运用了意象手法：动作意象 laugh、lower、look at、look back 细腻地描绘了女主人公对青梅竹马身份转变的无所适从和娇羞不语，物体意象 moss、leaves、wind 传达了她的思念和等待。虽然 drag 一词与原诗"迟"字意义不同，但是就译作本身来看依然很美，形象地表达了夫妻情深。原诗的音韵、"迟"字的意义在译本中确实发生了"变异"，诗中其他部分的典故如"常存抱信柱"也被译本隐去，但是庞德抓住了原诗的一个特点：意象寓情，并把它确定为巴斯内特所说的"种子"，不强求音韵复制，而是重点突出意象，使得译文本身具有相当高的美学价值。这首美国"最美的诗"证明，充分发扬原诗某方面的特点是中国古典诗歌英译可以借鉴的一大经验。

意象派唐诗译本能够在英美文化土壤开花，另一个重要原因还在于译入语土壤的接受性：意象派诗歌当时蓬勃发展，为英美读者接受此类译本作了准备。英诗汉译也存在类似的情况。英国诗人威廉·布莱克《纯真的预言》全长132行，在英美地位并不高，未列入布莱克代表作，但是该诗首四行汉语译本多达几十种，其中两份颇耐人寻味。

  原诗：To see a world in a grain of sand,
     And a heaven in a wild flower,
     Hold infinity in the palm of your hand,
     And eternity in an hour。

  译本1：一花一世界，一沙一天国。君掌盛无边，刹那含永劫。
（李叔同）

  译本2：粒沙窥天地，朵花藏乾坤。无极掌中握，万古一瞬间。
（译者不详）

从词汇"无边""刹那""永劫"以及"天地""乾坤""无极"可以看出，译本1禅意幽远，译本2道韵悠然。译者淡化了原诗基督教的文化标志 heaven，抓住了原诗的哲理，在中国禅、道土壤中加以培育。这些语句出现在地铁口、楼盘广告、商品宣传、网站、博客中，受到各行业人士的喜爱。这得益于中国禅、道传统悠久，底蕴深厚，读者对禅、道思想有能力欣赏，并乐于接受。从这一点来看，或许中国土壤更适合此诗译作生长，于是原诗的变异品种比原诗在英语土壤中长得更加茁壮。

从以上分析可以看出，诗歌种子的确定和译入语土壤的底蕴对诗歌翻译至关重要。假如庞德作《河商之妻》时强求保留音韵美而导致意象表达受限，或者《纯真的预言》本文所列两份译本的读者不能品味禅意道韵，那么这些译本获得的评价恐怕得另当别论。因此,把"选种合理"及"融于环境"作为诗歌移植的两个基本条件是可行的:选种合理能够保障译作独立的美学价值,融于环境能够促进读者接受译作。

(二) 不良变异品种对诗歌翻译的贡献

优良变异品种能够带来美和愉悦,然而移植也会产生不良变异品种,如淮橘成枳。自 20 世纪初以来,诗歌英汉互译几度成潮,但是获得好评的译作颇为有限,移植结果更多的是"枳",或酸涩,或淡而无味。当前对这类译本的关注大多体现为孤立零散的批评,缺乏历时性视角看待它们对诗歌翻译的贡献。

采用历时性视角,意味着正视诗歌与时间的关系,把译诗活动放到历史长河中思考成功的可能性。我们必须承认,不是每个时代都能孕育出千古流传的诗歌,也不是每首优秀的诗歌一问世就能立刻获得赞赏。时间对译者的制约作用尤其明显,因为读者的接受度经常成为译作的重要评判标准。译者译诗可能倾其一生,但是这在历史长河中不过是一个时间片断而已。在历史长河中,一首优秀的诗歌最终或许是可译的,但是翻译成功的时间点究竟落在哪个时代,就取决于上文提到的译者和读者两个条件了。

回顾历史,译者和读者能力的提高都需要时间。在这个过程中,不够成功的译本对于译者和读者而言,正起到了打基础的作用。此处的"译者"和"读者"是整体概念,既包括译者和读者本人,也包括其他译者和读者。诗歌的吸引力在于它经得起反复品味,在多种可能性的解读中展现其美学价值;诗歌翻译的挑战性与魅力在于译者能够在多大程度上再现这些可能性解读。译者不可能一个人去尝试所有可能性创作。要解决这个问题,可以联系巴斯内特的一句话:在比较不同译本的过程中可以看到各译者采用的不同方法(Bassnett & Lefevere, 2001:70)。通过这种途径,译者可以知道哪些方法能够借鉴,哪些尝试不可行。周发祥教授曾提到过艾米·洛厄尔(Amy Lowell)和弗洛伦斯·艾斯库(Florence Ayscough)译李白《塞下曲六首》之三的一句。

原诗:骏马似风飙

洛厄尔及艾斯库译:Horses!

Horses!

Swift as three dog's wind!

周教授指出，艾斯库久居中国，熟悉中国文化。她选来古诗，逐字直译，并附上原诗及其偏旁部首，然后寄给大洋彼岸的意象派诗人洛厄尔，让她参照这些资料，做出一种尽可能接近原文的东西。然而这种拆字法的尝试，在此句出现了严重的偏差：以"三犬之风"译"飙"字令人陡生疑惑（周发祥，1997：87）。确实，这个译本可以视为"酸枳"。但是乐观地看，它的失败还是有价值的：一方面可以提醒其他译者翻译此句时慎用拆字法，另一方面可以通过"令人陡生疑惑"而引起人们对汉字象形表意功能的兴趣，为读者了解和欣赏中国诗歌打下文化基础。

译者对不够成功或不够完整的译作不仅可以借鉴，还可以合作发展。纽马克（Peter Newmark）认为，成功的译作主要依赖于译者和作者的神合与共鸣（Newmark，2001：54），然而并不是每个时代都有译者能够将这份神合与共鸣成功地表达出来，有时甚至需要几代译者共同合作。《光明日报》曾报道过这样一个译例：杜甫《登高》里的名句"无边落木萧萧下，不尽长江滚滚来"曾被诗人余光中看作无法翻译的诗句，因为"木"后是"萧萧"，是草字头，草也算木；"江"后是"滚滚"，和"江"一样也是三点水。这种字形造成视觉上的冲击似乎是不可译的。事实上，余先生不知道这句诗已经有"高手"翻译过了，而且还不止一个人。"萧萧下"是著名诗人卞之琳翻译的，其余部分是他的学生许渊冲完成的。

　　　　许译：The boundless forest sheds its leaves shower by shower;
　　　　　　　The endless river rolls its waves hour after hour。

原诗"草字头"用重复 sh-（sheds，shower）的译法，"三点水"用重复 r-（river，rolls）的译法，卞、许之译合辙押韵、珠联璧合（刘文嘉，2010）。与此相似，庞德偶然得到了费诺罗萨研究汉字的手稿，深受启发，从而把意象派手法运用到了译诗之中。可见，未完成的译本当时不能誉为成功的作品，但它完全有可能在历史的长河中实现其价值。

正确认识不良变异品种的价值，就不会对欠佳译本不屑一顾，或是悲叹着"诗歌不可译"而放弃尝试。"移植种子"的精神力量是译者和诗人共同探寻至真至美的历史使命感。译者既要相信自己可以创作出优秀译本的可能，也要甘作优秀译本产生过程的一个点，而非终点。

三、发 展

尝试移植、分析变异都是为着一个共同目的：发展。诗歌翻译的发展，实质是思想和文化交流的发展。

诗歌翻译包括诗歌译本和翻译过程。译诗主要影响那些不懂外文的人，译诗过程主要影响那些既懂外文又兼事诗歌创作的人（吕进，2007：142）。不懂外文的读者读到优秀译本，可以欣赏异域文化之美，甚至启发创作灵感。中国的新诗创作正是受译诗影响而产生的。冰心在访谈和回忆录中多次提到她的小诗创作受到了郑振铎翻译泰戈尔的《迷途之鸟》和《飞鸟集》的影响（吕进，2007：145）。不尽如人意的译本至少可以令人对原诗或原文化产生"疑惑"，引起研究。艾略特（T. S. Eliot）大概是读了欠佳的诗歌译本而对中国诗歌做出过不公的评论：Chinese poetry, as we know it today, is something invented by Ezra Pound（Olive，2000：280）。这一武断的说法引起了争论，而争论正是推动研究的一种力量。

对于既懂外文又兼事诗歌创作的人，译诗过程是灵感源泉。一方面，译者被原诗点燃了翻译创作的热情，心潮澎湃，于是译诗过程成为巴斯内特形容的"激情的释放（energy - releasing）"；另一方面，译者在译诗过程中能够深刻体会两种语言的特点和长处，有感于此，自己写诗时或吸收外语元素开创新流派，或强化母语优势发扬传统。庞德通过翻译唐诗，意识到可以在英语诗歌中强调意象，从而推动了自己的意象诗发展；苏曼殊用格律诗的形式来翻译英国浪漫主义诗人的作品，发现在情感力度等方面会受到限制，因而更加珍惜格律在汉语中的表现力，写诗时多采用绝句形式。如情感丰沛的"契阔死生君莫问，行云流水一孤僧。无端狂笑无端哭，纵有欢肠已似冰"，中文绝句的凝练美和音韵美都得到了体现。

诗歌是对世界的细微观察和深邃思考，诗歌字词之间流动的是思想和文化。古今中外，诗歌的影响力举世公认，甚至令人敬畏。柏拉图在《理想国》第十卷中痛陈诗对城邦教化和政治控制的强大"腐败作用"，力图让哲学约束诗（肖厚国，2006：84）；孔子则在中国这个诗歌的国度提出，诗"可以兴，可以观，可以群，可以怨。迩之事父，远之事君"。无论是西方感性的诗歌与理性的哲学之争，还是中国诗歌与治国的和谐统一，都证明着诗歌力量的普遍性。遗憾的是，巴别塔倒塌了，诗歌的特殊性阻碍着思维与美的交流和共享。幸而，诗歌译者依然在勇敢而悲壮地努力重建，追寻着人类精神与灵魂的相通。

结　语

"移植→变异→发展"是对诗歌翻译"实践、结果、最终目标"的描述。以共时的眼光来看，诗歌的可译性不是绝对的。然而只有积极尝试翻译，才有可能产生佳译。在各文化中，思想火花借语言精华凝练成诗，尽管语言不通，但是人类有着分享真与美的共同精神需求。翻译诗歌就像重建通天塔，虽然成功希望渺茫，但它是如此令人着迷，让人无法放弃。

参考文献：

［1］Bassnett S. & Lefevere A. Constructing Cultures［M］. Shanghai：Shanghai Foreign Language Education Press，2001.

［2］Newmark P. Approaches To Translation［M］. Shanghai：Shanghai foreign Language Education Press，2001.

［3］Olive C. Encyclopedia of Literary Translation into English［M］. Chicago：Fitzroy Dearborn Publishers，2000.

［4］吕进. 中国现代诗体论［M］. 重庆：重庆出版社，2007.

［5］刘文嘉. 许渊冲：诗译英法惟一人［N］. 光明日报，2010－01－29.

［6］肖厚国. 自然与人为：人类自由的古典意义［M］. 上海：华东师范大学出版社，上海三联书店，2006.

［7］张曼. 契合与投射：庞德与中国古诗关系［J］. 英美文学研究论丛，2010（2）.

［8］周发祥. 西方文论与中国文学［M］. 南京：江苏教育出版社，1997.

尹可秀，女，博士，云南大学外国语学院副教授、硕士生导师。研究方向：翻译研究、应用语言学。

法译汉教学案例初探[*]

欧 瑜

(云南大学外国语学院法语系)

摘　要：云南大学外国语学院西语系法语 MTI（翻译硕士）的教学始于 2011 年，法语专硕致力于培养符合市场需求的专业型翻译人才，迄今开设了包括"文学翻译""非文学翻译"等专业必修课程。案例教学注重培养学生的独立思考，引导学生将关注点从知识转向能力，重视师生之间的双向交流，与 MTI 的人才培养和教学目的高度契合。在本文中，笔者尝试通过"非文学翻译"课程中收集的翻译案例，讨论并分析非文学翻译中的问题及解决办法，为建设法译汉教学案例库打下基础。

关键词：法译汉；非文学翻译；案例

引　言

随着中国高校双一流建设框架下国际化进程的不断深入，高校承担起越来越多国际合作项目的非文学翻译任务，很多高校面临翻译人才，尤其是非文学翻译人才缺乏的困局。而传统外语教学更加重视文学翻译，与实际的应用翻译有所脱节，因此有必要在 MTI 教学中调整视角，明确培养非文学翻译人才的重要性与必要性。笔者在教授"非文学翻译"课程的过程中，积累了丰富的教学案例，期望借助对这些案例的讨论和分析，为非文学翻译的教学提供更加丰富的素材和更加有效的方法。

---

[*] 基金项目：2016 年度全国翻译专业学位研究生教育研究项目"法译汉教学案例库建设初探——职业译者的素养"（MTIJZW201619）研究成果。

一、非文学翻译的特征

"非文学翻译：包括科技翻译、法律翻译、商务翻译、外交翻译、旅游翻译、传媒翻译等应用翻译研究。"（许钧、穆雷，2009：81）

我们可以通过文学翻译与非文学翻译的区别来了解非文学翻译的特征。宏观来说："非文学翻译强调的是事实，文学翻译强调的是价值；非文学翻译强调信息的清晰性，文学翻译强调风格。"（徐静晶，2014：16）

就对象而言，文学翻译的对象是文学作品，如小说、诗歌、散文、戏剧和影视作品等；非文学翻译的对象是文学作品以外的其他作品，如人文社科类作品、学术著作、文件合同、产品说明书等。

就翻译的目的而言，文学翻译的目的是再现原文的文学艺术效果，非文学翻译的目的是及时准确地传递原文的信息。

就翻译周期而言，文学翻译的周期较长，往往经年累月，常常由一人承担；非文学翻译的周期则较短，团队作业较为常见。

就目标读者而言，文学翻译往往面向大众，目标读者较为宽泛，往往模糊而不确定；非文学翻译的目标读者则较为明确。

就语言表达形式和翻译手段而言，文学翻译的语言表达注重艺术感和欣赏性，采用文学艺术类语言，带有较强的创造性和主体性，要求译者具有良好的文学修养和笔头表达能力，能够忠实地重现原文作者的独特风格；非文学翻译则注重准确和严谨，要求译文"通顺达意"，合乎语言表达的习惯，多采用技术手段，有时需要或可以使用 Trados 等翻译工具。

二、非文学翻译案例

以下是笔者在"非文学翻译"课程教学过程中收集的典型案例，尝试通过不同的翻译文本来呈现翻译的过程和效果。

表 1　新闻一

原　文	学生译文	参考译文
Vancouver：Clôture des JO – 2010 dans la joie et la tristesse	温哥华：2010 温哥华冬季运动会落幕悲喜交加	温哥华：2010 冬奥会落幕悲喜交加

点评：
● "温哥华：2010 温哥华冬季运动会落幕悲喜交加"："温哥华"为约定俗成的译名，其他译法不采纳；":"前已经点明了地点，因此后面无须再重复"温哥华"；"冬季运动会"的表达不符合规范。

表2 新闻二

原　文	学生译文	参考译文
Publié le 2010 – 03 – 01	发表于 2010.03.01 发行时间：2010.03.01 出版日期：2010.03.01	2010 年 3 月 1 日电/讯

点评：
● "发表于"勉强可以，但不够准确，"发行时间"和"出版日期"则不符合新闻的表达方式，不可取。
● "2010.03.01"不符合日期的中文表达习惯。

表3 新闻三

原　文	学生译文	参考译文
Quelques minutes auparavant, le maire de Vancouver, Gregor Robertson, avait rendu le drapeau olympique au président du Comité international olympique, Jacques Rogge, qui l'a transmis au Russe Anatoly Pakhomov, maire de Sotchi, la ville-hôte des prochains JO d'hiver en 2014.	典礼开始前几分钟，温哥华市长罗品信将火炬归还给国际奥林匹克协会主席雅克·罗格，罗格随后将旗帜交与罗斯·帕克和莫如，2014 年冬奥会举办城市索契。	几分钟前，温哥华市长罗品信将奥运会会旗交还给国际奥委会主席雅克·罗格，罗格随后将旗帜交与 2014 年冬奥会举办城市，索契市的市长，俄罗斯人阿纳托利·帕霍莫夫。

点评：
● "典礼开始前几分钟"不妥，根据常识，会旗交接仪式是闭幕典礼的一部分，而不是在闭幕典礼之前。

- "火炬"为误译，火炬传递仪式是在开幕式而非闭幕式。
- "归还给"的意思是"把原本属于某人的东西还给某人"，奥运会会旗不属于任何个人，此处译文表达不准确。
- "罗斯·帕克和莫如"存在两个问题：其一，学生将"Russe"（俄罗斯人）错误理解为人名的一部分；其二，"和"不用在人名翻译中，会让读者误解。
- "2014年冬奥会举办城市索契"无法与前面的人名构成同位语关系。

表4　新闻四

原　文	学生译文	参考译文
"Ce furent des Jeux excellents et très amicaux !" a indiqué M. Rogge en déclarant officiellement clos les JO –2010.	罗格在奥运会的官方发布会上指出："这是一次精英赛！"	罗格在正式宣布冬奥会闭幕时指出："这是一次杰出而友好的盛会！"

点评：

- "奥运会的官方发布会"暴露了缺乏常识的不足，奥运会何来"官方发布会"一说？
- "精英赛"没有翻译出原文的意思，况且奥运会必然是精英赛。

表5　科普一

原　文	学生译文	参考译文
Trois étapes importantes dans le développement de la physique de l'atmosphère ont été la compréhension du rôle essentiel de l'attraction gravitationnelle sur la pression, sur la diminution progressive de la densité des gaz avec l'altitude et sur les échanges de matière entre l'atmosphère et l'-espace. Mais ce ne fut pas immédiat.	大气物理学发展的三个重要阶段曾有助于理解万有引力对大气压、对气体密度随高度逐渐减小、对大气层和太空之间物质交换所发挥的主要作用。但这种作用不是直接的。	大气物理学发展的三个重要阶段，就是理解引力对大气压力、对空气密度随高度增加而逐渐减小，以及对大气层和太空之间物质交换所发挥的重要作用。但这个理解的过程不是一蹴而就的。

点评：
- "曾有助于"中的"曾"是对原文过去式的不当直译；"有助于"则是误译，大气物理学发展的三个重要阶段"就是"对……的理解，而不是"有助于"对……的理解。
- "气体"翻译不当，原文表达的不是某种气体，而是空气。
- "随高度逐渐减小"表达不够清楚，加上"增加而"三字就一目了然了。
- "以及"代替"，"，令译文的节奏更佳。
- "但这种作用不是直接的"是对原文理解有误。

表6　科普二

原　　文	学生译文	参考译文
À l'époque de Galilée, des fontainiers de Florence avaient remarqué que l'eau ne pouvait être élevée de plus de 10 mètres par une pompe aspirante. Sollicité, le savant n'avait pu expliquer ce phénomène. C'est le physicien italien Evangelista Torricelli qui, en 1643, comprit le rôle clef de la force due à la gravitation dans ce problème. Il réalisa une expérience en utilisant du mercure à la place de l'eau (le mercure étant plus dense, donc plus pesant à volume égal) : un tube fermé à une extrémité est rempli de mercure puis retourné au-dessus d'un récipient rempli du même liquide. Lorsque le tube est vertical, il ne reste rempli que sur une hauteur de 76 cm environ au-dessus du récipient inférieur.	在伽利略时期，佛罗伦萨的地下水勘探者们就曾注意到被抽水泵抽高的水高度不能超过十米。被激起兴趣的学者，当时也无法解释这一现象。是意大利物理学家埃万杰利斯塔·托里拆利于1643年明白了在这个问题中由引力产生的压力所起的关键作用。他用水银代替水完成了一次实验（汞的密度更大，因此同体积下更重）：将一只高度封闭的试管装满水银，然后倒放于一个装满相同液体的容器之上。当试管垂直时，它位于底部容器液面之上的液体只剩余约76厘米高。	在伽利略所处的年代，佛罗伦萨的地下水勘探者们就曾注意到用真空水泵只能将水抽到大约十米高的位置。伽利略对这个现象产生了兴趣，但当时也无法解释这一现象。是意大利物理学家埃万杰利斯塔·托里拆利于1643年发现了引力在这一现象中所起的关键作用。他用水银代替水进行了一次实验（水银的密度更大，因此同体积下质量更大）：在一支一端封闭的试管内装满水银，然后开口朝下放在一个装满水银的容器之中。当试管垂直时，管内水银面下降至比容器水银面只高出76厘米的时候，水银就不再往外流。

点评：
- "在伽利略时期"："人名+时期"一般用来描述某位统治者的统治时期，此处属于译文表达不当。
- "被抽水泵抽高的水高度不能超过十米"："抽水泵"翻译不准确；"不能"一词误译了原文的逻辑含义，成为主观上的"不能"，而原文中的"ne pouvait être"是描述客观上的"无法"。
- "被激起兴趣的学者"：译文行文不畅，法语中常用被动句式，但中文并非如此。
- "是意大利物理学家埃万杰利斯塔·托里拆利于1643年明白了在这个问题中由引力产生的压力所起的关键作用"：整句翻译腔较重，表达笨重冗长，意思不甚清晰。具体来说：其一，"明白"一词使用不当，科学家是"发现"而不是"明白"；其二，"这个问题"指代不清；其三，"force"是指一种力，并非指压力。
- "汞的密度更大，因此同体积下更重"：前文中翻译为"水银"，此处翻译为"汞"，应全文统一；"更重"翻译不符合规范。
- "将一只高度封闭的试管装满水银，然后倒放于一个装满相同液体的容器之上"：整句行文不畅，译文翻译有误且有漏译；"只"用于计量禽、牛、羊、球、手、足等的数目，"支"用于计杆状物品，此处修饰"试管"，故应用"支"；"extrémité"（一端）误译为"高度"；"倒放"和"容器之上"无法准确描述出实验的情形，直译效果不佳，需要变通，毕竟翻译的不是字词，而是意思。
- "当试管垂直时，它位于底部容器液面之上的液体只剩余约76厘米高"：此句需要增补，否则译文中对试验的描述难以理解；"它"使用不当，科技译文中尽量少用第三人称代词。

表7　奢侈品

原　文	学生译文	参考译文
Depuis 1858, les créations Boucheron vivent avec l'esprit de leur temps. Créateur de tendances et visionnaire, Boucheron est le premier des joailliers à s'installer place Vendôme. Depuis cent cinquante ans, Boucheron n'a de cesse d'étonner ses contemporains par des créations mêlant les pierres les plus extraordinaires aux lignes les plus novatrices. La passion du joaillier rejoint dès ses origines la grande tradition horlogère suisse pour produire des montres toujours plus audacieuses et élégantes.	始于1858年，宝狮龙的新产品一直与时俱进。作为有远见的潮流开创者，宝狮龙是第一家进驻凡登广场的珠宝商。从150年前开始，宝狮龙的新产品都将最非凡的宝石运用到他的最新系列当中，并总能给每个时代的人们带来惊喜。为了制造出更加前卫和精致的手表，宝狮龙从创立之初就将其悠久的瑞士钟表传统融入到手表的制作当中。	自1858年以来，宝诗龙的设计理念就一直与时俱进。作为有远见的潮流开创者，宝诗龙是第一家进驻凡登广场的珠宝品牌。在此后的150年中，宝诗龙不断以惊人的想象，将宝石运用到创新款式的作品中，总能给每个时代的人们带来惊喜。从创始之初，宝诗龙对珠宝的热爱就与瑞士钟表的传统结下了不解之缘，不断推出日新月异、风格高雅、设计大胆的腕表款式。

点评：

- "始于1858年，宝狮龙的新产品一直与时俱进"："1858"属于翻译硬伤，应尽力杜绝；"Boucheron"的官方中文译名是"宝诗龙"，在翻译奢侈品文章时，必须使用品牌的官方译名，不可随便翻译；译文歪曲了原文的意思，原文的意思是"自1858年……就……"，而译文的意思成了"宝诗龙的新产品始于1858年"。
- "从150年前开始"：翻译的意思没错，但鉴于原文的广告文体，译文效果欠佳。
- "宝狮龙的新产品都将最非凡的宝石运用到他的最新系列当中，并总能给每个时代的人们带来惊喜"：直译过于生硬，效果不佳；"非凡"已有顶尖之意，"最"成了画蛇添足；"他"使用不当，指代不清。
- "为了制造出更加前卫和精致的手表，宝狮龙从创立之初就将其悠久的瑞

287

士钟表传统融入到手表的制作当中":译文效果欠佳,而且原文中的"audacieuses et élégantes"没有翻译出来。

表8 心理学

原　文	学生译文	参考译文
Quand l'anxiété devient une maladie 　　Imaginons que pour des raisons mystérieuses l'anxiété de Gérade augmente encore, qu'il se sente de plus en plus tendu, avec des pensées tournées uniquement vers des catastrophes possibles, qui perturbent son sommeil et sa capacité de se concentrer. 　　Si son médecin généraliste l'envoie consulter un psychiatre, celui-ci fera sans doute le diagnostic d'anxiété généralisée.	当焦虑成为一种病 　　想象一下,因这些不可思议的理由,Gérard的焦虑与日俱增,他脑子里只想着可能发生的灾难,影响了睡眠和注意力,他当然会感觉越来越紧张。 　　若他的普通科医生让他去看精神科医生,那么后者肯定会给他开出广泛性焦虑的诊断。	当焦虑成为一种病 　　想象一下,因某些不得而知的原因,杰拉尔(Gérard)的焦虑与日俱增,他脑子里只想着可能发生的灾难,影响了睡眠和注意力。 　　若他的全科医生让他去看精神科医生,那么后者肯定会对他做出广泛性焦虑症的诊断。

点评:

● "因这些不可思议的理由":将原文中的不定冠词"des"翻译为确指的"这些"有失妥当;"理由"是指"事情为什么这样做或那样做的道理","原因"是指"造成某种结果或引起另一事情发生的条件",此处应翻译为"原因"。

● "Gérard 的焦虑与日俱增,他脑子里只想着可能发生的灾难,影响了睡眠和注意力,他当然会感觉越来越紧张":客户要求按照约定俗成的习惯对外文人名作音译处理,此处的"Gérard"未翻译;"他当然会感觉越来越紧张"是自行添加的翻译内容,原文并没有这个意思。

● "若他的普通科医生让他去看精神科医生,那么后者肯定会给他开出广泛性焦虑的诊断"："普通科医生"翻译不准确，约定俗成的译法是"全科医生"；"开出"与"诊断"搭配不当；"广泛性焦虑"翻译得不准确，应为"广泛性焦虑症"。

表9　心理学（原文）

	ANXIOLYTIQUES	**ANTIDÉPRESSEURS**
Avantages	● Effet immédiat ● Utilisables au coup par coup ● Maniables ● Bien supportés ● Rassurants pour le patient	● Le traitement de fond le plus efficace de certains troubles anxieux ● Pas de risque de dépendance ● Pas de somnolence ● Traite la dépression souvent associée
Inconvénients	● Si mal utilisés, risque de : somnolence, troubles de mémoire ou de concentration ● (transitoires) dépendance ● Efficacité incomplète sur les anxiétés sévères	● Ne soulagent pas Rapidement : plusieurs semaines de traitement avant efficacité complète ● Augmentent parfois l'anxiété en début de traitement ● Parfois sans effet

表10　心理学（学生译文）

	安定药	抗忧郁药
优点	● 见效快 ● 分疗程使用 ● 药效温和 ● 容易保存 ● 有利于病人镇静	● 根治某些心理疾病最为有效 ● 不会形成依赖性 ● 不会造成嗜睡 ● 通常还能治疗与抑郁症有关的病症
缺点	● 使用不当会造成：嗜睡，短期内记忆力衰退，注意力难以集中 ● 形成依赖性 ● 对于严重焦虑药效不完全	● 见效慢：需要好几个星期药效才能完全发挥 ● 在治疗初期焦虑症可能会加重 ● 有时无效果

表 11　心理学（参考译文）

	抗焦虑药物	抗抑郁药物
优点	●见效快 ●出现症状时使用 ●服用方便 ●耐受性好 ●患者可放心服用	●根治某些焦虑症最为有效的疗法 ●不会形成依赖性 ●不会造成嗜睡 ●还能治疗往往伴随其他病症的抑郁症
缺点	●使用不当可能出现以下风险： ●嗜睡 ●暂时性记忆力或注意力减退 ●形成依赖性 ●对于严重性焦虑症药效不能完全发挥	●见效慢：需要好几个星期药效才能完全发挥 ●有时会加重处于治疗初期的焦虑症 ●有时无效果

点评：

- "安定药"和"抗抑郁药"的译法表达不够准确：首先，心理学用语中没有"安定药"这种说法；其次，"药"的指称范围小，"药物"的指称范围大，此处应翻译为"药物"。

- "分疗程使用"：原文理解有误，"coup"指病症发作，"coup par coup"意思是"每次发作时"。

- "药效温和"：除了对原文理解有误，从百科知识上来说，抗焦虑药物中既有药效温和的，也有药效猛烈的。

- "容易保存"和"有利于病人镇静"：对原文理解有误。

- 使用不当会造成"短期内记忆力衰退，注意力难以集中"和"对于严重焦虑药效不完全"：翻译不够确切，译文不符合药物说明的行文方式。

- "根治某些心理疾病最为有效"：把原文中的"troubles anxieux"（焦虑症）翻译成了"心理疾病"，焦虑症只是心理疾病的一种，这种错误在此类翻译中可能导致严重的后果。

- "在治疗初期焦虑症可能会加重"：忽略了始终以"药物"为主语表达逻辑。

表 12　注释

原　文	学生译文	参考译文
DSM-IV：*Manuel diagnostique et statistique des troubles mentaux*, op. cit.	DSM-IV：《精神疾病的统计和诊断手册》，见上述著作。	DSM-IV：《精神疾病的统计和诊断手册（第四版）》（*Manuel diagnostique et statistique des troubles mentaux*），同前引。
R. Durham, T. Allan, *Psychological Treatment of Generalized Anxiety Disorder*, British Journal of Psychiatry, 1993, 163, p. 19-26	R. Durham, T. Allan,《广泛性焦虑症的精神治疗》(*Psychological Treatment of Generalized Anxiety Disorder*)，英国精神病学杂志 (*British Journal of Psychiatry*)，1993, 163, p. 19-26。	R. Durham, T. Allan,《广泛性焦虑症的心理治疗》(*Psychological Treatment of Generalized Anxiety Disorder*),《英国精神病学杂志》(*British Journal of Psychiatry*), 1993 年, 第 163 期, 第 19-26 页。

点评：

此例中两个注释的翻译有多处不符合规范：

● 第一个注释："《精神疾病的统计和诊断手册》"漏译了"第四版"；鉴于原文属于科普作品，考虑到读者的方便，应在中文译名之后括上原文书名；"见上述著作"的表述不规范。

● 第二个注释："英国精神病学杂志"需要使用书名号，日期、期刊号和页码的表述不符合中文习惯。

结　语

从选取的翻译案例来看，交出一篇合格的非文学翻译需要做到：第一，仔细乃至反复阅读原文，杜绝硬伤，如年代、数字等的翻译错误。硬伤属于翻译中最低级的错误，完全可以避免。第二，母语（文中为译入语，中文）和外语（文中为译出语，法语）水平俱佳。学生往往会忽略"母语足够好"这个至关重要的因素。要知道，译者的母语水平直接决定了其外语水平所能达到的高度。毫不夸张地说，母语不够好会成为翻译工作的"死穴"。非文学翻译中的"只可意会，不可言传"是个伪命题，译文表达有问题不外乎两个原因：外语没看懂什么意思；母语不知道如何表达。第三，丰富自己的常识和百科知识。不少翻译案例都反映出学生在常识和百科知识上的欠缺，缺乏常识会导致误译、逻辑不通、意思不明等问题，甚至会闹笑话，缺乏百科知识则会带来术语翻译的问题。这两方面的弥补在课堂上是无法完成的，需要学生在课后大量阅读各类非文学题材的作品。书到用时方恨少，假如需要翻译自己没有接触过或不熟悉的题材，那么就要有意识地恶补欠缺的知识，在最短的时间内去熟悉这一题材在译文中的行文和用语习惯。第四，严格按照客户的要求进行翻译，如有疑问应及时询问，以免在后续工作中造成不必要的麻烦。以上几点的修为非一日可以养成，通过引导学生分析和讨论翻译案例，让学生看到和弥补自己的不足，并从每个案例中获得一点小小的启示，这样才能不断进步，终有一日可以担当非文学翻译的重任。

参考文献：

[1] 静晶. 非文学翻译与文学翻译的区别 [J]. 中国校外教育，2014 (10)：16.

[2] 许钧，穆雷. 中国翻译学研究30年（1978—2007）[J]. 外国语，2009 (1)：77-87.

欧瑜，女，硕士，云南大学外国语学院讲师、硕士生导师。研究方向：翻译研究。

《红楼梦》与其越语译本亲属称谓语的对比研究

李梅芳

(云南大学外国语学院南亚东南亚语教学研究部越南语系)

摘　要：称谓语是语言交际中使用最广泛、也最频繁的词语。称谓语的主要功能是标志人的社会身份、辈分、地位、等级、职业等，人与人之间的社会关系也需要称谓语来维系。本文以《红楼梦》与其越语译本为例，把其中亲属称谓语作为考察对象，通过原文与其越语译本亲属称谓语的对比分析，从中、越两国相同、相似却又各有差异的历史文化背景、民族心理、经济因素及传统思想角度探究其原因，探讨中越亲属称谓语体系及其用法的异同。

关键词：亲属称谓；《红楼梦》；越语译本；对比研究

引　言

亲属称谓是指互相有直接或间接的血缘、婚姻、法律等关系的亲戚和亲属的名称。中、越两国传统文化与历史发展的差异，孕育了汉、越两种语言在亲属称谓语上的民族特色与语言文化特征的不同。汉、越语言中亲属称谓语的不同，可以说从一个方面反映了两国文化的差异。因此，通过对亲属称谓的使用和构成方式的分析和对比，可以窥见一个民族的传统文化。

《红楼梦》这一经典巨著包含着各大家族之间复杂的称谓关系。除了庞大的贾氏家族内部复杂的亲属关系称谓以外，还有家族之间的亲属称谓，更有成群的仆人们对主子们的称谓，也就是亲属称谓的泛称。另外，《红楼梦》的亲属称谓频繁地出现在人物对话中，使它具有极高的研究价值。

一、《红楼梦》中的亲属称谓语系统

《红楼梦》的亲属称谓语是一个比较完善的系统，体现出如下几个特点。

第一，系统内部划分合理，从书中体现出的亲属观念看，其亲属语系统很明显地分为父党、母党、夫党、妻党四个子系统。

第二，系统比较严密、精确。主要表现在：①严格区分亲属的性别，这表现在一些表女性的亲属词上，如"孙女、侄女"等。②表示堂亲的亲属词。③每种关系中的两方亲属都有专门亲属词标记。④许多夫党亲属词，如"祖公婆、孙媳妇"等。此外，《红楼梦》中有一些亲属与亲属词不是一一对应的，如"妹丈/妹夫、内兄/大舅子、兄弟媳妇/小婶"等（孙炜，1990：118）。

《红楼梦》中出现的部分亲属称谓及其越译

党	汉语亲属称谓	越语亲属称谓
父党亲属	曾祖父（母）—曾孙（女）	cuông (bà) – chắt(gái) ku²¹oŋ⁴⁴(ba²²) – cǎɬ³⁵ (ɣai³³⁵)
	祖父母—孙子（女）	ông bà–cháu (gái) nội oŋ⁴⁴ba²² – cau³³⁵ (ɣai³³⁵) noi²¹
	伯父母—侄（女）	bác – cháu (gái) bak³⁵ – cau³³⁵ (ɣai³³⁵)
	叔父母—侄（女）	chú thím – cháu (gái) cu³³⁵ ʈim³³ ⁵ – cǎu³⁵ (ɣai³³⁵)
	姑父母—内侄（女）	bác cô–cháu (gái) bak³⁵ ko⁴⁴ – cau³³⁵ (ɣai³³⁵)
	父—子（女）	bó (cha) – con (trai, gái) bo³³⁵(ca⁴⁴) – kɔn⁴⁴ (ʈai⁵⁵, ɣai³³⁵)
	兄，弟	anh, em aɲ⁴⁴, ɛm⁴⁴
	姐，妹	chị, em ci²²¹, ɛm⁴⁴

· 294 ·

续　表

党	汉语亲属称谓	越语亲属称谓
母党亲属	外祖父母—外孙（女）	ông (bà) ngoại – cháu (gái) ngoại oŋ⁴⁴ (ba²²)ŋuai²²¹ – cǎu³³⁵(ɣai³³⁵) ŋuai²²¹
	舅父母—外甥（女）	cậu (bác, mợ) – cháu (gái) ngoại kəu²²¹(bak³⁵, mɤ²²¹) – cau²²¹(ɣai³³⁵) ŋuai²²¹
	舅表（兄、弟、姐、妹）	(anh, em, chị, em) họ (ǎɲ⁴⁴, ɛm⁴⁴, ci²²¹, ɛm⁴⁴) hɔ²²¹
	姨父（母）—外甥（女）	bác dì – cháu (gái) ngoại bak³⁵ zi²² – cau³³⁵ (ɣai³³⁵) ŋoai²²¹
	姨表（兄、弟、姐、妹）	(anh, em, chị, em) họ (ǎɲ⁴⁴, ɛm⁴⁴, ci²²¹, ɛm⁴⁴) hɔ²²¹
夫党亲属	公公婆婆	bố mẹ bo³³⁵ mɛ²²¹
	表大伯子	anh họ ǎɲ⁴⁴ hɔ²²¹
	小叔子	em chồng ɛm⁴⁴ coŋ²²
	大姑子	chị chồng ci²²¹ coŋ²²¹
	小姑子	em chồng ɛm⁴⁴ coŋ²²
	亲家	ông (bà)／thông gia oŋ⁴⁴ (ba²²)／t ŋ⁴ za⁴⁴
	妯娌	chị em ci²²¹ ɛm⁴⁴

续 表

党	汉语亲属称谓	越语亲属称谓
妻党亲属	岳父母—女婿	bố(bà) – con rể $bo^{35}(ba^{32})$ – $kɔn^{55}$ z_ie^{212}
	大姨子—妹夫	chị vợ – em rể ci^{221} $vɤ^{221}$ – $ɛm^{44}$ z_ie^{212}
	大舅子—妹夫	anh vợ – em rể $ăɲ^{44}$ $vɤ^{221}$ – $ɛm^{44}$ z_ie^{212}
	小舅子—姐夫	em vợ – anh rể em^{55} $vɤ^{221}$ – $ăŋ^{44}$ z_ie^{212}
	小姨子—姐夫	em vợ – anh rể em^{55} $vɤ^{221}$ – $ăŋ^{44}$ z_ie^{212}
	内兄	anh vợ $ăɲ^{44}$ $vɤ^{221}$

从上表可以看出，汉语与越南语的亲属称谓语系统都非常复杂。汉、越语亲属称谓语基本上是一致的，但也有些显著的差异。亲属称谓是社会文化生活中的一部分，是从人类社会规则与习惯中逐步形成的。大千世界多姿多彩的传统文化与生活方式、截然不同的民族心理与宗教信仰，乃至各种固定的思维模式，都依赖于语言而得以成形、发展和传递。中国和越南两国一种突出的传统文化是：两国的民族长期以来都很看重血缘关系。"重男轻女""亲疏有别""长幼有序"等社会道德观念都很浓郁，正是由于这种文化背景，导致汉语与越南语的亲属称谓语系统都很复杂。而中国的宗教法制观念比越南更加浓郁，再加上中国受儒家思想的各种传统观念之深，更加强调长幼有序，内外有别。其称谓语的复杂程度就可想而知了。

另外，汉语亲属称谓语有书面语和口语的区别（需要说明的是，有些属于书面语的称谓语，如"伯父、姑父、姨父"等，在口语场合中有时也可以用作称呼语，这是习惯用法）；而越语亲属称谓语基本上不分书面语和口语，既用于背称，也用于面称，只有少数一些称谓语用于背称和用于面称。由于以上种种原因，导致汉语的亲属称谓语系统更为庞杂、精细。

二、《红楼梦》及其译本中亲属称谓语的比较

我国翻译学家彭卓无在《翻译理论与实践》中指出:"翻译是一种语言文字所表达的思想内容和艺术风格正确无误地、恰如其分地转移到另一种语言文字中去的创造性活动。"(梁远、温日豪,2005:3)红楼梦中亲属称谓语复杂多样,通过对亲属称谓语的研究,我们可以对原文有更深入的理解,如果不明白中越亲属称谓语的差别以致译文翻译不当,就会影响原文的效果。因此,对亲属称谓语的比较有着探讨的必要。通过具体的例句对比分析,中越亲属称谓语的差别都可以在《红楼梦》的字里行间中体现出来。

(一)汉语亲属称谓语有书面语和口语区别,越语基本上没有

汉语亲属称谓语有书面语和口语区别,越语基本上没有是汉越亲属称谓系统最显著的不同点。《红楼梦》中亲属称谓语使用的一个特点是口语性,即口语化原则。大量口语形式的亲属语作为亲属称谓语进入称谓系统,这在越南语中并不多见。这些口语形式的亲属称谓语在更多的情况下是作为直接称谓来用的。而且,使用口语形式显得更为亲切、随和,有助于拉近人物间的距离。

原文①:

他母亲道:"……我带了你妹子去投你姨娘家去,你道好不好?"(四回,薛姨妈对薛蟠称宝钗)

译文:

Tiết phu nhân nói:
–Tao cũng muốn mang *em* mày về ở bên ấy.Mày nghĩ thế nào, có được không?

原文②:

这里刘姥姥心神方定,才又说道:"今日我带了你侄儿来,也不为别的,只因他老子娘在家里,连吃的都没有。如今天又冷了,越想没个派头儿,只得带了你侄儿奔了你老来。"(六回,刘姥姥称板儿父母)

译文:

Già Lưu lúc này mới yên dạ,bèn nói:
– Hôm nay tôi đem cháu cô đến, chẳng có việc gì khắc cả.Chỉ vì **bố mẹ** cháu ở nhà ăn,cũng không cótrời lại rét,nên phải mang cháu đến đây.

原文①②中"妹子"和"老子娘"都是口语,由于越语没有口语和书面语

的区别，译者根据越语的习惯分别将其译为："em（妹妹）""bố mẹ（父母）"。汉语口语和书面语的这种区别使得汉语亲属称谓语比越南语更庞杂。

（二）汉语亲属称谓辈分比越语齐全

汉语亲属称谓语中辈分很齐全，越语亲属称谓语中子辈、孙辈称谓比较简单。

1. 风土人情平辈

原文：

三姐儿便啐了一口，说："我们有姐妹十个，也嫁你弟兄十个不成？"（六十五回）

译文：

Chị Ba nhỏ toẹt một cái, nói:
– Chúng tôi có mười *chị em* cùng phải lấy mười *anh em* nhà anh hay sao.

2. 子　辈

原文①：

薛姨妈见他一哭，自己掌不住也就哭了一场，一面又劝他："我的儿，你别委屈了。……"（三十五回，薛姨妈称宝钗，母亲—女儿）

译文：

Tiết phu nhân thấy con khóc, cũng khóc theo, rồi khuyên:
– *Con* ơi, con đừng bực bội nữa, …

原文②：

王夫人道："罢，罢！我今儿吃斋，你正经吃你的去吧。"（二十八回，王夫人称宝玉，母亲—儿子）

译文：

Vương phu nhân nói:
– Thôi, thôi, hôm nay ta ăn chay, *con* về bên ấy mà ăn.

原文③：

贾琏忙道："好孩子，你有什么主意，只管说给我听。"（六十四回，贾琏称贾蓉，叔—侄）

译文：

Giả Liên nói: "*Cháu* ơi! Ý cháu thế nào, cứ nói cho chú nghe."

3. 孙　辈

原文：

贾母因问他："跟着你娘吃了什么好吃的？"宝玉小道："也没有什么好吃的，我倒多吃了一碗饭。"（二十八回，贾母称宝玉，祖母—孙子）

译文：

Giả mẫu hỏi:

– Ăn cơm bên mẹ *cháu* có gì ngon không?

– Chả có gì ngon cả, nhưng cháu lại ăn thêm được một bát.

汉语中，祖辈、父辈、平辈、子辈、孙辈的亲属称谓词都很齐全，越语亲属称谓中，祖辈、父辈、平辈称谓一般跟汉语一样细致，但子辈、孙辈称谓比较简单。如原文中的"弟""妹"越语皆称"em"（指比自己年龄小的，不区分男女）；原文中的"儿子""女儿"都称"con"（儿女的统称），"侄子""侄女""孙子""孙女"等都称"cháu"（孙子、侄子的统称，不分男女）。

（三）男尊女卑不同

受儒家思想的影响，中国文化中男尊女卑的思想观念极其强烈。虽然越南也曾经受儒教的影响，但在很大程度上还是保留着自己的文化特征，一方面重男轻女，另一方面仍然讲究男女平等。从对父母双方的直系亲属便可以看出。

原文①：

贾蓉揣知其意，便笑道："叔叔既这么爱她，我给叔叔做媒，说了做二房如何？（六十四回，贾蓉称贾琏，侄—叔）

译文：

Giả Dung biết ý, cười nói:

– *Chú* đã thích dì ấy, cháu xin làm mối, hỏi làm vợ hai cho chú có được không?

原文②：

贾母忙哄他道："这妹妹原有玉来的，因你姑妈去世时，舍不得你妹妹，无法可处……"（三回，宝玉称黛玉母亲，姑妈—侄子）

译文：

Giả mẫu nói dối:

– Em cháu ngày trước cũng có. Vì lúc *cô* cháu sắp mất, thương em cháu quá, không biết làm thế nào,...

· 299 ·

原文③：

况这几年来，你舅舅姨娘两处每每带信捎书接咱们来。（四回）

译文：

Huống chi mấy năm nay *cậu* và *dì* cứ luôn luôn viết thư mời ta vào chơi.

汉语中，父亲的兄弟分别称"伯父"和"叔叔"，父亲的姊妹都称"姑母、姑妈"；母亲的兄弟和姐妹则分别称"舅和姨"。越语中，父亲的兄弟分别称"bác"（伯）和"chú"（叔），父亲的姊妹分别称"bác"和"cô"（姑）；母亲的兄弟分别称"bác"（伯）和"cậu"（舅），母亲的姊妹分别称"bác"（伯）和"dì"（姨）。越语中父母的哥哥和姐姐都统称为"bác"（伯），父母的弟弟、妹妹各都有其相对应的称谓词。由此可知，汉语称呼父母的哥哥、姐姐有父系、母系之别，越南语则统一称为"bác"，没有父系、母系之别，父母两方都一样重要。

不仅如此，下例中的亲属称谓语也表现了这种男尊女卑的思想。

原文④：

贾蓉听说，……"婶子若不借，我父亲又说我不会说话了，又挨了一顿好打呢。婶子，只当可怜侄儿罢。"（第六回，贾蓉称王熙凤，侄子—婶子）

译文：

Giả Dung nghe nói:…"Nếu thím không cho mượn,cha cháu sẽ bảo cháu không khéo nói,lại bị một trận đòn thôi,Thím ơi,Thương *cháu* với."

原文⑤：

王夫人："虽然这样，难道你不忌讳？"宝钗："姨娘放心，我从来不计较这些。"（第三十二回，王夫人称宝钗，姨娘—外甥女）

译文：

Dù thế mặt lòng,nhưng cháu không kiêng hay sao? Bảo Thoa: "Xin dì cứ yên lòng,*cháu*không bao giờ để ý đến chuyện này."

汉语中，对自己的兄弟和姐妹的子女有不同的称谓（侄子、侄女、外甥、外甥女等），而对妻子的兄弟和姐妹的子女统称为"外甥、外甥女"。越语中，丈夫和妻子的兄弟姐妹的子女一律称"cháu"［侄子（女）、外甥（女）的统称］。因此，译者在翻译时把贾蓉的自称"侄儿"和宝钗对王夫人的自称"我"都译为"cháu"。

此外，汉语亲属称谓词中男女同时出现时，其排列顺序都是男前女后，而越语亲属称谓语在男女同时列举时也可以是"女前男后"。

原文⑥：

忽一时想起你老爷来，又不免想到母子夫妻儿女不能一处，也都没兴。（七十六回）

译文：

Lại không khỏi nghĩ đến việc *vợ chồng con cái* không được cùng nhau đoàn tụ.

原文⑦：

我能活了多大，知道什么轻重？想来父母跟前，别说一个丫头，就是那么大的一个活宝贝，不给老爷给谁？

译文：

Con nghĩ rằng đã xin trước *cha mẹ*, thì không những một con a hoàn, dù người ngọc đi nữa cụ chả cho cha con còn cho ai?

汉语亲属称谓语里"男前女后"的组合排序是受重男轻女思想观念影响的结果，是以男性为中心的封建伦理观的主要体现。而越语亲属称谓语的组合，不一定是"男前女后"，也可以是"女前男后"。原文⑥中的"夫妻"，译成越语则是 vợ chồng（妻—夫），越语很少称"chồng vợ"（夫—妻）；"儿女"越语则称"con cái"（子辈的统称，不分男女）；原文⑦中的"父母"，越语翻译时用"cha mẹ（父—母）"（bố mẹ），在越语中也可称"mẹ bố"（母—父）。此外，汉语称"公婆"，越语也称"ông bà"（公婆）。

（四）亲疏有别的不同

汉语与越语都体现了"亲疏有别""内外有别"的观念。汉语亲属称谓语所体现的"亲疏有别"观念要更加具体，越语中有些地方还是比较平等的。汉语中父系和母系亲属称谓祖辈最高地位的以及孙辈的都要用"外"加以区别，如"祖父、外祖父、孙女、外孙女"等。而越语的亲属称谓语系统中，祖辈最高地位的，无论是父系还是母系的都称为"kị"（高祖父、高祖母、外高祖父、外高祖母等），其次都称"cụ"（曾祖父、曾祖母、外曾祖父、外曾祖母等），孙辈则称为"cháu"。

原文①：

"……祖婆婆，太婆婆，媳妇，孙子媳妇，重孙子媳妇，亲孙子媳妇，侄孙

子，重孙子，灰孙子，滴里搭拉的孙子，孙女儿，外孙女，姨表孙女儿，姑表孙女儿……嗳哟哟，真好热闹！……"（第五十四回）

译文：

–… Nào *cụ*,nào *bà*,nào con dâu,cháu dâu,chắt dâu,cháu dâu họ, cháu họ, chắt họ cháu nuôi,cháu dây mơ ruột mái,cháu gái,cháu gái ngoại,cháu gái bằng bà dì,cháu gọi bằng bà cô…Úi chà!Thật là đông đúc nhôn nhịp!

原文②：

这熙凤……因笑道："……况且这通身的气派，竟不像老祖宗的外孙女儿，竟是个嫡亲的孙女，怨不得老祖宗天天口头心头一时不忘……"

译文：

Hy Phượng…cười nói: "…Trông hình dáng con người,ai cũng cho là *cháu nội*của bà,chứ không phải là *cháu ngoại*.Chả trách ngày nào bà cũng nhắc đến…"

中国经历了漫长的封建社会，血缘宗法一直统治着人民的思想。"传宗接代，传男不传女"的思想形成了以血缘为基础的亲族制度。在当时历史时代背景下，嫁出去的姑娘如泼出去的水，只有儿子的后代才被封建家族视为正统的血脉关系。众所周知，林黛玉是贾敏的女儿，贾敏又是老祖宗的女儿，王熙凤的话语潜意识地强调了家族中男性血缘关系的核心地位，也即"内外有别"。"孙女"和"外孙女"的越语表达习惯上是"cháu"（侄子、侄女；外甥、外甥女），译者翻译时分别加了nội 和 ngoại，这样就在字面上将直接关系和间接关系区分开来。

另外，汉语亲属称谓的"亲疏有别"也可以在平辈中体现出来。

原文③：

探春道："这倒不然，我和*姐姐*一样，姐姐的事和我一样，姐姐的事和我的一般……"（七十三回，探春称迎春，堂姐妹）

译文：

Thám Xuân nói:

– Như thế không đúng.Em cũng như *chị*.Việc của chị cũng như việc của em…

原文④：

今见王夫人所说，便知是这位表兄，因陪笑道："舅母所说的，可是衔玉而

生的这位表兄。"（三回，黛玉称宝玉，表妹—表兄）

译文：

Nay thấy Vương phu nhân dặn thế,Đại Ngọc hiểu ngay,liền cười nói:
– Mơ vừa nói đây,có phải là *anh* mới sinh ra đã ngậm ngọc không?

汉语亲属称谓语中，称呼与自己有血缘关系的父系的亲属称谓语，如"兄、弟、姊、妹"时，会在亲属称谓语前加"堂"字，即"堂哥、堂弟、堂姐、堂妹"等，与直系血亲相区别。对于与自己有血缘关系的母系亲属称谓语，则在称谓语前加"表"字，与亲兄弟姐妹和堂兄弟姐妹相区别，即"表哥、表姐、表弟、表妹"等。和汉语亲属称谓语不同的是，越语亲属称谓语系统中，无论是父系亲属称谓语系统，还是母系亲属称谓语系统，亲疏远近并没有区别。因此，汉语中的"堂哥、表哥"，越语中统称"anh họ"（族哥）；汉语中的"表姐、堂姐"，越语中统称"chị họ"（族姐）；汉语中的"堂弟""堂妹""表弟""表妹"，越语中则称"em họ"（族弟或族妹）。由于《红楼梦》中对平辈的堂、表亲属称谓语都用相应的、最近的亲属称谓词去称呼，而省略"堂、表"等字样，译者在越语译本翻译时采用了最近的亲属称谓。原文④中黛玉对宝玉的称谓"表兄"，译者直接将其译为"anh（哥哥）"，亲疏有别的观念并没有体现出来。

（五）区分性别的不同

汉语在亲属称谓语中有体现性别的词素，即"父"——指男性，"母"——指女性的，如"祖父、伯父、叔父、舅父、祖母、伯母、姨母"等。越语亲属称谓语中没有这种现象。此外，汉语中一般每个亲属称谓词本身都能表示其性别，而越语有一些基本亲属称谓词本身不区分性别，用于祖辈的有三个："kị"（高祖父、高祖母、外高祖父、外高祖母的统称）、"cụ"（曾祖父、曾祖母、外曾祖父、外曾祖母的统称）、"bác"（父辈比自己父母年龄大的亲属的统称，包括父亲的哥哥、姐姐，母亲的哥哥、姐姐等）。用于子辈的有一个，即"con"（儿女的统称）。用于孙辈的有三个，即"cháu""chắt""chút"。如果要区别性别时，都要在这些中性称谓词后加上表示性别的词语。例如：

cụ（中性词）—— cụ ông（曾祖父），cụ bà（曾祖母）

cháu（中性词）—— cháu trai（侄子），cháu gái（侄女）

con（中性词）—— con trai（儿子），con gái（女儿）

chắt（中性词）—— Chắt trai（曾孙），chắt gái（曾孙女）

· 303 ·

其中，"ông"和"trai"是表示男性的；而"bà"和"gái"是表示女性的（阮氏翠幸，2004：26）。

结　语

通过对《红楼梦》亲属称谓语运用的分析可以看出，作为一种特殊的语言符号，亲属称谓语不但具有一般语言符号的交际功能，而且浸透着民族文化精神，表现出不同民族对宗族信仰、家庭观念的重视，同时还表现出对地位等级制度的敬畏。

汉、越语言亲属称谓语系统十分复杂，也有许多相同之处。中、越两国都共同属于亚洲文化背景，在文化、民族心理等方面都有很多相同之处，两国人民都十分注重宗教法制、礼仪教化、家庭与血缘关系。因此，汉、越语言中亲属称谓语系统都十分复杂，并且所属关系都非常明确，血缘、婚姻等关系一目了然。同时，由于受儒家思想的影响，所以在交际中都尽可能选择比较亲近的亲属称谓语来称呼他人，从而表达近亲的意思。

中国和越南毕竟是两个不同民族文化的国家，各自有着自己的语言与文化背景，因此，汉、越语言亲属称谓语系统的差异是十分显著的。首先，体现在礼貌表达方式上的差异，越语中没有书面语和口语的区别，这是汉语亲属称谓系统比越语之所以更完备的主要方面。其次，越语中亲属称谓语泛化现象比汉语广泛得多，其主要原因是由于传统文化与社会心理的影响。由于受传统文化和儒家思想的影响，其"男尊女卑""内外有别"等思想观念不尽相同。由此，在用亲属称谓语来称呼亲属时也有所不同。

参考文献：

[1] Phạm Ngọc Hàm. Đôi nét về cách sủ dụng đại từ nhân xưng trong giao tiếp tiếng Hán [J].Hà Nội :Tạp chí Ngôn ngữ, số7-1993

[2] Nguyễn Tài Cẩn. Một số chứng tích về ngôn ngữ,văn tụ và văn hóa [M]. Hà Nội :NXB Đại học Quốc gia Hà Nội, 2003.

[3] Nguyễn Văn Khang (chủ biên) . Ứng xủ ngôn ngữ trong giao tiếp[M]. Hà Nội: Nhà xuất bản Văn hóa —Thông tin, 1996.

[4] Vũ Bội Hoàng, Nguyễn Thọ. Nguyễn Doãn Địch dịch. Hồng Lâu Mộng [M]. Hà Nội: Nhà xuất bản Văn học, 2007.

[5] 曹雪芹，高鹗．红楼梦 [M]．北京：中华书局，2007.

［6］梁远，温日豪. 实用汉越互译技巧［M］. 北京：民族出版社，2005.

［7］孙炜.《红楼梦》的亲属称谓（上）［J］. 红楼梦学刊，1990（4）.

［8］阮氏翠幸. 现代汉语与越南语亲属称谓语对比研究及其文化内涵［D］. 重庆：西南大学，2004.

［9］阮海英. 现代汉语与越南语亲属称谓语对比研究及其文化内涵［D］. 昆明：云南大学，2010.

李梅芳，女，硕士，云南大学外国语学院讲师。研究方向：越南语言文学。

新媒体环境下的汉、缅语翻译理论研究

庞俊彩

（云南大学外国语学院缅甸语系）

摘　要：新媒体作为信息传播的重要载体，已经融入了人们生活的方方面面。在新媒体发展的新形势下，汉、缅语中出现了大量的新词、新语、新表述，同时翻译过程中可以更多地利用新媒体资源进行有效翻译等，这对翻译而言是一个较大的挑战。本文将结合汉、缅语的翻译理论与实践，探讨在新媒体环境下汉、缅语翻译的原则及对教学的一些启示。

关键词：新媒体；翻译；教学

一、相关概念辨析

新媒体是一种数字化、智能化的传播媒介，包括数字化的传统媒体、互联网媒体、手机媒体、数字电视、数字报刊等；新媒体在传统媒体的基础上呈数字化方向发展，因此，新媒体也被称为"第五媒体"。新媒体是以数字技术为基础，以网络为载体进行信息传播的媒介。如今"新媒体"的概念越来越广，也越来越贴近人们的日常生活。其涵盖了所有数字化的媒体形式，包括所有数字化的传统媒体、网络媒体、移动端媒体、数字电视、数字报刊等。可以说，新兴媒体的影响力是非常惊人的。

二、新媒体环境下汉、缅语新词新语产生的背景及研究的必要性

（一）新词新语产生的背景

语言作为社会现象是人类交流的重要工具和思想文化传播的载体，语言是

随着社会变化发展而不断变化发展的，这一规律要求我们在学习语言过程中不断进行更新。新词新语也是伴随着这样的背景规律产生的，它是指近期新出现的词语或者和原先意思不一样的词语，或在原有的意思之上有所延伸、扩展，赋予新的含义等。在汉、缅语翻译领域，除了将汉、缅语的基础知识打牢，遵循翻译的基本原则外，在新媒体环境下，需要我们与时俱进，不断将新时代的新要素融入翻译实践中。

2010年缅甸实行政府改革之前，新媒体几乎对缅甸影响甚微，网络设施设备不完善，更别提网络媒体发展了，报刊也仅有少数几类。缅甸开放后，新媒体迅速涌入，在短时间内缅甸网络以较快的速度发展起来，各种报刊等传媒行业得以自由快速发展。在这样一股浪潮的冲击之下，缅甸发生了很大变化。可见，新媒体对缅甸的冲击力是很大的。

十多年或更久以前，在我国学习缅甸语感觉是在一片宁静中进行，甚至被外界称为冷门专业。而缅甸国内的各方面情况亦是变化甚微。2010年缅甸举行全球瞩目的政府民主选举，最终缅甸民盟大获全胜并进行执政，缅甸从此踏上民主改革之路。这短短的几年中，缅甸各个领域发生了重大变化。都说语言是随着社会的变化发展而不断变化发展的。那么，在新媒体的冲击之下，缅甸语当中一些新词新语也就应运而生，新产生的新词新语在新媒体上广为流传，随着人们特别是年轻人的使用和口口相传，以日常用语、俚语、俗语等形式不断传播开来，到一定程度后被人们广泛熟知并被媒体采用，甚至被收录到词典的新词目中。

同时，伴随着缅甸在一段时间内迅速发展，若我们仍停留在几年前缅甸语的学习环境中，当然就很难跟上语言发展变化的步伐。时代的发展需要我们不断扩散思维去更新、完善。新词新语的出现，也同样要求我们做出相应的探索和总结。对于缅甸语的学习者或使用者而言，若不能正确掌握这些新词新语及其准确的用法，在学习、翻译、研究等工作中就会遇到很多瓶颈。

当然，中国近几年也发生了巨大变化。十九大后，"我国社会的主要矛盾已经转化为人民日益增长的美好生活需要和不平衡不充分的发展之间的矛盾"。很明显，这种矛盾已经"升级"，这样的转变是巨大的，涉及的面也十分广泛。特别是在新媒体技术的影响之下，出现了大量的高科技产品。伴随着这样的变化发展，语言随之变化发展，产生了许多新词新语。这同样要求我们不断去学习和总结，以便适应新的时代背景。

(二）研究汉、缅新词新语的必要性

首先，中、缅两国交往中的语言交际需求。随着缅甸的不断发展和改革的进一步深入，缅甸与中国的交往不断增强，合作的领域不断拓宽、延伸。其中，中国"一带一路"倡议及"人字形经济走廊"建设等命题的提出带动了中、缅两国的进一步交往。在这样的环境下，关注缅甸、研究缅甸的人越来越多，对缅甸进行研究的领域不断在拓宽。以前，国内学习缅甸语的人员寥寥无几，研究缅甸的人更是少之又少。但发展到今天，关注缅甸、研究缅甸的人数逐年上升，而且已经从单纯的语言学习、文化了解等向更加广泛的领域拓展，如国际关系、政治、经济、文化、旅游、民族、历史、外交等，对这些领域的研究，无论在深度还是广度方面，都有逐步扩大的趋势。在这样的交流过程中，走在前面的当属语言的交流。

其次，语言本身的发展需求。语言是不断变化发展的，这要求我们不断去探索和研究。在短短的几年时间里，这样的快速转变带来了很多新概念、新词新语、新表述。就汉、缅语翻译的领域而言，从事汉、缅翻译的人士会有这样的体会，近年来做翻译工作比以前难度大多了，除了领域的扩大，使用次数的频繁，还有一个问题就是出现了不少新词新语、新表述等，导致译者一下子不能从已有的知识体系中提取出来，从而没法准确做好翻译。这就使语言在社会环境中有了新发展的体现，在提醒我们需要更新已有的知识，以适应当今社会对语言的需求。

最后，教学方面的需求。就目前缅甸语专业课程的教材而言，涉及新词新语的内容还较少，若能在该领域做详细研究和补充，将能丰富和完善现有的汉语、缅甸语方面的研究，同时对中缅之间的友好交流将起到更好的促进作用。

当然，除了上述几点，还有其他一些客观或主观的原因促使我们去研究这些新词新语。

三、新媒体环境下汉、缅语翻译过程中遇到的新问题

（一）新媒体环境下对语言翻译质量要求越来越高

一方面，过去信息传播缓慢，没有如今如此快捷的媒体传播方式和渠道，翻译的相关问题也局限在一定的范围内，翻译人员获取信息的渠道受限，可能导致翻译人员在短时间内缺乏了解对象国的文化背景和关联知识，翻译作品的效率往

往不理想。但新媒体环境下，无论是在哪里发生的事件，很快就能传到世界各地。例如，现在很多地方采用线上翻译服务，只要有翻译需求，挂在网上，很快就会得到翻译的结果。而翻译的内容也会经常被推出双语版（即汉缅语版），只要是业内同行，短时间内就能看见翻译的效果，这就要求我们熟练掌握新媒体的运用，诸如网络、计算机、手机等的操作，同时对翻译质量的要求也就非常高了。

另一方面，汉、缅语同传翻译的出现，对翻译的要求更高了。大概在2013年以前，在汉缅或缅汉翻译领域，几乎还很少出现同传，一是缅甸语学习者人数相对较少；二是译者水平有限；三是社会需求还没有那么高。所以，大部分的口头翻译工作还是局限于交传译。而此之后，社会上开始陆续出现了同传的需求，缅甸语学习者逐渐增多，翻译的水平也在不断提高，同时可以借助一些新媒体的力量辅助进行，因此开始有更多译者尝试这个看似难以攻克的难题。

（二）新媒体环境下对信息资源使用的困惑

早在十多年前，作为缅甸语学习者，若能够拿到一些缅文的原版材料，就会高兴不已，就会感到自己拿到了十分地道的学习材料。逐渐地，出现了各种网络学习资料、电子书、电子词典等，而到今天，各种网站、微信公众号、APP上的免费词典（汉缅、缅汉、缅英、英缅）、翻译软件等，学习资源广泛，信息量大，跟过去十几年前比较起来真的是差别明显。

但是，新媒体环境下，网络上虽然可供参考的电子资料种类繁多，形式多样，但信息的快速传播和更新，使得信息呈碎片化不成系统，导致人们获取信息资源、整合信息的有效性变得更加困难。这个情况跟其他一些语种相比较而言，可能不是什么新现象，但就缅甸语的情况而言是很值得重视的。在汉、缅翻译实践工作中，我们会遇到诸多不利因素。随着市场上电子产品种类日益增多，如电子词典、翻译软件等的出现，一部分人现在已经养成了仅利用网络翻译软件和查阅电子词典的习惯，过于依赖这些资源，甚至有部分人不再使用传统的纸质词典，加之电子产品系统和翻译软件本身的质量参差不齐，翻译结果的准确性和质量值得商榷。

四、新媒体环境下的汉、缅语翻译原则和建议

语言新词新语的产生，是社会发展的必然，是语言文字不断变化和完善的过程。如何做好语言不断变化背景下的语言翻译工作，是语言翻译工作者需要

重点探讨和研究的问题。"翻译是一种跨越时空的语言活动,是把一种语言已经表达出来的东西用另一种语言准确而完整地重新发表出来。"(范存忠,1985:80)翻译可将不同的文化形式表现出来,使不同文化背景的人相互了解彼此的文化内涵,翻译一旦脱离某个民族的文化现实,就失去了其实际意义,语言文化的翻译要保持关联性和文化适应性。

(一)在跨文化中保持翻译的关联性

Sperber 和 Wilson 在《关联性:交际与认知》(1995)中提出"关联理论",定义为人类交际活动的总原则。Sperber 和 Wilson 认为:"关联理论把语言交际看作是一个示意——推理过程,并从认知语言学的角度提出交际是按一定推理思维规律进行的认知活动。"(苗兴伟,1999:9-14)

例如,在翻译缅甸语言文字的实践中,往往是按照缅甸语言文字的特色和民族文化的特色进行翻译。但是,在翻译作品中,由于读者不了解缅甸的民族文化背景和文化特点,很难准确地理解和把握某些语言表达的意义,这就很难得到读者的认同和接受。

为克服上述问题,在新媒体的环境下,我们应该充分利用新媒体传播便捷的优势,在翻译相关作品的过程中,应首先充分查阅和了解作品产生的历史文化背景及其所蕴涵的文化精髓,通过关联理论中的推理思维规律对作品进行翻译整理,找到关联信息,准确地理解和把握原文的含义,提高翻译工作的推理思维能力,创造更加优秀的作品,以便让不同区域和文化背景的读者理解其中的意蕴。

(二)在跨文化中坚持翻译的文化适应性

中、缅两国在历史、宗教、地域、习俗及政治文化方面存在着不少的差异,可以说中、缅两国是跨文化交际。文化适应性是"文化翻译理论的一个重要概念,它指的是对准确文化(或内涵)的把握、良好的读者接受和适境的审美判断"(孙飞凤,2001)。缅甸也是个民族众多的国家,可以说大部分的缅甸民众信仰南传上座部佛教,佛教文化影响着缅甸社会的方方面面,在缅甸人的生活和思想文化中占有重要的地位,佛教文化形成缅甸社会的符号和重要文化特征。作为南传上座部佛教文化圈内的缅语,深受佛教文化的影响。作为缅甸语的中国学习者,对这样一个文化背景,我们要深刻去理解。

五、新媒体环境下汉、缅语翻译对教学的启示

（一）注重翻译理论的培养，引导学生做好翻译实践

在教学的实践过程中，翻译是一门科学，更是一门技巧，没有理论基础知识作为前提的翻译实践是不科学的、盲目的。教师要注重翻译理论知识的培养，结合翻译实践对学生加以引导、授课，使学生拥有充分的基础理论框架，接地气地综合运用各种翻译方法，如直译法、增译法、意译法、回译法、变通法等。忠于原文，在不损害原作内涵的前提下，保持原作与译文之间最佳的关联性，把说话人或作者的意图传达给听众或读者。

（二）鼓励学生跨学科、多方面学习，克服翻译思维的局限性

优秀的翻译工作者需要全面的综合素质。翻译是跨学科的，不仅涉及人文社会科学，如社会学、历史学、民族学、人类学、语言学、政治学等，还涉及自然科学，如生物学、物理学等。学生在做好语言学习的基础上，不应仅局限于课程书本内容知识的学习，还应发散思维，举一反三，触类旁通，不断扩充知识结构，进一步提升专业素养，尽可能地了解对象国社会的各个领域，包括历史、政治、宗教、文化、法律等，掌握各领域的文化知识，为将来从事翻译工作奠定良好的基础。

（三）翻译教学工作要与时俱进，顺应时代的发展

翻译教学工作与时俱进，顺应时代的发展是十分重要，也是本文想要突出强调的最后一点。翻译教学工作不是一成不变和轻而易举的，而是一个动态的过程，涉及不同的地域、时间和空间的认同，翻译工作者要与时俱进，有动态思维。教师可以鼓励学生多渠道、多角度学习和了解两个国家的社会发展变化趋势，创造性地顺应新环境，全面了解社会大众的需求，在跨文化的视角下，充分考虑彼此的历史背景及文化差异因素，借助互联网、手机、数字电视、数字报刊等互联互通的新媒体平台和渠道，趋利避害，寻求汉、缅语翻译的切合点和文化适应性，根据不同的语言结构、不同的语言环境主动选择文化适应性，从而有效地满足语言文化翻译发展的需要。而传统的课堂教学只是学生获取知识的一个基本渠道，当今我们应该更加鼓励学生掌握自学的能力，这样，即便是在走出学校，步入社会工作后，也能随时应对新时代的变化和需求。

结　语

在新媒体环境的影响之下，我们作为外语学习者或外语使用者，需要更加关注社会的发展动态，应当树立不断学习、不断更新的意识。近几年来，不论是中国还是缅甸，在新媒体的冲击下，各领域都有着较大的变化。汉、缅语当中都出现了很多新词新语，这需要我们及时去学习、研究。另外，新媒体使得我们在学习新知识的过程中享受到了极大便捷，正确有效地利用新媒体资源，可以为汉、缅语翻译工作带来许多便利。当然，也有不少弊端或困惑，而这些弊端或困惑，需要我们用牢固的知识去加以辨别。只有在这个基础之上，我们才能够真正利用好新媒体，让新媒体更好地为翻译工作服务。

参考文献：

[1] 范存忠. 漫谈翻译——翻译理论与技巧 [M]. 北京：中国对外翻译出版公司，1985.

[2] 何兆熊. 新编语用学概要 [M]. 上海：上海外语教育出版社，2000.

[3] 金其斌. 谈一些汉语新词新语的英译问题——评《新华新词语词典》部分词条的译文 [J]. 中国翻译，2003.

[4] 廖开洪，李锦. 文化语境顺应对翻译中词义选择的制约——兼谈语用翻译对翻译教学的启示 [J]. 山东外语教学，2005（5）.

[5] 苗兴伟. 关联理论对语篇连贯性的解释力 [J]. 外语教学与研究，1999.

[6] 孙飞凤. 翻译的文化适应性原则及其实践探讨 [J]. 韶关学院学报，2001（2）.

[7] 汪大年. 缅甸语汉语比较研究 [M]. 北京：北京大学出版社，2012.

[8] 钟智翔. 缅汉翻译教程 [M]. 广东：世界图书出版公司，2012.

庞俊彩，女，硕士，云南大学外国语学院讲师。研究方向：语言文化。

花色之辩：狄金森的一首诗在翻译策略上的选用

张彩庆

（云南大学外国语学院研究生公共外语教研室）

摘 要：艾米莉·狄金森是一个纯粹的诗人，她的大多数作品适用艺术型翻译策略，以作者和诗的言说者为关注焦点，强调审美的相似性。然而，在"There is a flower that Bees prefer –"一诗的一个中译本中，其翻译策略选择偏于强调译入语文化和接受者反应的功效型翻译，以至于把诗中出现的"purple"一词直接译成"红色"。根据艺术型翻译的内涵，笔者认为译诗不符合原作者的主体性，在音韵和色彩的联想意义上与原诗有实质的审美偏差。

关键词：狄金森；艺术型翻译；功效型翻译；审美偏差

引 言

参照布拉格学派罗曼·雅各布森（Roman Jakobson）所提出的语言功能"六分法"，即指称功能、诗性功能、情感功能、促使功能、招呼功能、元语言功能，以及卡塔琳娜·赖斯对文本的"三分法"，即信息型文本、表现型文本、作用型文本等理论来源，飞白（2016：3 – 11）把翻译归纳为三大类型。三大类型在适用文本、语言功能、翻译方法、信息性质、结构性质、关注焦点、对应人称、译者角色、对等情况、价值性质、意义重点、翻译标准等十二个维度上有具体差异。如在结构和信息性质上属于线性单息的翻译在实践中较为简单，因为词甚至句在语际转换时不会出现语义的复杂筛选，这样的翻译类型最适合科技类的不涉及人际情感的文章。随着机器翻译（MT）日益完善，这种翻译将越来越能被机器取代。与信息型翻译不同,艺术型翻译和功效型翻译都属于复杂翻译,在实践中的难度都远大于第一类翻译。艺术型翻译或"风格译"适用于文艺类作品,在信息处理过程中属于"复息"翻译,要力求保留原文携带的(至少一部分)联想意义、风格意义、文化意义、互文意义、隐喻意义、音韵意义和情感意义。译者要忠于原作者,处理好以"I"这一人称为核心的原作者主体性问题,需要顾及文本形式,时时处处进行信息取舍,在立体的信息中优选出最重要的风格信息,在对原作艺术信息融会贯通的基础上,重塑和体现原作者的风格特色和作品的艺术魅力,体现作者和原作至上的原则,强调审美的相似性。相比之下,功效型翻译强调交际作用,以译入语中的潜在接收者为导向,以超语言的实用效益为目的。在信息处理的复杂度上,功效型翻译富于弹性,可以是单息对应单息,也可以是单息变为复息或复息变为单息,不要求信息与原文本等效,不受源语文本信息的严格约束,以机动性和高自由度为特征。在语言的转换过程中,原作者和原作的绝对地位已被推翻,"源文本"仅仅被看作译者的"信息来源",而主要表现为优选信息在译入语文化中的适应。

一、狄金森及其诗歌与花草

There is a flower that Bees prefer – (642) (Franklin, 2003: 287) 是艾米莉·狄金森(Emily Dickinson, 1830—1886)写的 1 789 首诗中的一首,写于 1863 年。这首诗在狄金森研究中似乎还没引起足够的关注,给人的印象没有像《我的生命伫立-一杆枪上膛》[*My life had stood – a Loaded Gun* (764)]、《出版-即拍卖》[*Publication – is the Auction* (788)]、《疯狂即是最大的清醒-》[*Much Madness is divinest Sense* – (620)] 或者是《受伤的鹿-跳得最高》[*A wounded Deer – leaps highest* – (181)] 等一样深刻而被广泛评价。狄金森的诗大多短小精悍,节数少、诗行短,富于内省式警语而少叙事性,因而晦涩难懂,在理解和翻译上很难把握。哈罗德·布鲁姆《狄金森现代批评》的序中说:"我认为狄金森给我们带来了最大的认知困难……狄金森的奇怪之处,有时戴了面具,依然让我们对她感到惊奇,就像我们对莎士比亚或弗洛伊德感到惊奇一样。" *There is a flower that Bees prefer* – (642) 在形式上属于狄金森诗中较少的一种,全诗八节。虽然狄金森对诗的形式灵活自由、节数不等,以五节以下居多,七节、八节的少见,偶尔也有九节的,最长的当数 1852 年写的《尘世荣华,容易过》[*Sic transit Gloria mundi* (2)]。因为 *There is a flower that Bees prefer*

-（642）在与作者主体性关系上是咏物诗,有对赞美对象的客观描写,而且有"出现"和"消失"这样的情节时间点,因而具有一定的叙事性。在对歌咏对象品质的一一描述中,这首诗在表达上甚至有一些轻微的堆砌感,这些因素使其相对容易理解。虽然这首诗在形式上并不是狄金森诗的典型样本,但其在价值观和审美上符合狄金森在自我确立诗人身份后的主体性价值选择,所以值得关注。

在主题上,There is a flower that Bees prefer -（642）属于狄金森自然主题诗中的花草诗系列。她钟情于花草,而且是家里花园和花房的主要看护者。她对于花草和诗的情谊,难分深浅。1859年,她写的《我的花束给囚徒》[My nosegays are for Captives -（74）] 就以花喻诗,表达了诗中的角色（persona）愿以诗歌之露抚慰世人,以除苦痛的志向。1862年,All the letters I can write（380）也表达了她对花和诗相互包含的迷幻之爱。1873年,狄金森对她的诺克洛斯亲戚们说:"花与人之生涯仅区别在会不会说话而已,随着年龄渐长,我对这些无声的造物敬畏有加,它们的开放或凋零有甚于我的存灭。"（Farr,2004:132）虽然狄金森生前只发表了7首诗,但是她却从未怀疑过自己的诗人身份。从28岁起,她就开始筛选、整理自己的诗作,在1858—1865年的7年中,她一共缝制了40本小册子,还整理出10批未缝制成册的诗歌,共计800多首（哈贝格,2013:viii）。她把这些按主题分册的诗称为"簇"（fascicle）。一个主要用于描述花攒成团的量词"簇"被意外地用来描述同一主题之下的诗作,这不能不说是她对花的感受和对诗的感受交叠互映的明证。

在风格元素方面,这首诗也很狄金森（Dickinsonian）。首先,从诗的标题,或者说诗的首句开始,一直到诗的最末,她并没有点出花的名字。在这个意义上,这是一首以花为谜底的诗。It bloomed and dropt, a Single Noon -（843）也是一个例子,只有很熟悉诗中描写对象的读者,才能猜出这里写的是萱草。诗人似乎是在践行她所信奉的:"我们能够猜出的谜/我们很快就瞧不起 - "[The Riddle we can guess / We speedily despise -（1180）] 然而,由于农业文明的失宠和远离,作为21世纪读者,通过谜一样的诗句猜出诗中的植物并不容易。在狄金森离世后首次出版的诗集中,该诗被编者添加了标题 Purple Clover。朱迪斯·法尔支持这一观点,认为三叶草即是该诗的歌咏对象。为什么是三叶草呢?说狄金森钟情花草是没错的,但是钟情之下还有偏好。狄金森诗中的花草常常是一些不起眼的小花。对她而言,种什么花、养什么草并不在于标榜社会地位,而

· 315 ·

更多的是一种喜好、寄托和友伴情谊。例如，1851年的伦敦水晶宫博览会推广了很多时新花草，其中，来自爪哇、婆罗洲和南美各地的兰花被上流社会追捧。按1996年的币值换算，在兰花最为风靡的1860年，一株兰花约2 000美元。当时狄金森照料家里花房的时间已有5年，然而，在狄金森种植照料的70种左右花卉、植物的花园和花房中，却没有当时风头正劲的兰花（Farr，2004：109）。

那什么才是狄金森看重的堪为自我主体性和情志象征的花草呢？除蒲公英、龙胆、雏菊等小株型花草以外，There is a flower that Bees prefer – （642）一诗所歌咏的三叶草也在其所爱之列。狄金森对于三叶草的喜爱还可以从《要造就一片草原，只需一株苜蓿一只蜂》[To make a prairie it takes a clover and one bee (1779)]当中得到佐证。"狄金森在1863—1865年创作了600多首诗。这些诗读起来与1861年创作的大相径庭。"（哈贝格，2013：417）虽然，这一观点需要更多的论证，但认为狄金森近40年的诗歌创作生涯可以分为不同的时期，这一观点则是可靠的。There is a flower that Bees prefer – （642）在使用大写字母和标点方面体现了狄金森已经确立起的一套与众不同的风格特征：她常常在物主代词中加入撇号，或偶尔把撇号加在复数名词中，尤其引人注目的是她的破折号和"准破折号（一）"——一些长短不一、有时上升有时向下斜走、有时有折角的横线（哈贝格，2013：xviii）。狄金森诗作手稿多数以娟秀的特小号字书写，比如在1853年3月12日给她的嫂子苏珊·吉尔伯特的信来看，她写的字远小于常人，内容也清楚地反映出她极为内向的性格："……所以你知道当你不在的时候，世界睁大眼睛在看呢，于是我觉得自己需要更多的面纱……"在《雏菊追随太阳 – 》[The Daisy follows soft the Sun – （161）]及其他一些诗中，狄金森也表达出"羞怯"的性格。似乎，诗人常常带着一种"羞怯""内倾"的心向而与小的东西认同，表达以"小"为美的志趣。《我是房中最轻盈的 – 》[I was the slightest in the House （473）] 对此也是一个极佳的注脚。除了对"小"的认同，狄金森对于"静默"也有独特的领会和敬畏。I fear a Man of frugal Speech – （663）和 The Jehovahs – are no Babblers – 等诗即是这一审美观的直接表达。与对静默无声的敬畏之爱相近的是，狄金森在诗中还表达了她对"神秘"特性的迷恋："应该是 – 一件神圣的事情 – 我说 – /做一个白衣女人 – /穿着 – 如果上帝认为我合适 – /她无暇的神秘 – 。"[A solemn thing – it was – I said – （307）]（王柏华，2013：458）对"神秘"的迷恋，不但体现在她对白衣裙的偏好中，还体现在她对交流对象小心翼翼地甄选中，她遁世隐居的生活也许正是她对选择灵魂伴侣标准的最好注脚。或许，除了花草、蜜蜂、小鸟这些"小物"能激发她的审美认同以外，只有灵魂或是上帝，一种超越身体性的存在才堪为她真正的友伴。1863—1865 年间，至少有 9 首诗频繁聚焦于灵魂独立或自治的主题。阿尔弗雷德·哈贝格认为，狄金森这种内省式的、理想的与灵魂交流的自我满足的状态意味着"平常的社交往来不过是一种可有可无的消遣"，就像一首诗里写的一样："灵魂里住着一位宾客/因而很少外出－/家里的预言家－济济一堂－/打消了出门的需要－。"［The Soul that hath a Guest －（592）］（王柏华，2013：414）。

狄金森在笔迹和诗歌信札当中表现出来的个性气质（idiosyncrasies），应该不利于狄金森的现实生活，而且很可能招致一些读者的误解。对于这一点，从不知道姐姐写诗的拉维尼亚在狄金森离世后辩护："她深刻的诗行（intense verses）并不比莎士比亚的悲剧和勃朗宁夫人的小画来得更关乎本人。"狄金森本人在信中提醒过希金森（Higginson）："当我声称自己，是诗的代表—这并不是指—我自己—而是一个假设的人物。"对于这样的声称，读者应该在多大程度上相信是一个显而易见的问题。毕竟，就算是一个诗人，她终究不能描述她从未经历过的情感。她在作品中的表达，必然源于她以某种形式体会到的东西。在这个意义上，狄金森的诗在一定程度上也是她的"个性勾勒（character sketches）"（Philips，1988：182）。虽然，读者也应该时刻知道她在她作品的全部范围内呈现的远远不只是一个角色，就像她在给一个朋友推荐"人生"时所说的"因为《简·爱》，（Emily Brontë 的人生）远比任何人的让人激动。"Emily Brontë 作为小说家，其以自传之名写虚构故事的能耐和"炉火纯青的勃朗宁（the consummate Browning）"在不同的诗中，尤其是在戏剧独白诗中扮演千面的角色的手法，深刻地启发了狄金森，也让她在虚实相间的作品全集中呈现出丰富的形象、角色（personae）（Philips，1988：116）。也许，在面对狄金森诗中众多的形象时，完全不相信和完全相信都是同样危险的。所以，在解读狄金森的诗的时候，有必要在她的诗集中找到一些反复出现的、呈现出稳定性的主题。

There is a flower that Bees prefer －（642）歌咏的三叶草在很多方面贴近狄金森作为一个纯粹的诗人在审美上的取向：博爱慷慨、外形小巧、静逸无争、勇敢无畏等。与狄金森主要的格言式警语诗不同，这首诗节数多，不像灵感突发偶得，反倒有一种对赞美对象的品质面面俱到的堆砌感。从这个意义上可以说，

· 317 ·

这首诗在写作意图上可以视为是她自我主体性和情志的表达，即一首托物言志的诗。因此，从体现她主体性的角度而言，翻译这首诗时应该尽可能体现作者和原作至上的原则，强调审美的相似性。而狄金森在她的大多数诗中显然是有一些相互包含，以"小"贯之的审美原则：喜静默、爱神秘、重闲逸，在个人的色谱上喜冷而避暖。由于狄金森作为诗人的纯粹，所以她作为诗人的主体性及其作品在审美风格上常常相映生辉。

二、原诗与译诗的审美偏差

（一）音韵效果的偏差

翻译家江枫先生是最早翻译狄金森的译者之一，对于狄金森在中国的传播可谓功劳卓著。但本文认为，在《狄金森诗选》中，*There is a flower that Bees prefer -*（642）的翻译与原作有审美偏差。艺术译的"忠实"和"信"在于审美的相似性。在诗的翻译中，形象性和审美价值是艺术的本质特征。译者应该在翻译中捕捉对象最突出、最有代表性的风格特点加以表现（飞白，2016：128-129）。因此，审美的偏差对于诗的翻译而言，是应该尽量避免的情况。在*There is a flower that Bees prefer -*（642）中什么是最突出、最有代表性的风格特点呢？为了便于比较分析，以下将把原诗和译诗并列呈现，节对节、行对行，并且将各节以数字标序，分别对原诗和译诗的韵脚用词和字眼用英语小写字母粗略标识，原诗和译诗所用字母虽同，但各表其韵。

(1)	There is a flower that Bees prefer —	a	有一种花，蜜蜂爱 -	a
	And Butterflies — — desire — —	b	蝴蝶，想 -	b
	To gain the Purple Democrat	c	赢得这位红色民主派的心	c
	The Humming Bird — — aspire — —	b	是蜂鸟的企望 -	b
(2)	And Whatsoever Insect pass — —	d	无论什么昆虫经过 -	×
	A Honey bear away	e	总能带走一点蜜糖 -	b
	Proportioned to his several dearth	d	按照他饥饿的程度	d
	And her — — capacity — —	e	和她的，能力 -	e
(3)	Her face be rounder than the Moon	f	她的脸比月亮圆	c
	And ruddier than the Gown	f	红艳，胜过草原上的	×
	Of Orchis in the Pasture — —	a	红门兰 -	c
	Or Rhododendron — — worn — —	f	红杜鹃 -	c

· 318 ·

(4) She doth not wait for June – –	f	她不等待六月	×
Before the World be Green – –	f	在大地泛青以前 –	c
Her sturdy little Countenance	d	她健美的小脸 –	c
Against the Wind – – be seen – –	f	就迎风,出现 –	c
(5) Contending with the Grass – –	d	和草类相争不让 –	b
Near Kinsman to Herself – –	g	把亲人拥在身旁 –	b
For Privilege of Sod and Sun – –	f	为取得泥土和阳光的权利 –	e
Sweet Litigants for Life – –	g	为生命从事甜蜜的诉讼 –	b
(6) And when the Hills be full – –	h	当山峦秀色洋溢 –	e
And newer fashions blow – –	i	更新的时髦花朵开放	b
Doth not retract a single spice	d	不为嫉妒的痛苦	d
For pang of jealousy – –	e	收敛她一缕芳香 –	b
(7) Her Public – – be the Noon – –	f	她的徒众,中午	d
Her Providence – – the Sun – –	f	她的上帝,太阳 –	b
Her Progress – – by the Bee – – proclaimed – –	c	她的行踪,由蜜蜂,以庄严	c
In sovereign – – Swerveless Tune – –	f	不变的歌声宣扬 –	b
(8) The Bravest – – of the Host – –	i/j	最勇敢的勇士 –	e
Surrendering – – the last – –	j	最后一个,退场 –	b
Nor even of Defeat – – aware – –	a	从不知道失败 –	a
When cancelled by the Frost – –	j	即使已倒毙于寒霜 –	b
(Franklin, 2003: 287)		(江枫,2012: 279 – 281)	

原诗在用韵上体现了很多现代诗的特点,打破了传统诗体的音步,用韵宽泛,但在句法和词法层面采用了《圣经》中常用的古典元素,如用"doth"和把原本用于虚拟语气的"be"代替实际陈述的"is"或是"are"等。这种古典元素对于作者和原文本而言并非可有可无,因为古雅(archaism)并不是狄金森在该诗或其他诗中偶然赋予的一种风格元素,而是极为"狄金森式的"。狄金森对于世俗的弃绝并非偶然,由于她对永恒的神性存在的渴慕和对身体性存在的看轻,她常常在诗中用一些《圣经》中的典型句式和口吻,借神祇之言,使得她的言说者获得了一种"不死性"。而相比之下,译诗在词法和美感上表现出通俗、直白、明快的特点,起句就是"有一种花,蜜蜂爱 –",没有体现原文本语法、句法方面的古趣,也没有体现贯穿狄金森整个创作生涯中从未缺场的隐匿情志。在押韵模式上,原诗为:abcb; dede; ffaf; ffdf; dgfg; hide;

ffcf；(i) jjaj。从 a 韵算起到 j 韵，一共 10 韵。其中，以/n/结尾的辅音性"半韵"（half rhyme）（飞白，1989：1615）占主导。这一韵脚从第（3）节开始到第（7）节出现："moon""gown""worn""June""green""seen""sun""noon""sun""tune"等，占全诗 32 行中的 10 行，而这 10 行中，按严格的韵脚又可以细分为 6 个韵。除这一主导的韵以外，其他的韵很多也是按宽的韵式如词尾辅音性弱韵计算的。另如第（2）节第 1 行的"pass"和第 3 行的"dearth"也算作押韵；第（6）节第 2 行的"blow"和第（8）节第 1 行的"host"则是一种元音性的半韵；还有第（8）节中的"host""last""frost"也属于辅音性的半韵。从韵的类型来讲，原诗的押韵如以上所举，主要是不太规范的韵和弱音性的"半韵"。所以，原诗读起来音效偏于杂沓，没有特别整一的音式。

相形之下，译文的韵式可以简略地表示为：abcb；×bde；c×cc；×ccc；bbeb；ebdb；dbcb；ebab。全诗 8 节 32 行，局部不规则交替连押 5 韵：爱-败-想-望-糖-让-旁-讼-放-香-阳-扬-场-霜；度-苦-午；力-利-溢-士；圆-兰-鹃-前-脸-现-严。其中除以"×"表示的不合韵的 3 行外，其他以"iang"表现的 b 韵占全诗的 12 行；另外，以"an"表现的 c 韵占 8 行（其中第一节第三行的"in"按宽韵的算法归为一韵）。两个主导韵占到全诗 29 行合韵脚诗行的 20 行，其余 9 行分用 a、c、d 三韵；而且 32 行中有 14 行均以入声字收尾，所以整体上该译诗读来有显著的"外扬感"，铿锵有力，朗朗上口。与原诗不同，译诗主要押常韵（词语元音相同，其后所附带的辅音也相同）。如上文所说过的"iang"和"an"两韵，前者占 12 行，后者占 8 行，而这两个韵由于主元音一致，且本身是响亮元音。算上 n 与 ng 通押的情况，甚至可以说 32 行诗中有 20 行来回反复以汉语中最响亮的字眼押韵，远比原诗"响亮"。

（二）色彩意义的偏差

单看译诗，这种"响亮"却是自然而然的。因为这符合第（1）节就点明的赞美对象——"红色民主派"，其"红"在视觉和心理上的"热情"和"奔放"。众所周知，在译入的汉语语言文化中，"红色"自古被赋予了充分的积极意义，很多美好的事物都可以用"红"这一字眼描述，如"人面桃花相映红""红杏枝头春意闹""万紫千红""大红大紫""红人""红颜""红事""红包"

"走红""唱红脸"等。20世纪至今,由于社会历史的发展,"红"字更加被赋予了高度的政治和文化内涵。而且,"purple"之"红"在译文中由于第(3)节中的呼应效果"红艳,胜过草原上的/红门兰-/红杜鹃-"而尤其跃然纸上。然而,对照原诗,"红色民主派"对应的却是"the Purple Democrat"。虽然,在译入的汉语中,"红"和"紫"历来有着强烈和稳固的词素关联,日常经验中看起来二者也同样暖热、醒目,但在物理光学的意义上"赤""橙""黄""绿""青""蓝""紫"七色的波长却逐一递减。除却在色觉上误导人的近似,"红""紫"二色其实是方向相反的量,与紫色最邻近的颜色是蓝色,一种"冷"色——与红色对应的"暖"截然不同。如果说要用这两种颜色之一来概括诗人狄金森和她的大多数作品,那么安静、内在、富于神秘意蕴的"紫色"无疑是不二之选。这更符合狄金森作为一个以静逸、隐匿为理想的诗人的主体性。也许,把"purple"直接译为"红色"是出于二者的错觉相似而并无过多的不妥,但是把"红色民主派"这样一个富于政治内涵的歌颂对象移植到汉语文化中则有很大的误读可能,引起审美感受上的偏差。因为,"红色民主派"对译入语中潜在的接受者而言,恰好有着过高的辨识度,容易让目标读者对所歌咏的"红色民主派"产生错误的"共鸣"。而且,在译文中,由于对第(5)节的特定翻译"和草类相争不让-/把亲人拥在身旁-/为取得泥土和阳光的权利-/为生命从事甜蜜的诉讼-/",更显得这是一个富有斗争经验、懂得政治和亲疏之术的"红色民主派"。而实际上,如果对该节做不同的理解和翻译,这里的描绘主体则会给人以大不相同的印象。如把该节整体上作为对上节即第(4)节的伴随状况状语,讲明"她健美的小脸-/就迎风,出现-"的具体情状是"Contending with the Grass-",并且把接下来的第2行的"Near Kinsman to Herself-"看作"the Grass"的同位语,把"For Privilege of Sod and Sun-"视为"Contending"这个动词的目的状语,把Sweet Litigants for Life-视为和第2行相对应的同位成分,然后把该节大致译为"和草-/亲近的家人-/相争泥土和太阳-/在甜蜜的争讼里过一生-"。这样一来,之前懂得敌我关系亲疏运用的"红色民主派"政治人士的形象就大大弱化,而成为一个和草一样平凡、渺小而又无处不在的"草的亲属"。这个"草的亲属"与草的相争与其说是一种敌我的"相争",毋宁说是一种甜蜜的"相伴",否则并不会有本节末句描写亲近对手的"Sweet Litigants for Life-(在甜蜜的争讼里过一生-)"。这样的话,富于革命斗争经验的"红色民主派"就可以被还原为一个"紫色平民":人气高、慷慨、美丽、刚毅、亲和、淡然、静逸和无畏，就像全诗 8 节每一节各自对应的品性一样。

上文提到，根据考证 There is a flower that Bees prefer –（642）所赞美的花是三叶草。顾名思义，三叶草即有三片叶子的植物。它是一个类属名称，其拉丁文的通用名称为 genus Trifolium（tres"three"+ folium"leaf"），其次级分类实际包括约 300 种的车轴草属豆科植物。如常见的紫花苜蓿、酢浆草等都是宽泛意义上的"三叶草"。三叶草属大多是上乘的畜牧草料，如紫花苜蓿就被称为"牧草之王"。爱尔兰的国花"shamrock"也是三叶草的一种，其形态和狄金森诗所赞颂的"clover"略有不同。狄金森诗中的三叶草植物学名称为 *Trifolium pratense*，其种植的广泛程度仅次于 *Trifolium repens*，即白花三叶草。*Trifolium pratense* 在英语中的俗名为 *red clover*，汉语对应名称为红车轴草、红三叶、红花苜蓿等（Wipi pedia, 2018）。因此，在对 *Trifolium pratense* 的颜色进行描述时，以广泛使用者为目标读者的词典定义使用"红"，而狄金森在个体感觉上使用了"紫"，这也许是狄金森个人色谱用词与通用色谱用词的区别所在，就像语言学上的 parole 和 langue 的区别一样。事实上，在狄金森的 1 789 首诗中，绝少使用"red"这一个词来描述光谱七色中这一最为浓烈、醒目的色彩。即便使用，其语义也不再是单纯的颜色范畴，而是一种修辞上的借代。就像在 *The Bumble of a Bee –*（217）这首诗里面的"The Red opon the Hill"一句，在这里"the Red"指的是"花"，类似于"林花谢了春红"里的"春红"，而"ruby""ruddy""rouge"等才会是这个颜色词可能的替代。众所周知，狄金森的诗中是不乏色彩的，如 *A Slash of Blue! A sweep of Gray!*（233），*It cant be "Summer"!*（265）等。不仅如此，"purple"这个词对于狄金森甚至有着一种关乎死生的意义，如在 *You're right – "the way is narrow –"*（249）里，紫色是类似于"呼吸"的存在；在 *Again – his voice is at the door –*（274）中，"The *purple – in my Vein –*"（斜体为原诗所加）中的"purple"指的是血液。

结　语

由于狄金森作为诗人的纯粹性和花草诗对她而言的重要意义，加上"紫色"这一色彩在她作品全景上的特殊位置，所以在翻译 There is a flower that Bees prefer –（642）这首诗时，应兼顾以上几方面，在用韵上宜收不宜放。《有一种花，蜜蜂爱 –》在音效处理上显得过于整一、响亮。这种"响亮"对于"红色民主派"似乎是恰当的,符合译入语文化中的读者期待。但从艺术型翻译的角度把诗人及其原作放在首位的话,这样的处理显得过于贴近译入语而有误导读者的可能,让读者以为狄金森是一个充满了武力战斗热情的红色斗士,而实际上狄金森偏爱静默,因为她在一生近40年的写诗生涯中,一直在奉行"我的战争都埋在书里-"[*My Wars are laid away in Books* - (1579)]的原则,与世间"小物"发生深刻的认同,与世无争,在近乎怪癖的人生历程中,按自己的方式使用"圣经体"语法、名词首字母普遍大写和特殊的"准破折号"——"-"写诗;颜色感受上,也有自己的小色谱。综上,在 *There is a flower that Bees prefer* -(642)这首诗中,狄金森用于描述红花三叶草花色的"purple"一词并不能变通地译为"红色"。因为,这是一首托物言志的诗,它深刻地关乎狄金森作为诗人的主体性和独特性,所以,狄金森的"purple"之"紫"应该被忠实地保留。

参考文献:

[1]Farr J., Carter L. The Gardens of Emily Dickinson [M]. Cambridge:Harvard University Press, 2004

[2]Franklin R. The Poems of Emily Dickinson [M]. Cambridge:The Belknap Press of Harvard University Press, 2003.

[3]Phillips E. Emily Dickinson:Personae and Performance [M]. Philadelphia:Penn State University Press, 1988.

[4]Trifolium pratense. Wikipedia [EB/OL]. https://en.wikipedia.org/wiki/Trifolium_pratense, 2018-04-18/2018-07-01.

[5]哈贝格,阿尔弗雷德.我的战争都埋在书里:艾米莉狄金森传[M].王柏华,曾轶峰,胡秋冉,译.北京:北京大学出版社,2013.

[6]狄金森.狄金森诗选[M].江枫,译.北京:外语教学与研究出版社,2012.

[7]飞白.诗海:世界诗歌史纲(传统卷)[M].桂林:漓江出版社,1989.

[8]飞白.译诗漫笔[M].北京:外语教学与研究出版社,2016.

张彩庆,女,硕士,云南大学外国语学院讲师。研究方向:主要从事美国文学研究、翻译研究。